然而，这些公司的董事们管理着他人的而非自己的钱财，因此，别指望他们会像私人合伙公司的合伙人时时刻刻都小心翼翼地看管自己的财富那样谨慎而警惕地看管别人的财富。

——亚当·斯密，《国富论》(1776)

当我说高级金融是近年来的一个有害因素时，我指的是包括用他人钱财进行投机的个人在内的少部分人。今天在芝加哥的诸位一定知道我指的是哪些人。

——富兰克林·罗斯福，

1936 年 10 月 14 日芝加哥，美国总统竞选演讲

金融本质

OTHER PEOPLE'S MONEY

资本游戏与下一场危机之源

[英] 约翰·凯 / 著　　胡妮 王丽蓉 / 译

金城出版社
GOLD WALL PRESS
中国·北京

图书在版编目（CIP）数据

金融本质：资本游戏与下一场危机之源 /（英）约翰·凯著；胡妮，王丽蓉译．－北京：金城出版社，2020.3
书名原文：OTHER PEOPLE'S MONEY: MASTERS OF THE UNIVERSE OR SERVANTS OF THE PEOPLE?
ISBN 978-7-5155-1784-1

Ⅰ. ①金…　Ⅱ. ①约…　②胡…　③王…　Ⅲ. ①金融业－通俗读物　Ⅳ. ①F83-49

中国版本图书馆CIP数据核字（2018）第 272584 号

金融本质：资本游戏与下一场危机之源

著　　者	［英］约翰·凯
译　　者	胡妮　王丽蓉
责任编辑	李明辉
责任校对	岳　伟
责任印制	李仕杰
开　　本	710 毫米 × 1000 毫米　1/16
印　　张	19
字　　数	320 千字
版　　次	2020 年 3 月第 1 版
印　　次	2020 年 3 月第 1 次印刷
印　　刷	天津旭丰源印刷有限公司
书　　号	ISBN 978-7-5155-1784-1
定　　价	68.00元

出版发行	**金城出版社** 北京市朝阳区利泽东二路3号　邮编：100102
发 行 部	（010）84254364
编 辑 部	（010）64391966
总 编 室	（010）64228516
网　　址	http: //www.jccb.com.cn
电子邮箱	jinchengchuban@163.com
法律顾问	北京市安理律师事务所 18911105819

目　录 OTHER PEOPLE'S MONEY

第三部分 // 金融政策

序　言

牛的寓言

1906 年，伟大的统计学家弗兰西斯·高尔顿在一次乡村集市上观察了一场猜测牛体重的竞赛。总共有 800 人参加了这场比赛。高尔顿秉持一如既往的做法，对大家猜测的数字进行了统计学测试。结果发现，所有数字的平均值与这头牛的实际体重极为接近。这个故事出现在詹姆斯·索诺维尔基一本非常有趣的书中，书名叫《百万人决定》。

接下来发生了什么事并没有多少人知道。几年之后，用来测量牛体重的磅秤似乎变得越来越不可靠了。修理费非常昂贵，不过，集市的组织者想到了一个非常绝妙的主意：既然前来参与比赛的人这么擅长猜测牛的体重，就不需要去修理磅秤，集市组织者只要问问每一个人猜测的牛体重是多少，然后计算出平均值就可以了。

然而，新的问题出现了。一旦体重猜测比赛变得风靡起来，一些参与者就会试图作弊。他们甚至试图从饲养牛的农夫手中获得一些特权信息。这样一来，又有人担心，如果有人享有特权优势，其他人将不愿意参加这样的体重猜测比赛。若参与者寥寥无几，你就不能依靠群体的智慧了，以此发现牛体重的过程也将遭到破坏。

由此市场推出了严格的监管规定。农夫被要求每三个月准备一份公告，展示其所饲养的牛的生长情况。这些公告张贴在市场大门上供每一个人阅读。如果农民向他的朋友们透露有关牛的任何其他信息，该信息也要张贴在市场的大门上。参与比赛的选手中，如果有人拥有世界上其他人不知道的消息，无论是谁，都将被取消参赛资格，并被驱逐出市场。这样一来，猜测体重比赛的诚信将得以维护。

专业分析人士仔细审查了这些监管公告的内容，并针对这些公告的影响向其客户提出了建议。他们请农夫去喝酒和吃饭。但是，一旦农民受到警告，必须对他们披露的信息持谨慎态度时，这些饭局就显得不那么管用了。一些更聪明的分析人士意识到，了解牛的营养和健康状况并不是那么有用。既然没有人再去称牛的体重了——重要的是旁观者的猜测——那么，成功的关键就不在于正确估计牛的体重，而在于正确评估别人会猜多少，或者猜测其他人会猜别人会猜多少，以此类推。

有的人，例如老农夫巴菲特声称，这一猜测过程的结果已经越来越远离牛饲养的实际情况。不过，没有人注意到他的声音。确实，农夫巴菲特的牲口看起来的确是身体健康、饲养良好，而且他的财务状况越来越繁荣。但是，巴菲特只是一个乡下人，他并不真正了解市场是如何运作的。

一些国际机构成立了，用来精确地解释牛体重评估中所涉及的各项规定。有两个相互竞争的标准：一是大家公认的衡量牛体重的原则；二是衡量牛体重的国际准则。不过，这两项标准都认同同一个基本原则，那就是必须消除任何个人主观评价的作用。最终官方宣布的牛重量为每个人猜测数量的平均值。

这种做法的一个难处在于，有时候只有少数几个人，甚至没有一个人会去猜测牛的体重。不过，这个问题很快得到了解决。来自芝加哥大学的一批数学家开发了一些模型，如此一来，如果真的有许多人猜测了牛的重量，就有可能估计出这些猜测的平均值是多少。在这个过程中，根本不需要什么畜牧业的相关知识，只要有一台功能强大的计算机就够了。

此时涌现出一个庞大的行业，其中包括专业的体重猜测师、猜体重比赛组织者，以及帮助人们完善猜测的顾问。有人提出建议，称把磅秤修好或许更便宜。但是，迎接他们的只有嘲笑："既然能够从这么多聪明人的集体智慧中获得好处，干嘛还回到过去单纯依靠一个拍卖师的判断呢？”

然后牛死了。因为，在这场活动中，从始至终，没有人记得去喂它。

导 言

好事过头，反成坏事

在伦敦金融城里，人人都在买入和卖出股票。可是从来都没有人问过他们这样做的理由是什么。不过，既然大家在买入和卖出的过程中乐此不疲，上帝也就原谅他们了，或许他们也会吧。

——亨伯特·沃尔夫，《没有天空的城市》（1930）

任何一个人，只要路过纽约华尔街的摩天大楼，或者伦敦金融城及其在金丝雀码头的附属建筑，一定会惊讶于现代金融业的发展规模及其所覆盖的范围。触目所及的标识语向人们展示着花旗集团和汇丰银行等一个个耳熟能详的名字。还有一些考虑更加周到的铜质标牌，表明其拥有者是不与普通大众打交道的组织机构。金融界最重要的总部建筑，位于曼哈顿西街 200 号的高盛集团总部办公室所在地，依然保持着匿名的状态。这里的建筑富丽堂皇，外带奢华的广场，豪华轿车随处可见。在这栋大楼的行政套房办公室里工作的人一个月的收入比大多数人一辈子赚的还要多。但是，这些人都是做什么的呢？就我们的想象力所及的范围而言，他们是在彼此打着交道。

英国银行业的总资产是 7 万亿英镑，这是全英国所有人年收入总和的 4 倍。这些银行的负债金额也与此相当。英国银行的资产总额是英国政府负债总额的 5 倍。但是，这些银行资产主要由其他银行应该向其支付的赔偿构成。他们的负债主要是向其他金融机构支付债务。为从事商品生产和服务行业的企业和个人提供的借贷——在大部分人的想象中是银行的主要业务——只占其总资产的大约 3%（参见第六章）。

现代银行，以及大部分其他金融机构，都在进行证券交易，而证券交易的增长正是金融业增长的主要原因所在。金融业确立了对资产的求偿权。这些资产包括公司的经营资产与预期利润，或者个人的实物财产与预期收益；而对资产的任何求偿权几乎都可以转变成可交易的证券。“高频交易”通过持续提供证券买卖的计算机进行。证券买入与卖出之间的时间间隔，即证券所有人持有证券的时间，几乎比一眨眼的工夫还要短。一家名叫“传播网络”的电信供应商最近建立了一个跨越阿巴拉契亚山脉的链接，可以将纽约和芝加哥之间的数据传送时间缩短至近一毫秒。

世界贸易已经获得迅速增长，但外汇交易增长的速度比它还要快得多。每日外汇交易的价值几乎是每日国际货物和服务交易价值的 100 倍。在英国，每年处理的支付量为 75 万亿英镑，大约相当于英国全国总收入的 40 倍。证券交易发展迅速，但金融活动量的爆炸很大程度上是由于金融衍生品市场的发展。之所被称为“衍生品”，是因为它们的价值是从其他证券的价值中衍生出来的。如果有价证券是对资产的债权，衍生证券就是对其他证券的债权，那么，它们的价值就取决于它们所依附的证券的价格，最终取决于这些有价证券的价值。一旦你创造了衍生证券，你就可以继续创建更多层次的衍生证券，其价值取决于其他衍生证券的价值，以此类推。这些衍生合同标的的资产价值，为全世界所有实物资产价值的 3 倍左右。

这一切都是为了什么？这个活动的目的是什么？为什么它能如此利润丰厚？常识告诉我们，如果一个封闭圈子内部的人们不断地互相交换着手里的纸币，那么，这些纸币的总价值即使有变化也不会变化很大。如果该封闭圈子中某些人能够赚取超额的利润，这些利润只能以同一个圈子中其他成员的牺牲为代价。常识告诉我们，这一活动不会导致交易资产价值较大的变化，因此，从整体来看，交易者是不能从中获利的。那么，确切地来说，这个常识性的观点究竟是哪里出了错呢？

我的结论是，其实也没多大错。但为了证明这一结论的合理性，我们很有必要仔细审查金融业的各项活动及其经营方式，看看它们如何或者可能会使我们的生活变得更加美好，使我们的业务变得更加高效。因为很难解释金融业各项活动产出和利润的相关报道，所以评估金融业的经济贡献是个复杂的过程。但我会表明，金融业的盈利能力被夸大了，其产出价值在经济统计学方面很少得到报道，它所做的大部分事情对于我们生活的改善和我们业务的提高没有做出什么贡献，如果有，也可以忽略不计。此外，许多原本是金融业可以用来推动社会和经济目标发展的事情也做得不够好，甚至在有些情况下根本就没有去做。

现代社会需要金融。这方面的证据是广泛而确凿的，而且它们之间有着清晰的因果关系。工业化的最初阶段和全球贸易的增长正好与英国和荷兰等国家的金融发展同步。如果放眼今天的世界，我们就会发现，统计证据是将人均收入水平及其增长情况与金融发展状况联系在一起的。即使在贫困国家促进付款和提供小额信贷的温和举措，也可能对全球经济活力产生实质性的影响。

同时，我们经历了各种各样的受控实验。在这些实验中，某些国家抑制了金融的发展。在俄罗斯，金融机构的发展在 1917 年受到了革命形势的遏制。捷克斯洛伐克和东德在第二次世界大战之前就已发展了更为复杂的金融体系，但政府关闭了信贷和证券市场，以便将资金集中地按计划分配给企业。这一过程的无效和无能直接导致了这些国家经济表现上的惨淡景象。

只有当一个国家的金融体系运转良好时，它才能繁荣昌盛。这并不意味着一个国家的金融体系越庞大，它就可能越繁荣。好事过头，反成坏事。金融创新是创造工业社会的关键，但并不是每一项现代金融创新的举措都有助于经济增长。一旦过度追求，很多好理念也会变成坏理念。

金融业也是如此。今日的金融业在政治领域中发挥着重要作用，因为它是最强有力的行业游说团，也是竞选的主要财政提供者。新闻报道每天都在讲述"市场"正在发生哪些事情，当然，它们指的是证券市场。商业政策以金融为主导：提升"股东价值"是20年来一直奉行的准则之一。"市场"有什么想法是制定经济政策的导向之一，居民们越来越多地被迫依靠"市场"作为他们的退休保障。选择"金融"为职业在顶尖学校和大学的顶尖毕业生中占有很高的比例。

我把金融业在过去三四十年中获得这样一个占主导性经济地位的过程描述为"金融化"。这个丑陋的词语提供了一种有用的速记手段，便于描述一个对我们的政治、经济和社会产生深远影响的历史过程。我使用"全球金融危机"一词来描述2007—2009年发生的金融事件及其后果。

然而，这并不是一本关于全球金融危机的书，而是一本关于金融性质和金融化起源的书。社会和经济组织中的重大变化通常是特定社会群体的政治影响力的上升、理念支持框架的升级和有利的整体形势共同作用的联合产物。现代市场经济是如何形成的、民主是如何扎根的，社会主义在20世纪是如何崛起的？这些情况的变化莫不如是。这个过程解释了我人生中经历过的另一个重大经济发展，那就是，无论好还是不好，市场经济的覆盖范围从不到10亿人扩大到了世界上一半的人。在本书的第一部分，我将描述导致金融化的政治变革、知识框架和更为广泛的技术和经济变化。

全球金融危机的一个显著特征是：从事金融的人似乎认为不言而喻的一点是，政府和纳税人有义务保障金融业能够继续以其现存的广泛形式运行，包括保障金融机构、金融活动甚至是相关从业人员的特殊薪酬等。更值得注意的是，这种观点在政治家和公众中赢得了广泛的接受。"金融是特殊的"这一观念是没有争议的，而许多没有从事金融业的聪明人不能很好地理解金融家的所作所为，这种状况又强化了这一感知。

实际上，金融并没有什么特殊之处。而我们愿意不加批判地接受金融拥有独一无二的地位这一观念已经造成了巨大的破坏作用。所有的活动都有自己的行业惯例，参与其中的人都有自己的语言。我曾经与之打过交道的每一个行业都认为自己的特点是独一无二的，虽然从来没有像那些从业者所想象的那么特殊，但是这种想法是有一定道理的。然而，金融业因为这种信念的力量而显得与众不同。这一行业基本上是与自己交易、与自己谈判并进行自我评判，其评判依据也是其自己创建的绩效标准。致力于金融领域的经济学分支有两个：金融理论和货币经济学。这一现象被拉里·萨默斯嘲笑为“番茄酱经济学”：只比较夸脱装番茄酱和品脱装番茄酱的价格，却不考虑番茄酱的基本价值。萨默斯是本书多次提到的一个重要人物。在各个不同时期和不同的场合，他是才华横溢的学者、比尔·克林顿执政时期的美国财政部部长、哈佛大学的废黜校长、巴拉克·奥巴马政府的国家经济委员会主任、联邦储备委员会主席的候选人。

萨默斯颇具贬损意味的“番茄酱经济学”的提法否认了金融的独特品质，也拒绝了这样一种观点：要理解金融活动的本质和金融市场的运行方式，必须具有与众不同的专业知识和技能。本书重申了萨默斯的挑战。金融是一个行业，就像其他任何一个行业一样，因而应该通过参考用于其他行业（如铁路业、零售业或电力供应业等）相同的原则来对其进行评判的原则，包括相同的分析工具和相同的价值指标。我会毫不犹豫地从这些行业中吸取教训。

如果仅仅将金融看作另一个行业，我们不禁要问：“金融是用来做什么的？”这一问题构成本书第二部分的主要内容。从市场用户而不是市场参与者的角度来看，金融业究竟服务于什么需求？金融化已导致投资规模的大幅增加。更多的人得到了更多的报酬。但是，金融活动的质量究竟经历了什么变化？

金融为社会和经济做贡献的主要方式有四种。第一，支付系统。通过支付系统，我们能够得到我们的工资和报酬，购买我们需要的商品和服务；同样，通过支付系统，各种商务活动也能够促进这些目的的实现。第二，中介渠道。通过中介渠道，金融使借款人和贷款人相匹配，这有助于指引储蓄发挥最有效的作用。第三，家庭财富管理。金融使我们能够有效管理我们的个人财务，不只是在我们的有生之年，而且能够让我们的财富在几代人之间代代相传。第四，风险控制。金融有助于个人和企业有效管理与日常生活和经济活动密切相关的、不可避免的风险。

支付系统、匹配借款人和贷款人的中介渠道、我们的家庭财务事务管理以及风险控制，这四种功能是金融业提供的或至少能够提供的服务。衡量金融创新效用的标准是它在支付、资本配置、管理个人财务和处理风险等方面推进这些目标实现的程度。

对金融业的经济意义的描述往往是通过其他方式进行的，包括它所提供的工作岗位的数量、从中获得的收入甚至是从中收取的赋税。这里有很多令人困惑的地方，本书将在第九章对这些困惑进行讨论。但是，金融业对社区的真正价值在于它所提供的服务的价值，而不是那些金融从业者所获得的收益回报。这些收益回报近来似乎非常丰厚。在最近几年撰写的有关金融业的几千页文字中，几乎没有地方致力于解决一个基本的问题，那就是：“金融业为何如此利润丰厚？”

或者另一个与之相关的问题：“金融业为何显得如此利润丰厚？”常识告诉我们，交换纸币的活动并不能让每一个人从中获利。这或许为我们提供了一丝线索，表明这些利润的绝大部分都是假象。由此推断，金融业的大部分增长并不代表新财富的创造，而是被金融业挪用的经济领域中其他地方所创造的财富，其目的基本上是为了某些金融从业者的利益。

然而，尽管今天的金融业显示了许多严重过剩的例子，大部分的金融业从业人员是无辜的，也不是造成过剩的典型代表。他们所从事的是操作支付系统、促进金融中介、帮助人们控制他们的个人财务并帮助他们管理风险。大多数在金融领域工作的人都没有要成为宇宙主人的野心。

他们受雇从事着银行和保险业中相对普通的经营活动，并因此获取相对微薄的报酬。我们需要他们，我们也需要他们所做的工作。

因此，本书的第三部分将与金融改革有关。本书中的金融改革指的是金融结构改革，而非金融监管改革。我将会解释，为什么强度越来越大而效果却越来越差的金融监管是问题的一部分，而且是问题的主要部分，却不是一种解决方案。监管并不是太少，而是太多太多。我们真正需要的是一种完全不同的监管理念。我们必须关注金融的行业结构和从业者的个人动机，并专注于几十年来甚至几个世纪以来存在的阻碍监管和法律制裁实施的政治力量。我们应该结束似乎没完没了地增长的复杂规则，即使现在，太多监管人员亦无从理解这些规则。

金融业改革的目标应该是恢复能满足实体经济需求的金融服务的优先权和尊重权。“实体”经济，意思是非金融经济，这一用词含有一定的贬义，但它抓住了问题的本质，那就是在金融的发展过程中有一些东西是不真实的，使金融变得非实体性并脱离于普通商务和日常生活。

伦敦金融城里证券买卖不仅吞并了我们国家的巨额财富，而且占据了社会中能力最强人士的大部分时间。“既然他们乐在其中……或许他们也会……”亨伯特 · 沃尔夫这一自鸣得意的观点再也不能轻易地得到合理解释。在本书的最后几章，我将描述我们如何将注意力集中在一个能够更加有效地服务于实体经济需求的更为有限的金融领域：支付、匹配借款人与贷款人、管理我们的钱财和降低风险成本。我们需要金融。但今天，我们拥有的好东西实在太多了。切记：好事过头，反成坏事！

PART I: FINANCIALISATION

金融化

第一部分

从 20 世纪 70 年代持续至 2007—2008 年的全球金融危机期间，金融业的规模扩大，收入增长，也日益复杂了。所有的企业和家庭都感受到了金融业增长的影响，这些影响在经济政策和政治制度方面造成了重大后果。这些变化是如何发生的呢（第一章）？这个过程有何益处呢（第二章和第三章）？金融化为金融企业及其高级职员带来了超乎寻常的利润和薪酬水平，其来源是什么（第四章）？

第一章

金融史

通向波特斯维尔之路

> 一家英国银行运营得精准无误；
>
> 一个英国家庭的要求丝毫不差；
>
> 传统、纪律和规则是必需的工具。
>
> 失去这些，就将陷入混乱、灾难和无政府状态，
>
> 总之，你将面对一片可怕的混乱。
>
> ——《欢乐满人间》，迪士尼影业公司 1964 年出品

20 世纪 60 年代，我在爱丁堡上学。作为苏格兰首府，爱丁堡是英国第二大金融中心，也是苏格兰银行和苏格兰皇家银行两大主要银行的总部所在地。那时候，对于成绩不是特别理想、不足以考上优秀大学的男孩子来说，进入银行工作就是他们的职业梦想。

我的许多同时代人的职业愿望是入职“苏格兰银行”或“苏格兰皇家银行”。通过适当的勤奋努力，大概 20 年之后，他们就能够成为分行经理。分行经理在当地社区是一个受人尊敬的人物，而其工作的一部分是在高尔夫俱乐部或者旋转午餐聚会中开展社交活动。他将亲自接触到当地的专业人士，如会计、律师、医生、牧师和更为成功的商人等。银行经理会收到他们的存款，偶尔也给他们贷款。区域办事处可能会审查

他经手的数目，但这种审查绝大程度上依赖于对银行经理人品的评价。他（因为那时候没有女性经理人）期望能够在银行度过自己的整个职业生涯，然后在退休时获得一笔养老金。在他心目中，或者在他客户的心目中，从来没有想过他 17 岁就入职的机构会不以其广泛意义上的现有形式永远继续下去。

之后没多久，我在一个机构中开始了我的教学生涯。这一机构到现在仍然相信它将以其广泛意义上的现有形式永远继续下去。这就是牛津大学。那时候，我的学生没有几个考虑接受伦敦金融城里的职业，而那些的确做出这种选择的学生往往都是学术上做得不是那么成功但是很善于社交的人。如果那时有人告诉我说，20 年后，牛津大学中最优秀的和最聪明的学生用于准备到金融城各家公司申请就业和寻求实习与面试机会的时间将远远超过他们花在图书馆的时间，那我的反应一定是绝不相信。

在我的朋友们进入苏格兰银行或苏格兰皇家银行工作，而我开始学习经济学时，人们可能会相信金融不稳定的历史性问题在很大程度上已经得到了解决。自大萧条以来，并没有发生过重大的金融危机，大型金融机构的破产似乎是不可思议的。我的同学们是渴望接替《欢乐满人间》中的银行经理乔治·班克斯职业道路的最后一代人，可以每天傍晚 6 点零 1 分回到家里，然后在 6 点零 2 分拿起烟斗，穿上拖鞋。

这部电影颂扬了传统的银行经理，一个及时享乐又是社区支柱的人物，而那时刚好是此类人物被驱逐出历史舞台的时刻，这可能不是巧合。《欢乐满人间》是 1964 年推出的。在英国，电视连续剧《老爸上战场》从 1967 年到 1974 年一直深受欢迎。这是一部关于第二次世界大战时期英国地方军的喜剧片，其主要人物是一个举止夸张、缺乏想象力但为人诚实的银行经理，大家都叫他梅因沃林上尉。弗兰克·卡普拉的电影《生活多美好》在 1946 年首映时备受推崇，却是票房毒药。然而，在 20 世纪 70 年代，它却成了美国电视观众最喜爱的圣诞节目，并且一直沿袭至今。电影的主角是吉米·史都华扮演的乔治·贝里，他是贝德福德·福尔斯储蓄和贷款公司的经理。我的同学们都期望成为班克斯、梅因沃林和贝里那样的人物。

这一切即将改变。在一个曾经是漫画式的和令人震惊的场景中，贝里的守护天使向他展示了没有贝里之后的世界是什么样的。贝德福德·福尔斯被重新命名为波特斯维尔，该名取自掌管董事会的重要成员波特先生，他是个一心一意追求金钱的人。波特斯维尔由于追求自身利益而人格分裂，浑身充满商业化的俗气。而住房项目，乔治·贝里最伟大的成就，未能建成。

卡普拉从来没有想到，波特斯维尔或许真的会变成现实。但到我的同时代人接受早早退休时，他们入职的世界已经变得完全陌生了。这种转变的原因包括全球化、消除管制、技术和产品创新、新的意识形态和叙述方式，以及社会和文化规范的转变等。这些因素并不是相互独立的，相反，每一因素都与其他因素紧密地联系在一起。

一直以来，金融都是全球性的。由于英国的帝国地位，伦敦金融城成了一个卓越的金融中心。班克斯先生就任经理的忠诚信托银行为“穿越非洲的铁路和横跨尼罗河的大坝”提供了资金支持。因为美国国内市场的规模及美国的陆地面积所暗含的对金融的贪婪需求，纽约的华尔街在发展规模和重要性上都堪与伦敦金融城相媲美。但是，由于放弃了金本位，加上两次世界大战期间的贸易保护主义和帝国的衰落，全球贸易和金融的扩张遭到了挫折。金融全球化的现代阶段始于20世纪60年代的伦敦欧洲美元市场的发展。

在美国，根据《Q条例》的规定，美国银行支付存款的利率必须服从于利率上限规定，而且必须持有联邦储备银行的资金，也就是美国中央银行的资金，以证明这些存款的安全性。如果把这些资金放在欧洲的金融机构，然后再转借给美国银行，这些限制是可以避免的，而且银行之间的交易不受控制。这样，伦敦的路由存款使得美元存款人在其账户余额中获得了更高的利率收益。这一操作降低了美国银行的资金成本，同时使欧洲银行通过借贷服务赚取了利润。

全球金融体系的结构正在以其他方式发生变化。在战后时代刚刚开始时，人们期望美国仍然是世界上占主导地位的债权国。战后的全球金融机构，如国际货币基金组织和世界银行，都是围绕这一假设设计的。但是，随着德国和日本从战时破坏中迅速恢复，加上美国经济在 20 世纪 60 年代衰弱，美国的经济霸权地位逐步下降，然后，在 1971 年，美元贬值了。

1973—1974 年的石油危机给石油生产国，特别是波斯湾地区的沙特阿拉伯和其他国家，带来了超出他们消费能力的巨大财富。“石油美元”被当作贷款回流到了欧洲和美国。与此同时，先是日本，然后是亚洲其他国家和地区，如韩国、中国台湾和香港，先模仿，再改进现代生产方法，然后开始向欧洲和北美出口制成品。1980 年之后，中国也与这些国家和地区一起进入了世界贸易体系。亚洲出口成功创造了贸易顺差，相应地造成了西方的贸易逆差。就像石油生产商 10 年前所做的那样，这些盈余国家把资金借回给了那些出现贸易赤字的经济体。

这一场景是为 21 世纪前几年的怪异发展而设置的。在此期间，中国人民的储蓄为美国消费者的超额花费提供了资金。实现这一点的机制是：西方银行对来自全球资本市场的批发融资的依赖性越来越强。这些持续的全球金融失衡打破了当地储户寻找当地借贷人的传统模式，也就是打破了传统银行业的支柱。对《Q 条例》的破坏预示着一种全新的方式，全球化通过这种方式对现有的以国家为基础的监管结构施加压力。

对于那些没有什么学术抱负但能愉快地成为高尔夫球伙伴的好男孩而言，新的金融市场不再关他们什么事了。到 2008 年苏格兰银行和苏格兰皇家银行破产倒闭时，他们大部分高级管理人员都具有顶级高等教育机构的高学位。苏格兰银行首席执行官安迪 · 霍恩比从牛津大学毕业之后又获得了哈佛商学院的工商管理硕士学位。他在苏格兰皇家银行的对手弗雷德 · 古德温，在格拉斯哥大学毕业后获得了法律和会计的从业资格证书。华尔街的两个主要人物，高盛集团的劳埃德·布兰克费恩和摩根大通的杰米·戴蒙，都是哈佛大学的校友，分别毕业于哈佛大学的法学院和商学院。来自牛津、剑桥和常春藤盟校最优秀的学生都在金融城和华尔街寻求工作。

提出“番茄酱经济学”的拉里·萨默斯用以下方式描述了这种转变。他说：“在过去 30 年中，投资银行领域已经发生了转变，在该领域中占主导地位的群体，原本是善于在高尔夫球俱乐部的酒吧间满足客户需求的人，如今成了善于解决涉及衍生证券定价问题的超难数学题的人。”萨默斯（他的朋友和对手都知道他在解决数学难题方面的能力远远超过他与客户闲谈的能力）以明显赞同的态度报告了这一转变。

然而，与他们那些智力上不那么杰出的前辈相比，这些更聪明的人并没有更强的管理能力，相反，他们在管理方面做得比前人要差得多。虽然他们很聪明，但很少像他们自己认为的那样聪明，或者他们的聪明不足以处理好他们所创造出的环境的复杂性。或许，在高尔夫球俱乐部的酒吧间与客户会面比解决超难数学题的能力与进行良好投资的关系更为密切。

今天可能不再那么需要交际家，也就是那些了解“谁”更胜于“什么”的人。这是因为，虽然人际关系依然重要，但技术有助于建立人与人之间的联系。不过，以下这些人还是需要的：具备评估标的资产质量和资产管理者能力所必需的技能的人；非常了解住宅房地产市场并在判断潜在买家是否具有偿债能力方面经验丰富的人；熟知商铺和写字楼及其租户金融状况的人；熟悉政府金融运作和大型基础设施项目管理的人；最重要的是，能够洞察商业变化本质的人。

但是，21 世纪第一个十年，在已经有了很大发展的金融业中，被看重的技能是非常不一样的。对这些技能的相关性和他们管理这些技能的能力拥有夸张想法的人，在使用这些技能的过程中致使全球经济陷入了自大萧条以来最严重的金融危机中。

这些变化是怎么发生的？接下来，我将在本章中首先解释金融化的两个主要组成部分：一是交易活动和交易事务替代了人际关系；二是金融公司的重组。然后我将转向金融化对经济稳定性、企业经营绩效和经济不平等性产生的更为广泛的经济影响。

交易员的崛起

你刚刚经过假壁炉就听到一阵邪恶的咆哮声，就像一个暴徒的怒吼……声音来自一位受过良好教育的年轻白人，他正在债券市场里为了钱而大呼小叫地咆哮着。

——汤姆·沃尔夫，《虚荣的篝火》（1987）

我们是华尔街。赚钱是我们的工作。无论是商品、股票、债券或一张张假想的假币，这一切都不重要。如果有利可图，我们还会用棒球卡交易。

我们在凌晨5点就起床工作，一直忙碌到晚上10点，甚至更晚。一旦拥有一个仓位，我们宁愿憋着尿也不起来。我们不需要1小时或更多的时间去午休。我们不需要工会。我们不在50岁时拿着养老金退休。我们有什么就吃什么，如果唯一能吃的东西都在你的晚餐盘里，我们就吃那个……

我们不是恐龙。我们比恐龙更聪明、更恶毒，我们要生存下去。

——《金融时报》Alphaville博客，

发布者：斯泰西－玛丽·以赛玛利，2010年4月30日

从机构代理转变到交易活动，从人际关系转向交易事务，这是过去40年来西方经济体金融化的核心所在。乔治·贝里和梅因沃林上尉的世界是一个注重客户、借款人和存款人之间人际关系的世界。金融业的大部分领域都是这样的。像银行经理一样，股票经纪人也会以朋友的方式对待他的客户。他会亲自了解想要推荐给客户的公司。投资银行与大公

司保持着长期的关系。他们会与一些机构，比如为小储户的资本建立投资渠道的保险公司，保持类似的关系。

在今天的金融世界中占主导地位的是交易活动，而且贸易活动是收入和报酬的主要来源。50 年前，出现了一个大型的投机金融市场，即证券交易所。按现代标准来看，当时的证券交易量并不大，因为每股股票的平均持股时间是 7 年。证券交易所也是进行政府债券交易的地方，但是，当时的债券市场处于极度的沉睡状态。斯科特 · 菲茨杰拉德于 1925 年出版的小说《了不起的盖茨比》中那个呆板的叙述者尼克 · 卡拉维就是一个债券交易员。伦敦金属交易所是全球铜、锡及其他“硬”商品交易中心。“软”商品有自己的交易所。芝加哥期货交易所（及其分支机构——芝加哥黄油和鸡蛋期货交易所）是美国的农产品交易中心。航运合同在波罗的海交易所签订。25 年前，交易的关键场所转移到了投资银行的交易大厅。今天，电子屏幕是信息的来源和交易的基础，越来越多的证券交易是在计算机上默默地进行的。

就这样，匿名市场已经取代了个人关系。一个世纪前，德国社会学家斐迪南 · 滕尼斯和马克斯 · 韦伯通过描述“礼俗社会”和“法理社会”两者之间的区别，清楚地说明了这一变化。“礼俗社会”和“法理社会”两个德语词在英文中很难找到确切的对应表达方式，但它们大致地区分了“个人的和非正式的”社会与“规范的和正式的”社会。从“礼俗社会”到“法理社会”的转变对于理解金融化过程以及金融方法和风险管理的全球差异是十分必要的。

交易文化兴起的原因不是单一的，而是一系列发展的产物。这些发展的起源相互关联，其影响是逐步累积起来的。金融市场的全球化是原因之一，1944 年在布雷顿森林（位于遥远的新罕布什尔州的一个美丽的地方，原本从纽约或者华盛顿过去都很艰难）会议上由同盟国制定的全球金融构架的崩溃亦如此。另一个原因是新兴衍生证券市场的建立和为了满足衍生证券分析的金融市场数学的发展。监管和消除管制起到了很大的但也有几分偶然的作用，因为监管政策变化所产生的后果几乎不是政策制定者的本意。机构重组也起到了一定的作用。企业组织的传统形式，例如伙伴关系和相互关系，被并入了公共有限公司。玛格丽特 · 撒切尔和罗纳德 · 里根当选之后对自由市场的支持在很多方面都影响了公共政策和商业政策。

导致这一变化的原因甚多，而且具有一个鲜明的特征：那就是金融性质的变化与实体经济需求的任何变化之间没有什么关系。这些需求其实基本上是保持不变的：我们需要金融机构来处理支付、延长信用贷款的期限、为企业提供资金。我们希望金融机构管理我们的储蓄，帮助处理我们在经济生活中所面临的风险。这些服务的某些方面越来越好了，但许多方面没有改善。信息技术改变了提供金融服务的方式。但是，与金融行业的性质及发挥政治经济作用的行业的转型相比，提供给客户的服务一直没有能够与之相提并论的转变。金融化的过程有其自身的内在动力。

1971 年，美国放弃金本位的举措宣告一个灵活汇率新时代的到来，但汇率波动的幅度远远超过了大多数经济学家的预期。外汇市场上一直都存在着投机活动。在布雷顿森林建立的战后固定利率体系承受的压力越来越大，各国货币遭到了投机攻击：1964 年当选的英国工党政府面临着 1 英镑兑换 2.8 美元的恒定利率的持续压力，促使首相哈罗德 · 威尔逊发表著名的控诉，谴责被认为应该对此负责的“苏黎世的国际银行家”。从本质上来说，这些投机者面临着一种单向赌注。如果英镑贬值（3 年后，英镑确实贬值了），他们将坐收巨额利润；而与此同时，他们的损失却微乎其微。

大体说来，这些投机者既不是苏黎世的国际银行家，也不是苏黎世的居民。颇具讽刺意味的是，最大的外汇中心过去是，现在仍然是，伦敦。在越来越大的程度上，外汇市场的投机者正是在银行聘用的交易员。为客户兑换外汇（并在兑换过程中赚取适当的利润）的传统业务已与货币头寸挂钩，以从其价值的可预期变化中获利。

芝加哥商业交易所是芝加哥黄油和鸡蛋期货交易所的继承者。促使农民今天就同意为他 3 个月后将带来的农产品确定价格的期货合同，已经在芝加哥商业交易所交易了很多年。利奥 · 梅拉梅德，这位富有革新精神的交易主席，于 1972 年启动了金融期货合同。这一想法是将同一类型的期货合同应用于外汇交易，然后再用于其他的金融工具。黄油和鸡蛋很快就会被抛诸脑后了。

这是衍生证券市场发展的开始。芝加哥大学当时是，今天依然是金融经济学研究的主要中心，这不是一个巧合。在接下来的一年里，芝加哥大学的两名教师费希尔 · 布莱克和迈伦 · 斯科尔斯发表了一篇有关衍生金融产品价值评估的开创性论文。

此后 30 年中，金融业的大部分增长都是金融衍生市场发展的直接和间接结果。期货不是唯一的衍生工具。期权赋予你的购买或出售的权利，但不是义务；你可以使用期权保护自己免遭价格上涨或下跌带来的损失。

如果你想出售猪肚期货，你并不需要拥有一头猪：你只要在火腿的价格押注就可以了。同样，如果你想进行货币交易，你不必非得计划到国外旅行，或购买外国商品。随着衍生市场的增长，人们或多或少以此来支持他们对几乎任何东西的判断，不只是外汇交换或者利率的变化，而且包括企业倒闭、抵押贷款违约或者飓风将袭击美国东海岸等事情发生的概率。

与这场金融技术变革相媲美的（事实上也是使之成为可能的唯一原因）是信息技术领域中的类似革新。金融期货交易刚刚开始时，芝加哥商品交易所仍然是以“场内交易”为中心，激进好斗的交易者一边用胳膊肘推搡挤走同事的交易一边大声地喊叫着。然而今天每一个交易者都有一个电子屏幕。从芝加哥交易所和其他地方传播出来的布莱克 – 斯科尔斯模型和大量的定量金融技术，只有在现代计算机的强力支持下才得到了广泛的应用。

监管促进了交易文化的增长。欧洲美元市场的增长表明，银行可能会利用监管异常来吸引业务。一些国家也会对此加以利用。推动这些银行利益的政府可以使监管套利更容易。曾在20世纪60年代将保护伦敦金融城的利益作为其主要职能的英格兰银行，积极推进欧洲美元市场的增长。就像《Q条例》所带来的结果那样，原本意在使得金融体系更加安全的监管措施，很可能会带来相反的效果，因为规则产生的后果是增加了系统的复杂性，并使交易活动完全脱离了监管网络。没有能力或者不愿意学习监管更广泛的教训将产生严重的、持续性的后果。

《Q条例》是华尔街股市崩盘后推出的多项改革措施之一。但最重要的是建立了证券交易委员会，以广泛监控金融机构和上市公司的活动。委员会的名称颇具启示意味：监管的重心是证券和交易。如果新的委员会能够推进证券的发行并推动证券交易的话，那它将很好地执行自己的任务。随着证券交易委员会活动范围的扩大，如果不提高其有效性或权威性的话，这种理念就会传染金融的监管。不仅仅是在美国，甚至在世界各地的金融市场，美国证券交易委员会都将成为监管的典型。

20世纪80年代，固定收入交易被添加到了活跃市场的名单上。对于尼克·卡拉维这样的人来说，债券交易此前一直是一潭死水。在伦敦，它只是一项活动，要想在此获得成功很大程度上取决于出生高贵。卢·拉涅里来自布鲁克林，出生于一个并不高贵的家庭。他最先是在所罗门兄弟公司的邮件收发室里开始其华尔街生涯的。但是，他发明的住房抵押贷款证券彻底改变了整个债券市场。资产证券化的发展，不仅仅是抵押贷款，而且包括各种金融债权的发展，永久性地改变了银行业的本质。这种资产证券化最终延伸到摇滚明星的未来版税（大卫·鲍威以这种方式募集了5500万美元）和电影制片公司（梦工厂）以及整个足球队（利兹联队）的收入。

住房抵押贷款证券包括一个可交易的抵押贷款组合。这种理念不仅适用于住房抵押贷款，也适用于小额商业贷款和其他消费贷款，例如，信用卡余额抵押贷款。传统上由银行管理的信用和利率风险敞口可以通过市场得以减少或消除。通过掉期市场，银行能够进行利率风险管理：1年期的变化利率贷款与10年期的固定利率贷款可以互换。

后来，在20世纪80年代，关于银行放贷的《巴塞尔协议》更有利于资产支持的证券而不是直接进入市场的资产时，资产抵押市场取得了重大的进展。评级机构，如穆迪和标准普尔这样的企业，其业务变得多样化了，从最初的商业信用评估扩展到了债券信用质量的评估。20世纪70年代发生的两个变化使评级机构在金融化进程中占据了中心位置。这些评级机构开始向证券发行人收取服务费，而不是（或者逐渐不再）向投资者收取服务费。由此一来，他们获得了监管认可，被称作“全国认可的统计评级机构”。许多金融机构和监管机构限制符合评级机构制定的标准的证券投资。评级确定了证券监管的风险权重。创造了资产抵押证券的银行向评级机构支付费用，这造就了一个提供认证的竞争激烈的行业。银行将自己的产品“逆向工程化”以适应评级机构的模型。只要抵押贷款证券组合的评级达到了符合要求的信用评级，许多投资者和交易员都不太在乎它里面究竟包含了些什么。资产抵押证券市场的崩溃将是全球金融危机的核心。

以固定收入、货币和商品为基础，且衍生性金融商品为其提供了强劲动力，新型交易文化的所有要素现在已经准备就绪。股票市场不再是投机活动的中心。固定利率、货币和后来的大宗商品成为新型交易文化的核心。像尼克 · 卡拉维一样，沃尔夫于1987年出版的小说《虚荣的篝火》中那个非常自负的反英雄角色谢尔曼 · 麦考伊，也是一个债券交易员。

然而，麦考伊的工作环境与尼克 · 卡拉维所经历过的环境截然不同。金融服务公司发生的结构性变化将在下文进行更为详细的描述，但这些公司里发生的根本性变化在于其主导精神。沃尔夫的虚构叙述嘲讽了金融化的新文化，但与此同时，迈克尔 · 刘易斯在所罗门兄弟公司（卢 · 拉涅里使公司在债券市场创新方面处于领先地位）度过的时间，充分证明了沃尔夫的讽刺作品中并没有什么夸张的地方。

沃尔夫和刘易斯描述的世界是一个颇具侵略性的男性世界（当然，在适当的时候会有一些女性交易员，但是，雄性激素与证券交易之间的联系将是另外一个严肃的学术研究主题）。在毒品（尤其是可卡因）的推动下，这是个充满了淫秽、沉湎于纵欲和酗酒的世界。一些具有高学历或者什么学历都没有的年轻男子，突然发现自己拥有了大量的金钱，其数量之大，远远超过了他们的处理能力。

虽然拥有非常不同的性格，与这些交易员并肩作战的还有“火箭科学家”（金融市场行家）或“宽客”（金融工程师），也就是拥有定量技能和高级学位的研究分析师，他们通常都是从苏联过来的。拉涅里曾宣称：“抵押贷款就是数学。”像芝加哥商品交易所期权市场的发展一样，拉涅里的创新观念为萨默斯所描述的“善于解决超难数学题”的博士们打开了一扇全新的大门。用于计算贷款组合（其违约机会虽然不同但有相关性）预期损失的“高斯公式”，其实就是一门应用于证券化组合评价的精算数学。用一些夸张的话来说，这门深奥的代数在全球金融危机中变得臭名昭著，被称为“摧毁华尔街的公式”。

大部分交易员和宽客都受雇于投资银行（包括那些在商业银行里为投资银行工作的人）。但是，总有少数几位独立经营的交易员，他们会从老练的投资者那里筹集资金。曾在1949年为《财富》杂志评述股票市场预测并总结说他能做得更好的记者艾尔弗雷德·温斯洛·琼斯，是第一个被称为对冲基金经理的人。1991年，乔治·索罗斯用一个巨大且成功的赌注狙击英国试图将其货币与法国和德国货币结盟，并致使“英格兰银行破产”后，他成为最著名的对冲基金经理。

20世纪80年代和90年代，股票价格的上涨使得几乎所有投资资金都获得了良好的回报率。2000年，“新经济”泡沫的破灭迎来了股票市场业绩平庸的10年，并导致许多机构投资者转向对冲基金，以寻求更高的回报率。虽然总体来说，并不是所有的投资者都获得了高额的回报，但对于对冲基金的发起人而言，其结果是赢得了丰厚的利润。在投资银行拥有成功记录的交易员群体建立了自己的业务。一些对冲基金经理取得了巨额的收益。乔治·索罗斯公布了265亿美元的财富，吉姆·西蒙斯（前数学教授）公布了155亿美元的财富。银行交易员的酬金大幅上涨（即使没有达到相应的上涨幅度），因为这些公司试图留住这些它们所谓的“人才”。

交易员的崛起和交易文化的发展离不开时代的政治气候：市场原教旨主义意识形态的力量、撒切尔和里根的当选、苏联的解体、中央计划经济体系的衰退。时代的主流意识形态赋予了更激进地追求自身利益的合法地位，并鼓励以不同的、更有限的方式去看待大型商业组织的社会责任。市场被认为是美好的，而且市场越多越好。但好事过头，反成坏事，拥有过多好事是不可能的。

但是，像撒切尔夫人和里根总统这样的政治家所持的经济理念是道德信念的产物，而不是技术性的经济论证。他们的道德信念没有在交易员文化中发现有何值得称道之处。撒切尔强调努力工作和自力更生，同时也持有这样的信念：同情是一种个人美德而非社会实践。与今天金融业中大部分人的个人权利特征意识和贪婪的个人主义相比，这些都是完全不同的人生态度。

新兴市场，新兴行业

我想向你和你的公司为英国繁荣所做出的贡献表示敬意。在贵公司150年的历史中，雷曼兄弟一直是一个创新者，甚至在许多其他人意识到他们的潜力之前，就为他们新的想法和发明创造提供了资助。

——财政大臣戈登·布朗

2004年4月5日在雷曼兄弟公司伦敦新总部开业典礼致辞迪克·富尔德

银行界的伟大名字有着悠久的历史。同许多其他事物一样，现代金融始于文艺复兴时期意大利城邦的商人。尽管最近一直有人质疑它的发展前景，世界上现存最古老的银行是建于1472年的意大利锡耶纳牧山银行。苏格兰银行成立于1695年，而苏格兰皇家银行成立于1727年。所有这些机构的悠久历史，都受到了新一代金融家的威胁，他们错误地认为自己比他们的前辈知道得更多。纽约银行（现已并入纽约梅隆银行）是美国历史最悠久的银行，建于1764年。通过改变其自身特性和有效地超越身为银行的局限，纽约银行比其他银行的生存状况都要好一些。但随着经济的发展，所有这些银行的业务都发生了变化。

然而，这些变革遵循了非常不同的轨迹。自19世纪到20世纪，英国、美国和欧洲大陆的金融服务业都以自己独特的方式发展着。在英国，因为并购，商业银行业在19世纪逐渐变得更加集中化。到1900年，在英国占主导地位的银行是劳埃德银行、巴克莱银行和米特兰银行（它们最终成为汇丰银行的英国分部）以及国民地方银行和威斯敏斯特银行。1970年，最后这两家银行合并成立了国民威斯敏斯特银行。如此一来，英国零售银行业的广泛结构在20世纪没有发生什么变化。

在美国，位于华尔街的各银行，以摩根大通的名称和个性为代表，为美国大型钢铁企业、铁路和石油公司融资方面发挥了主要作用。但民粹主义对金融的怀疑，以及美国对小社区生活的广泛依附，限制了州际银行业的发展。因此，美国的零售银行业务部门是分散的。在几个国家银行的统治下，英国的集中化银行体系顺利渡过了大萧条时期，而没有遭受严重的灾难。在美国，许多集中贷款组合的小银行在华尔街股市崩盘后的大萧条中破产倒闭了。储户担心其他类似银行的安全性。即使这些银行的基本财务状况良好，也遭到了挤兑。在日益增长的恐慌中，富兰克林·罗斯福在1933年3月担任总统后采取的第一个行动就是要求美国的所有银行关门歇业。

1929—1933年间发生了一系列的事件，在此期间金融危机转变成了行业萧条，这一系列事件不仅威胁经济的繁荣，而且威胁政治的稳定性。在才华横溢的首席律师费迪南德·佩科拉带领下，参议院对这些事件展开了调查。他一手摧毁了许多华尔街机构和众多华尔街名人的声誉。《1933年格拉斯—斯蒂格尔法案》规定商业银行和投资银行必须分离。摩根银行一分为二，摩根大通成为纯商业银行，而摩根士丹利成为纯投资银行。联邦存款保险公司将确保存款人免受银行挤兑或银行倒闭带来的损失。

在英、美两国，金融体系的不同功能都是由不同的机构提供的。商业银行经营支付系统并满足客户的短期贷款需求。投资银行（在英国，当时被称为“商业银行”）处理涉及证券发行的更大规模的交易。如果买方想出售这些证券，他可以联系一位证券经纪人，后者会与专家（也被称作“股票经纪人”或“做市商”）洽谈这笔交易。一些银行进行抵押贷款业务时，大部分这种贷款是由专门的非营利企业来承担的——在美国，由储蓄银行承担；在英国，由房屋互助协会承担。

银行专注于存款渠道，将短期储蓄转移到风险相对较低的活动中。一直以来，需要一个与存款渠道平行的投资渠道，以促进长期储蓄的部署。1812年，因为英国同时与拿破仑和美国开战，一些热心公益的爱丁堡绅士创办了“苏格兰寡妇基金”，为他们的家属提供补助。对处于欧洲外围的小国而言，苏格兰在金融创新史上发挥了异乎寻常的巨大作用。苏格兰银行和苏格兰皇家银行是存款渠道现存最古老的机构之一（尽管它们的幸存也是死里逃生）。拯救了它们的英格兰银行也是苏格兰人创建的。

那时候，我的父母和老师都相信，我将命中注定成为一名保险业精算师，所以每次假期都会把我送到“苏格兰寡妇基金”去工作。我到圣安德鲁广场的一栋大楼里去报到，对面就是宏伟的苏格兰皇家银行总部大楼。就在街道拐角处坐落着英国标准人寿保险公司，这是苏格兰寡妇基金的全球竞争对手。乔治大街的另一端就是夏洛特广场。这两个广场是18世纪詹姆斯·克雷格充满灵感的爱丁堡新城设计中的两个典范。然而，在美国内战之后，为了开拓海外机会，尤其是美国的机会，另一群爱丁堡的显要人士成立了一批投资公司。夏洛特广场当时是苏格兰投资信托的中心。

在苏格兰皇家银行为存款渠道的发展提供便利的时候，圣安德鲁广场的标准人寿保险公司和夏洛特广场的投资信托公司则在经营投资渠道。这些金融堡垒发展了两个主要机制：一个是养老基金和人寿保险；另一个是汇集投资基金。直到今天，这两个机制仍然是投资的中介渠道。

在全能银行历史悠久的欧洲大陆，存款渠道和投资渠道之间的区别并没有如此明显。这些银行为行业客户和个人客户提供全方位的金融服务，而他们自己也持有大公司的大量股权。然而，巴黎、柏林和法兰克福永远都不可能成为伦敦和纽约这样的全球金融中心，而且这些国家的股票市场永远不可能达到伦敦和纽约交易所的规模。欧洲的全能银行都是一些相当保守的机构，其关注重心在于自己国内产业的需求。

在这些国家，保险公司（从更小程度上而言，银行）一直是长期投资的最重要的中介机构。德国的安联、法国的安盛和意大利的忠利继续统治着各自的市场。投资信托公司发展到了英国和美国，但事实证明，直到 1929 年股市大崩溃之前，它们一直充当华尔街诸多过度行为的中介机构。由于美国监管和储蓄者的怀疑态度，投资信托基金（封闭式基金）已经被共同基金所取代（开放式投资公司）。我将在第七章更加完整地描述这些不同种类的投资中介机构。

乔治 · 贝里对贝德福德 · 福尔斯社区的依附例证了这样一种理念：银行既为私人服务也为公众服务。这种理念后来共享到了英国、美国和欧洲大陆。银行家们从不羞于盈利，但地方银行被看作一个社区机构，就像教堂和医院一样；而银行经理是社区的公众人物，就像医生和律师一样。从州或国家的层面来看，银行享有与政府的特殊关系，既能够享有特权，也需要承担责任。苏格兰寡妇基金（像英国标准人寿保险公司一样）是一个投保人共同拥有的机构，欧洲许多（和美国一些）保险公司的情况也是如此。

与存在了多年，甚至几百年的机构相比，2008 年破产的银行是一些完全不同的机构。创造了贷款市场的所罗门兄弟公司率先推出的新举措，完全有可能破坏银行将储蓄从存款人引向借款人的传统观念和作用。一些颇有见地的评论家认为，未来的金融机构将会高度专业化，涉及的专业面会越来越窄。事实上，现在执行大多数银行职能的也是专业机构，如信用卡公司和抵押贷款银行。超市的功能进行了多元化调整，开始提供诸如有息存款这样的简单的金融服务。私募股权投资公司（风投公司）专门为企业提供融资。专业对冲基金只为乔治·索罗斯和吉姆·西蒙斯这样的投机交易风险投资公司提供服务。在 2000 年后的几年里，专业对冲基金吸引了大量的资金。

但是，自相矛盾的是，多样化趋势伴随着专业化趋势。严格限制最高利率的《Q 条例》逐步放松并最终于 1986 年被废除了。在 1933 年遭到公开羞辱的美国金融业变成了一个越来越强大的游说团。该游说团促成了对 50 年前对该行业强制实施的限制的逐步放松。将投资银行与商业银行分开经营，原本已经在公众心目中成为《格拉斯—斯蒂格尔法案》的主要原则的同义词，虽然直到 1999 年才被最终废除，却已处在不断削弱的过程中。

在英国，变革的导火索是“大爆炸”，也就是 1986 年的金融放松管制，它废除了大量限制，包括创建金融集团的最大障碍。拥有自己的零售存款基础、资本力量雄厚的英国大型商业银行，立即开启了多元化经营模式。

银行结构的这些变化与股票市场机构的变化有关。在传统意义上，买家和卖家通过经纪人进行证券交易，而伦敦和纽约的股票交易所在股票交易中享有垄断地位。买家或卖家找到股票经纪人，后者会联系处理这些股票或固定利率证券的专家。股票经纪人充当客户代理，并负责确保最优惠的价格。因为专家和股票经纪人自己拥有的资本都很少，所以做市商试图撮合买家和卖家。他们试图找到一个愿意充当买方的投资者，从中赚取差价，也就是从买方处收取的价格和支付给卖方的价格之间的差额。

这可不是一个黄金时代。股票经纪人既要建立与私人和机构投资者之间的关系，也要建立与企业客户之间的关系，并愿意推销与他们有关系的公司的股份。这些股票经纪人倾向于选择有内幕消息的客户。自证券交易开始之初以来，“高频交易的提前交易”做法，也就是股票经纪人出于自身利益抢在为客户填单之前进行交易的做法，一直是经纪人滥用的一种手段。不过，广为接受的社会习俗基本上抑制住了腐败。股票交易的佣金是固定的，通常是交易总价值的 1%。

20 世纪 60 年代，大多数股权和股票都是由私人持有的。但养老基金的规模越来越大，而收纳个人储蓄的基金和保险公司进入了从债券到股票的多样化经营领域。这些机构中介让储户得到资金流动性和多样化带来的好处。他们还提供专业的管理，而且专业的管理人员会比私人个人更频繁地进行买卖交易，否则他们怎么证明自己收费的合理性呢？这些管理者不愿意接受传统经纪人卡特尔组织的固定佣金和高额佣金要求。

为了规避这些规则，他们收取经纪人的回扣，其形式不仅是对公司的“免费”调研，而且包括提供各种服务，如交易显示屏等，这本应该是投资机构自己购买的。这种“软佣金”的做法一直在持续，即使在固定佣金被废除之后依然如此。在纽约，固定佣金于 1975 年被废除；而在伦敦，固定佣金在 1986 年被废除。资产管理者可以向他们的客户按交易量收取佣金，而办公室费用必须他们自己掏腰包。

自 20 世纪 70 年代以来，交易所的结构发生了根本性的变化。这种变化是多方面的，而且原因多种多样。纽约证券交易所的垄断地位受到了挑战。首先发起挑战的是纳斯达克，这是一个由一群经纪自营商于 1971 年成立的电子交易市场，其领导人是伯纳德 · 麦道夫。经纪人就是代理人，而交易商就是交易员。经纪自营商的崛起模糊了两种交易类型之间的区别。本书后面还将提到经纪自营商这个概念中固有的利益冲突，以及伯纳德 · 麦道夫这个名字。

一些热门的新公司，如英特尔和微软，选择了在纳斯达克而不是纽约证券交易所上市。技术转移发生的同时，监管也发生了变化，新的监管措施鼓励交易所之间的相互竞争。如今，出现了许许多多可以进行股票交易的交易所，伦敦和纽约证券交易所都拥有自己的电子交易所，这些电子交易所与各自的主要市场对手竞争着。各大投资银行都建立了“暗池”，免除了许多与交易所交易有关的透明度和信息披露的要求。从实际效果看，在 21 世纪，作为为客户代理的股票经纪人和通过为买方和卖方牵线搭桥做市的证券交易商／专家之间的区别已不复存在。

这些新的交易活动需要更多的资本。从历史来看，有着几种不同类型的商业组织是金融业的特点。商业银行一般是结构化的上市公司，他们的股票在全国性的证券交易所上市。投资银行和商业银行以及股票经纪人和做市商等其他金融人士主要是法律意义上的合作关系（有些属于少数股东主动参与管理的公司，且关系密切）。在传统的合伙企业中，每个合作伙伴对企业的所有债务都必须承担偿还责任。在某些情况下，监管部门会禁止这种合作企业的注册成立以及相应的责任限制。不过，大多数情况下，合作形式还是由企业自己选择的。

合伙企业和所有者自我管理的企业与股权分散的上市公司有显著的不同。这些企业的所有权和控制权都一并掌控在高级员工手中。企业的风险，包括上行和下行风险，由少数个人承担，因此，他们的个人财务状况冒着极大的风险。合作伙伴会彼此密切监视，从而限制企业风险的发生。他们喜欢从事自己十分熟悉的活动，并将出于自身利益仔细审查企业持有投机性头寸的程度。企业的资本多多少少地受制于所积累的利润和合作伙伴拥有的资源。

互助组织曾在每个国家的零售金融服务中发挥过重要作用。大多数这样的企业起源于 19 世纪，当时的互助组织为金融服务至关重要的信任关系奠定了基础。苏格兰寡妇基金直到 2000 年仍然是一个互助组织，英国标准人寿保险公司直到 2006 年还是互助组织。小储户和散户投资者担心他们会被肆无忌惮的金融机构所利用，而这种恐惧经常有很充分的理由。虽然许多互助组织开始是作为自助社团出现的，但随着这些组织的日益发展，其成员聘请了专业管理人员来代表他们对其企业进行经营。再后来，其中一些互助组织发展成了非常大的企业。管理结构演变成了自我存续的形式，会员的声音实际上已经听不到了。

在 1980—2000 年间，大多数还不是上市公司的金融企业开始上市或被并入上市公司。这种转变的动机之一是对资本的需求，因为做市商越来越有可能在自己的账户中持有头寸。但许多已经成为上市公司的企业不需要或不用筹集新的资本。这种转变的主要动机是使当前一代的合作伙伴或成员能够为其自身的利润创建良好的企业信誉。从高盛集团到哈利法克斯房屋互助协会这样一些完全不同的企业都创建了良好信誉，前者原本是一家伙伴公司，在 1999 年变成了有限责任公司，使得一些合伙人成为比百万富翁还富裕几百倍的人。后者是英国（也是全世界）最大的抵押贷款机构，1997 年由一家互助组织转变成了一家上市公司，并将总市值近 200 亿英镑的股票分配给了 800 万人。

芝加哥商品交易所、纽约证券交易和伦敦证券交易所都完成了从成员组织到上市公司的转变。他们由此成为拥有自定的收入和利润目标的商业组织，而不再是为其成员提供服务的公用事业机构。他们试图通过促进和推动交易活动来吸引业务，但却发现自己处于激烈的竞争中，对手是由于新兴信息技术和废除管制而变得更为便利的交易机制，这种交易机制废除了交易所的垄断地位。

怀疑论者一直担心有限责任公司容易因为懒散管理、投机和过度冒险而面临危险。这种顾虑正是亚当·斯密警告管理他人钱财问题的本质，也是直到 19 世纪下半叶责任范围依然受到严格限制的原因之所在。那个时代标志性的银行业危机是 1866 年奥弗伦·格尼公司的倒闭。该公司被称作“银行家的银行”，曾在作用和声望上威胁到其对手英格兰银行，却在它成立仅仅 12 个月之后就倒闭了。几乎没有过什么大型合伙企业倒闭：最有实力的巴林银行在 1890 年得到资助摆脱了困境。（债权人得到了赔偿。但是，银行老板雷弗尔斯托克勋爵一世却失去了他的个人财产。）巴林银行最终在成为上市公司10年后的1995年倒闭。

历史告诉我们必须小心谨慎。然而，在金融化的过程中，互助组织和合伙企业的“规避风险”文化被上市公司中争强好胜的“雄性气概”所取代。虽然正式的风险控制将大大增加其复杂性和精密性，但风险控制的实际效能却降低，而且确保实施这些控制的高级管理层的动机极大地被削弱。当决策者从理想的决策中获得的利润超过其从糟糕的决策中失去的利润时，交易的规模和范围都迅速增加。获取资本更为容易，这导致了对多元化的误解，实际上，在全球金融危机中倒闭的大多数公司都不是被其主流业务击垮的。在追求个人利益的过程中，对所在单位的长期奉献精神将被短期机会主义所取代。这些后果要在20年之后才会有人理解，甚至到那时候也没有得到充分而广泛的理解。

向上市公司转型的第一家大型投资银行当然是雷曼兄弟银行。该公司于1982年完成转型，却在2年后遭遇了第一次财政危机。在哈利法克斯房屋互助协会并入苏格兰银行时，一直保留其1997年所得原始股股份的哈利法克斯成员失去了他们所有意外收获的财富，并于2008年倒闭。2008年倒闭的金融机构都是有限责任公司，而非合伙企业，因此，迪克·富尔德，主持过雷曼兄弟银行破产的首席执行官，仍然非常富有。大量的美国金融机构在获得美国政府资助后摆脱了困境，这些机构的众多领导人甚至仍然保留着其原来的职位。

每一个多元化金融集团内部都有证据表明，掠夺性的、初创性的和贪婪的股票交易文化和交易行为文化与适合零售银行的保守性官僚做法之间存在着根本性的冲突关系。从短期来看，零售银行家和商业银行家操作着一切：他们因为控制了零售存款所筹集的巨额资金而占据主导地位。但是，他们的并购业务全部都以失败而告终。被收购公司中那些因为证券交易富裕起来的资深人物都退休了，留下来的都是一些没有机会获得合伙公司丰厚外快并且不能很好地适应新环境的资历较浅的员工。

然而，金融产业结构中最重要的发展是美国投资银行的全球性扩张。这些金融机构既在纽约开展活动，也在伦敦开展活动，并于20世纪90年代在伦敦占据主导地位。曾是伦敦金融城王子的英国各商业银行要么消失了，要么并入了大型零售银行，主要是国外零售银行。欧洲大陆的银行过去一直是全能银行，同时提供零售银行和投资银行服务，但在方法上是保守的。英国和美国的金融业在20世纪80年代和90年代发生了变化，在法国、德国和瑞士经营这些机构的人萌生了进发全球的野心。如今，德意志银行、法国巴黎银行和瑞士联合银行集团等银行按英美金融体系的模式进行了自我重组。虽然他们全球活动的基地在伦敦和纽约，并在很大程度上他们收购的企业原本就位于伦敦和纽约，但他们的经营范围已经扩大到了全世界。

这些合并与20世纪80年代那些失败的并购案的处理方式有着极大的不同。现在，站在顶端的是投资银行家——在适当的时候，也有可能是交易员。这些人更加贪婪也更加精明。他们掌控一切，首先摧毁了零售银行业务，然后摧毁了整个银行。无论是零售银行家还是投资银行家都没有能力管理将两个活动融为一体的金融集团。可能谁都没有这个能力。

很快，这样的扩张就带来了灾难。迈克尔·刘易斯叙述了2008年崩盘之前的一些事件，其中提到，承担股票交易失败责任的可靠人选是来自德国某小镇的一位银行家。我将在第五章中描述，德国央行的地方支行曾经在德国的国内金融体系中发挥了积极作用，但却在国际性多元化过程中一再地遭遇失败。1993年，里昂信贷银行在法国政府的帮助下摆脱了财政困难，而且其大部分股权归法国政府所有。但是在一次可笑的扩张之中，该银行实际上成了好莱坞电影制片厂米高梅的老板，之后成为当今时代倒闭的第一家多元化全球银行。

在美国，交易撮合者（做市商）的原型人物是花旗集团的缔造者桑迪·威尔。废止《格拉斯—斯蒂格尔法案》是为了实现一个基本明确的目的：合并威尔的旅行者集团与花旗银行。在此之后，威尔迅速行动，赶走了他的联席首席执行官、温文尔雅的零售银行家约翰·里德。花旗公司成了世界上最大的金融机构——花旗集团，并购了所罗门投资银行、美邦经纪商和旅行者保险公司，并提供几乎所有的金融产品。

花旗集团进行了第一次大调整。在1999年的“新经济”泡沫中，花旗集团和威尔本人都因为滥用行为而遭到猛烈抨击。随着声誉问题的不断升级，威尔在缔造全世界最大最复杂金融机构方面的成就看起来不再是那么非比寻常了。威尔宣布退休。他倒霉的继任者查克·普林斯因为下面这句简要概括全球金融危机之前情绪的话而永远被人记住。他说：“只要音乐还在播放，你就必须站起来跳舞。”不久之后，普林斯被迫离开了办公室，而花旗集团在美国纳税人的帮助下摆脱困境。

银行之间的成功并购少之又少，苏格兰皇家银行的弗雷德·古德温领导了其中的一次，收购并振兴了原本萎靡不振的国民威斯敏斯特银行（其出价高于苏格兰银行——苏格兰银行和皇家银行之间日益具有破坏性的竞争正是导致两者垮台的原因之一）。古德温日渐狂妄起来，向分析师吹嘘他的公司是“至高无上的掠夺者”。就在2007—2008年金融危机刚刚发酵时，古德温带领他的团队接管了荷兰银行。苏格兰皇家银行步履维艰、摇摇欲坠，然后疾步走向破产。在资产重组之后，英国政府拥有了苏格兰皇家银行84%的股权。古德温被解除了职务，他的爵位也被剥夺了。

美国投资银行家鲍勃·戴蒙德决心在巴克莱零售银行的保护伞下创建一家全球投资银行。他非常走运：在意图收购荷兰银行这杯毒酒时被苏格兰皇家银行出价更高的古德温打败了，而且好运气继续伴随着他。2008年9月他试图收购濒临倒闭的雷曼兄弟银行时又被英国政府阻止了。尽管如此，巴克莱银行还是在随后的清算中收购了雷曼兄弟在美国的大部分资产和业务。2010年，戴蒙德获得了整个巴克莱集团的控制权。

并非所有围绕零售银行形成的企业集团都倒闭了。汇丰银行也许是全球零售银行中最成功的例子。汇丰银行在美国次级抵押贷款的损失高达数十亿美元，因为它在2003年非常不明智地收购了美国家庭国际银行，后者将贷款借给了因为信用评级太差而无法获得传统银行贷款的客户。但是，亚洲特许经营的实力使汇丰银行毫发无损地走出了全球金融危机。然而，金融新世界中的主角是威尔的前助理杰米·戴蒙。了不起的做市商威尔，因为担心他的助手会抢走他的宝座，曾将戴蒙从花旗集团解雇。在被解雇6年之后，戴蒙以摩根大通首席执行官的身份回到了华尔街，并继承了金融服务中最强的品牌名称。1935年被美国国会拆解的摩根银行再次成为横跨个人银行业务、商业银行业务和投资银行业务的企业。戴蒙成功带领他的银行远远避开了2007年前最糟糕的过度行为，获得了金融业中无以比拟的声誉。

2012年，戴蒙的银行被迫披露所谓对冲基金相关经营活动的巨额亏损，他的形象受到损害。“伦敦鲸”布鲁诺·伊克希尔在金融衍生工具市场投入了巨大的赌注，但却没有获得成功。巴克莱银行戴蒙德被卷入虚报其银行资金成本的丑闻（即伦敦银行同业拆借利率丑闻），于是，英格兰银行强迫其辞职。政治家和公众开始怀疑，金融业的经常性危机并不只是意外和不可预测事件所造成的，而是金融服务业文化中深层次问题的症候。他们是对的。

从危机到危机

我可以计算天体的运动，却无法预测群氓的疯狂。

——艾萨克·牛顿

投机性极强的繁荣和萧条贯穿了整个金融史。17世纪30年代，荷兰商人把郁金香的价格一路推高，甚至达到一个获奖郁金香球茎与一栋房子的价格一样高的水平。一个世纪以后，英国社会的精英们参与了“南海泡沫”。19世纪40年代，对铁路的狂热抓住了公众的想象力。20世纪20年代见证了股市和土地价值的繁荣与破灭，在华尔街崩盘和大萧条中结束。股市崩盘和大萧条无论是对经济还是对政治都产生了极其严重的直接后果，正是政治极端主义的兴起导致了第二次世界大战。

在苏联帝国勉强维持了东欧的金融稳定时，战后和解在大多数发达国家建立了严格监管的资本主义。为应对华尔街崩盘而实施的监管结构以及在布雷顿森林会议上创建的全球金融构架很好地为全世界服务了几十年。这是一个繁荣和平静的时代，尽管初期的通货膨胀随着这个时代的结束而变得十分明显。美国是占主导地位的经济大国，但德国的经济复苏堪称“经济奇迹”，日本经济增长的速度是以前任何地方都从未经历过的，这使之变成一个主要的工业强国。法国享受着“战后重建的光辉 30 年”，而英国局势也“从未如此良好过”。

金融危机不像飓风或地震这样的我们不能回避却必须学会管理的自然灾害。金融危机有着人为根源。经济政策可以增加或减少金融危机发生的频率和规模，而且经济政策的确做到了这一点。图 1 所示的模式很引人注目。19 世纪展示了一个繁荣和萧条反复交替的模式。在 20 世纪早期，危机的幅度增强了，最终在华尔街崩盘和大萧条中达到了极致。然后出现了一个史无前例的稳定期，随着金融化步伐的加快，波动性在稳步上升，直到 2008 年全球金融危机爆发。究竟是哪里出了问题呢?

到 20 世纪 70 年代早期，固定汇率制度瓦解，美国的经济霸权地位开始衰退。在固定汇率、美国的经济霸权地位等因素受到质疑时，金融机构的保守主义遭到了抛弃。美国财政部在 40 年前将黄金价格固定在每盎司 (约 28.35 克) 35 美元，而在 1971 年，尼克松总统宣布放弃金本位。这相当于美元对其他货币的贬值。1973 年赎罪日战争导致阿拉伯国家大幅提高石油价格，由此开启的政治危机导致美国的经济大国地位进一步受到挑战。

图 1：银行业危机的发生概况

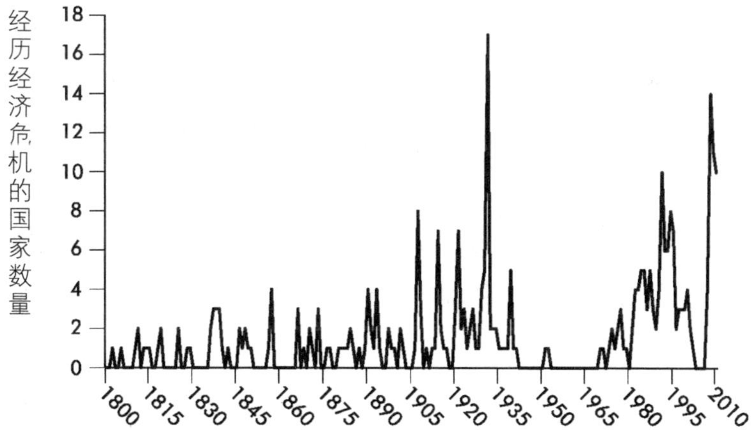

来源：2010 年莱因哈特和罗格夫根据经济合作与发展组织经济体申报的大银行倒闭数目进行的统计。

由于许多石油生产国无法方便地花掉他们的新收入，而许多石油消费国又不愿意减少他们的开销，所以，一些银行建立了似乎有利可图的业务——将石油出口方用卖石油赚到的美元回贷给石油进口方的政府。花旗集团的首席执行官沃尔特·里斯顿有过一句至理名言："国家不能破产。"从技术上来说，他是正确的，但却没有任何处理民族—国家债务拖欠问题的有序司法或行政程序。事实证明：这种做法导致的结果对于银行业体系或全球金融而言，绝不是稳定的根源，而是一个持久性的问题。

在此期间负债的很多国家几乎没有偿还债务的能力或意图。非洲国家往往继续借取现金以偿还这些贷款的利息，为此目的，它们经常使用援助或研发资金。因此，他们的债务越来越多地转嫁给了国际机构，继而作为"第三世界债务问题"隆隆地驶入 21 世纪：国家不能破产，但也不需要支付。

20 世纪 80 年代初，因其借入的美元利率大幅上涨，拉丁美洲一些国家无力偿还贷款而违约了。这场危机的解决为未来设定了一个明确的先例：美国政府和国际货币基金组织需要进行必要的干预，以保护大型美国银行的资产负债表。中央银行的支持，再加上巧妙的会计手段，这些银行所遭受的损失规模被掩盖了。银行家、监管者和政府抱着这样的希望，而且通常都是有道理的，那就是相关银行能够通过交易找到解决方法甚至回到资本充足的状态。劳埃德银行和花旗集团的确就做到了。这些原本不死不活的僵尸银行，重新恢复了生机和活力。但是那些无力偿清债务却仍然在进行交易的僵尸银行成为周期性金融危机爆发后的经常性主题。

20 世纪 80 年代和 90 年代，股市稳步上升，但这个集中持股和活跃交易的新世界显示了新的脆弱性。1987 年 10 月 19 日，美国股市经历了 20% 的单日跌幅，这是史无前例的也是至今不曾再次发生的事件。虽然某些指责将之归因于“组合保险”，也就是金融机构试图限制其衍生品交易的下行风险敞口而制订的计划，但这种情况为什么会发生，又是如何发生的，至今仍然没有谁能提供令人信服的解释。与此同时，虽然幅度稍小，其他国家的股市也经历了下跌。几天之后，市场又恢复了上升趋势。

2010 年 5 月 6 日，一件更为诡异的事件发生了，美国市场指数在 20 分钟内的下跌幅度超过 5%。某些股票以非常荒谬的价格报价——埃森哲每股报价 1 美分，而苹果每股报价 15 万美元。在本书付印时，警方扫荡了位于伦敦西南部豪恩斯洛一栋不起眼的半独立式别墅，并逮捕了一名男子。警方的说法令人难以置信：就是这名男子在自家前厅的股票交易导致了该事件的发生。可怕的事实是，没有人能够通过计算机程序进行的短线交易完全了解正在发生的事情。虽然这一事件并没有导致特别严重的后果，但是，技术失控的景象是未来一个令人不安的预兆。2014 年 10 月 15 日，美国国债市场经历了一次同样令人费解的“瞬间崩盘”。

现代金融史上的第一个巨大投机泡沫出现在 20 世纪 80 年代末的日本股票市场和房地产市场。据称，在日本房地产繁荣的最高峰时，皇宫土地的价值甚至超过了整个加利福尼亚州的地价。无论这种说法是否是真的，日本房地产都不会一直保持这种状态——泡沫破灭了。日本投资者和外国投资者都蒙受了巨大损失：日本股市的主要指数甚至在今天还不到其峰值时的一半。那些在资产价值膨胀的证券上进行了大规模扩张的日本银行，实际上已经破产了，但在形式上没有宣布破产。这些僵尸银行在未来的 20 年中困扰着日本经济。

基金经理安托万 · 范 · 阿格塔米尔宣称创造了“新兴市场”这一术语。将新的国家纳入全球贸易体系是 1980 年之后 30 年中最重要的经济发展。第一批欣然接纳这种变化的是一些东亚国家和地区，中国香港和新加坡成了贸易中心。日本战后的增长模式被其他亚洲国家和地区纷纷效仿，先是韩国和中国台湾地区，然后是泰国、印度尼西亚和菲律宾。在 20 世纪 80 年代末，东欧的共产主义政权瓦解了，许多国家接纳了资本主义及其金融机构。中国和印度进行了经济转型的变革。巴西、墨西哥和土耳其成为做生意的理想场所，甚至有迹象表明，一些非洲国家正在摆脱惨淡的后殖民经济传统。

因此，新兴市场成为一个投资主题。但金融市场总是会将一件好事做过头。将资金投入新兴市场，尤其是亚洲市场的热情，留给相关国家的是不合理的外债水平和被高估的国内资产。1997 年，外国投资者在他们的头寸仍然保有一定价值而仓促地进行头寸挽救时，泰国汇率崩溃了。危机蔓延到整个亚洲。第二年，俄罗斯开始拖欠债务。

国际货币基金组织通过贷款为一些国家提供了支持，还有一些银行愚蠢地提供了隐性融资。这些干预部分地消解了新兴市场的危机。国际货币基金组织对亚洲经济体实施了深受痛恨的紧缩计划。“华盛顿共识”这一术语被广泛用于描述一套共享的新自由经济政策，这些政策是他们提供支持的条件。无论对国家金融化还是对国际金融化，私有化和资本市场自由化都做出了贡献。

20 世纪 90 年代，接受过良好教育的公众和金融界开始接触互联网。

1995年发表的一份研究报告指出了摩根士丹利的玛丽·米克尔（著名的“互联网女皇”）以及网景通信公司（该公司发明了第一个可用的互联网浏览器）发行股票所提供的互联网商机，从而开启了互联网热潮。到1999年，记者、顾问和商界人士都在谈论“新经济体”。从来没有也永远不可能赚得一分钱利润的企业，以梦幻般的估值在世界各地的证券交易所里飘荡。“新经济”概念股的需求蔓延至每一个发起人能够将之与高科技联系起来的行业，无论这种联系多么薄弱和牵强。

2000年年初，为了避免“千年虫”（计算机程序在处理2000年日期中出现的错误）可能带来的威胁，美联储向美国经济注入了新的流动资金，这项措施无意中给新经济泡沫最后阶段提供了助力。2000年春天，新经济的繁荣走到了尽头，这一点即使不可能广泛预测，但却是可以预测的。美联储随后下调利率，并出台了进一步的货币刺激政策。虽然互联网股票价值的崩溃开始在更加广泛的股市中有所反映，然而在低利率效果的刺激之下，从2001年秋天开始，股价再次反弹上升。

新经济泡沫事件激发了媒体的关注。但是下一次，也是迄今为止最大的一次，繁荣和萧条基本上是在公众视线之外发生的。虽然对那些在意并愿意思考的人来说，已然出现了许多未来不稳定的迹象，还是很难夸大从互联网泡沫破裂至全球金融危机这段时期存在的盲目自满的特点。诺贝尔经济学奖得主罗伯特·卢卡斯告诉参加美国经济协会年会的与会者们，预防经济萧条的核心问题基本解决了。另一名学院派经济学家、曾任联邦储备委员会主席的本·伯南克，用“大缓和”来形容所谓的新时代经济的稳定性，并使得这一说法广为流传。

现在回想起来，这一时期发展的关键是资产支持证券，尤其是抵押担保证券贸易的增长，以及随后的金融机构之间抵押债务的增长。这样的“包装”提供的虚假证券信念刺激了对这些资产的需求。信用违约互换市场的发展似乎提供了进一步的保证：如果标的证券违约，将用衍生证券进行支付。当时很少考虑这个问题：万一发生大面积违约，签订这些合同的金融机构是否具备足够的支付能力。因此，2008 年，美国国际集团的信用评级下降了，对于债券投资组合的感知安全性而言，这样的后果具有巨大的毁灭性。当时美国国际集团已经通过信用违约为超过 5000 亿美元的证券提供了保险。

对资产支持证券贪得无厌的需求导致了追求质量越来越低的资产。在许多美国城市，抵押贷款业务员向那些没有实际还款能力的人推销贷款。但是，评级机构及联邦储备委员会继续把他们的预期建立在之前的数据库基础之上。可是在建立这些数据库的时代，房价总是在温和地上涨，放款的都是那些有着良好信誉的人。在美国房价上涨的过程中，即使是一次暂停都足以令这栋摇摇欲坠的“纸房子”垮塌。2008 年，对银行资产负债表证券价值的担心程度导致了对银行本身负债价值的怀疑。全球金融体系的彻底崩溃只有通过一次规模空前的公共干预行动才能得以幸免。政府资金被用来为银行系统提供流动资金支持或者直接重组已经失败或即将失败的机构。这次事件是自 1929—1933 年以来最严重的金融危机，也许是有史以来最严重的金融危机。

这次全球金融危机始于美国，但立即越过了大西洋，这在很大程度上因为欧洲银行是源自美国的可疑证券的大买家。下一次危机是欧洲引发的。欧元区，原本是一个雄心勃勃的计划，旨在将法国和德国的货币联系起来，将与德国经济紧密结合的国家联系起来。可是，现在它演变成了一个涵盖西班牙、意大利、葡萄牙甚至希腊在内的政治项目。

1999 年，这些国家采用了一种共同货币（希腊随即在 2001 年加入），导致整个欧洲大陆利率的渐趋一致。交易员不再差别对待欧元区各国政府之间的欧元债务，他们认为，不仅货币风险，而且曾经将管理良好的欧洲经济体和那些不稳定的公共财政区分开的信用风险，都已不存在了。德国和法国的银行在欧洲大陆北部借了欧元，再借贷给欧洲南部国家。到 2007 年，希腊政府债券的收益率仅略高于德国国债的收益率。包括希腊在内的几个国家，以低利率利用了似乎取之不尽的信贷供应。

当欧洲银行陷入全球金融危机时，其资产质量受到了更多的怀疑。对信贷风险的评估变得更为谨慎，欧元区的利率差异再次扩大。随着利率上涨和希腊信贷再融资难度的加大，希腊国债的吸引力开始下降。2011 年，希腊实际上已经无力偿还债务，开始拖欠债务。

然而，希腊并不是欧元区唯一的难题。早在 2008 年，爱尔兰的整个银行系统就崩溃了。一个巨大的房地产泡沫在西班牙破灭了。其他欧元区成员国，包括葡萄牙、意大利和塞浦路斯，都面临着各自独特的经济和政治困境，都经历了螺旋式上升的债务服务成本。随着每一次“小危机”的爆发，欧洲央行干预的规模和覆盖范围都在增加。2012 年，欧洲央行新行长马里奥 · 德拉吉承诺将“不惜一切代价”保护欧元区。考虑到欧洲央行具有欧洲货币发行权这一潜在资源，德拉吉的承诺稳定了欧元区危机，不过，只是暂时性的。

导致这些危机接连发生的直接原因各不相同，如新兴市场的债务问题、新经济泡沫问题、资产支持证券的违约问题以及欧元区内政治局势紧张问题等。然而，所有这些危机的基本机制是相同的。他们起源于经济环境中的一些真正的变化，如新兴经济体的成功、互联网的发展、金融工具的创新以及全欧洲货币统一等。早早观察到这些趋势的人赚取了丰厚的利润。交易者的从众心理吸引了越来越多的投资者和资金加入相关的资产类别中。资产的错误定价日益严重，但因为价格一直在上涨，交易者大多是赚钱的。

心理学家大卫 · 塔克特在采访许多交易员的过程中描述道：虽然这些重估貌似非常复杂、理智，但其实就是一个情感过程。

> 一旦出现了某种令人欢悦的势头，信念背后的情感发展往往只指向一条路径，那就是前进的兴奋刺激，而一旦后退，则痛苦万分。后者使人失去美梦，放弃希望。质疑者被视为捣乱分子。正是为了逃避挫折，这一阶段他们尤其遭到诋毁。他们对新局势

提出的质疑需要接受驳斥，也需要在拒绝中接受嘲讽和诋毁。

然而，现实就是现实。资产的错误定价得到了纠正，投资者和金融机构遭受了巨大损失。央行和政府进行了干预，以保护金融业，并尽量减少对非金融经济所造成的损失。然后，这些现金和流动资金又为某一个不同的活动领域的下一次危机提供了原动力。接二连三的连续性危机往往会越来越严重。

繁荣通常是金融系统之外的事件引发的。萧条的出现似乎有着一些无关的原因，例如俄罗斯的债务违约、美国房价的回调和雷曼兄弟银行的倒闭等。但这些事件都只是导火索而已，而非真正原因。危机机制是现代金融体系的一个内在组成部分，并不只是因为现代金融体系容易出现不稳定。如果没有产生经常性金融危机的机制存在，金融体系就不会以今天的形式存在了。第二章和第四章将就这一点进行更加清晰的阐述。

资本强盗

政府决心要惩罚某些罪恶的大富豪（是的，先生们，关于这一点，政府绝不会动摇），这种决心一直负责处理麻烦的事情……在我看来，这是一场竞赛，它将决定由谁来统治这个自由的国家——是通过他们政府机构的人民，还是一些无情无义、盛气凌人的富人。这些人的财富使他们非常难于对付，因为他们躲在公司组织的掩体后面。

——西奥多·罗斯福，

1907 年 8 月 20 日马萨诸塞州普罗温斯顿朝圣者纪念碑前的演讲

19 世纪末被称为美国资本主义的“镀金时代”。那时，占据主导地位的人物通常被称作“资本强盗”，如亨利·克莱·弗里克、杰伊·古尔德、约翰·皮尔庞特·摩根、约翰·戴维森·洛克菲勒和科尼利厄斯·范德比尔特等。他们既是企业家又是金融家，只是程度各有不同罢了，有的人偏重于企业家，有的人更偏重于金融家。他们建造或协助建造了铁路、石油供应系统和钢铁工厂，使美国成为一个工业强国。但他们巨大的个人财富既是生产活动的产物，同样也是金融操纵的产物。

20 世纪初，“资本强盗”的权力突然遭到了审查。“搜集并揭发丑事的人”，也就是不怀好意的新闻记者们，曝光了金融资本主义为了达到产业垄断所采取的过度行为。艾达·塔贝尔展开了一场对抗洛克菲勒标准石油公司的持续性运动。厄普顿·辛克莱的小说《丛林》（1906）以美国中西部的肉类包装厂为描述对象，至今仍然是一部文学经典之作。

最先且并非不以为然地使用“搜集并揭发丑事的人”一词的是西奥多·罗斯福。他是共和党人，在 1901 年亲商的威廉·麦金莱总统被暗杀之后出人意外地当选了美国总统。罗斯福是一个毫无顾忌的宣传家和民粹主义者。10 年前，起了疑心的国会通过了《谢尔曼法》，这是一部针对“资本强盗”财务合并的反托拉斯立法；但是，直到罗斯福执政之后，该项法案才开始实施。

标准石油公司和美国烟草公司被拆分了。20 世纪美国伟大的新兴工业，如汽车制造业，在竞争激烈的市场中发展着。最大的托拉斯组织，美国钢铁公司，顶住了反托拉斯运动的冲击，但不可避免地衰败了。金融和商业之间的联系并没有被打破，但没那么紧密了。虽然“资本强盗”既是企业家也是金融家，但 21 世纪上半叶的知名企业家主要是实业家，如通用公司的艾尔弗雷德·斯隆和英国帝国化学工业有限公司的哈里·麦高恩。他们的技能在于开发经营现代企业所必需的系统，培养经营现代企业所必需的职业经理骨干。

大型制造业公司的崛起是 20 世纪上半叶经济发展的一个关键因素。这些公司实行多元化经营，通过对供应和分销的控制实现了垂直一体化，并越来越多地进行自我融资。经营这些企业的实业家们没有时间用于股票市场或金融业务。亨利·福特买断了外部股东在其公司的所有股权，这些股票直到 1956 年才恢复上市。这些实业家谁都无法想象大公司的高级管理人员现在在“投资者关系”上投入了多少时间。

然而，投资银行家们很少没活可干。融资方敦促公司与他们做交易。商业战略方式不同，他们为那些大型交易提供的理由也不同。他们能够从这些大型交易中获得相应的较大额度的费用。进行合并的欲望——这是一个用于描述建立垄断意图的礼貌术语，在商界总是强烈的，并没有随着美国反垄断政策的出台而消亡。20 世纪 20 年代，一股新的合并浪潮建立了美国通用汽车公司和英国帝国化学工业有限公司。20 世纪 60 年代，国内合并被广泛视为应对日益增长的国际竞争所采纳的适当对策，尽管这种看法并没有任何明显的理由。有人认为伟大的管理者及其团队具有与任何业务相关的任何技能。这一自负导致了联合大企业的流行浪潮。美国的国际电话电报公司和利顿工业公司、英国的汉森公司和 BTR 公司等企业都得到市场的青睐，这些企业能够利用其被高估的股票进行廉价收购。

金融化将企业管理者的注意力引回了股票市场。一般来说，并不是因为他们需要为自己的企业筹集资金，而是因为时代决定了新的优先考虑事项。时代鼓动各公司追求“股东价值”。许多首席执行官都把自己看作元基金经理。他们购买并出售公司的投资组合，就像资产交易员可能购买和出售证券投资组合那样。1981 年，杰克 · 韦尔奇出任美国最大的工业公司“通用电气”的首席执行官。当年在纽约皮埃尔饭店的一次演讲中，他宣布，公司将出售或关闭排名行业第一或第二之外的任何业务。这一刻被广泛描述为股东价值原则应用于美国企业的开端；韦尔奇在接下来的 20 年里实施这一战略，他因此被视为美国最受崇拜的商业领袖。

1965 年，美国经济学家亨利 · 曼尼创造了“公司控制权市场”这一术语。管理公司的权利是可以买卖的资产。对“股东价值”的忽视使管理者面临恶意收购的威胁。20 世纪 80 年代，当德崇证券公司的迈克尔 · 米尔肯发明了“垃圾债券”并找到机构投资者认购这些债券时，这种威胁加剧了。这些提供了高收益率，同时也被公认为高风险的证券，使得袭击者甚至可以威胁到最大的公司。布莱恩·伯勒和约翰·希利亚尔在他们的专著《门口的野蛮人》中，描写了1988年烟草和食品企业集团雷诺—纳贝斯克公司颇受争议的并购案。该书也许是那10年中最好的商业书籍。伯勒和希利亚尔用一个哀怨的问题结束了全书，那就是："但它与商业有什么关系呢？"这个问题十分中肯。

米尔肯和垃圾债券的时代以闹剧的形式结束了。1990年初，美国甘皮奥百货公司拖欠了巨额债务。该公司用垃圾债券收购了美国众多的顶级百货公司，如梅西百货、布鲁明戴尔百货店和乔丹·马什百货等。来自加拿大的房地产投机商罗伯特·甘皮奥，完全不具备经营这些企业的资格，他只会拿到米尔肯客户手中的基金罢了。随着甘皮奥百货公司希望的破灭，对垃圾债券的"胃口"消失了：德崇证券无力再次为证券融资，破产了；米尔肯也锒铛入狱。

然而，"公司控制权市场"这一隐喻契合了金融化的进程和贸易文化的兴起。对"股东价值"目标未曾给予足够重视的管理者受到了来自金融市场的威胁。1991年，汉森公司（现在它也已倒闭）入股了英国当时最大的工业公司——帝国化学工业公司。该股份被广泛认为是恶意收购企图的前奏。

这样的企图从未成功过，但其可能性却鼓舞了公司的高级管理层。1987年，帝国化学工业公司在自己的年度报告中宣称：

> 帝国化学工业公司的目标是成为全世界顶尖的化学公司，为全球客户服务，提供创新的、负责任的化学和相关学科的应用……
>
> 这一目标的实现将增加我们为之服务和与之合作的股东、员工、客户和社区的财富，从而提高他们的生活水平。

到1994年，该公司在年度报告中对其公司目标有了完全不同的表述：

我们的目标是将股东价值最大化，为此，我们将重点经营我们拥有市场领导力、技术优势和全球竞争成本基础的相关业务。

现在，我们能够进行事后总结，从中获取有益的经验教训，也能够描述前后所发生的所有事情的来龙去脉。自20世纪20年代成立以来，老的帝国化学工业公司一直处于其所在领域的全球领先地位。公司最初的业务是经营炸药和染料，但在两次世界大战间的那段时期，其业务重点转移到了石油化工和农业化肥领域。第二次世界大战之后，帝国化学工业公司董事会颇有预见性地认识到，未来最重要的“责任最重大的化学应用”将是新生的制药业。但是，帝国化学工业公司的制药部门却亏损了近20年。然而，20世纪60年代，在英国强大的制药业之父詹姆斯·布莱克带领下，该公司发现了第一批“重磅”药物之一——β受体阻滞剂。β受体阻滞剂是世界上首个有效的降高血压药物。在随后的四分之一世纪中，制药业成为帝国化学工业公司发展的主要动力和利润来源。

与此相比，新的英国帝国化学工业公司的经历并不是如此令人愉快的。股票市场对其变更经营目标的公告做出了有利的反应，但对其随后的实际经营所做出的反应则不是那么有利。公司股票价格在1997年初达到顶峰，但随后的下跌极其惨烈。2007年，这家曾经那么伟大的企业所幸存下来的业务被一家荷兰公司收购了。这家以“股东价值最大化”为唯一目标的公司甚至没能成功地实现“股东价值最大化”。说出名言“我们什么都不赚只赚钱”的贝尔斯登公司是全球金融危机的早期受害者。以利润为导向的公司不一定是最盈利的公司，这一悖论是我另一本书《倾斜度》的主题。

20世纪最后十年开始时，帝国化学工业公司是英国最大的工业公司，但通用电气是第二大工业公司。1997年，曾以首席执行官的身份操控英国通用电气公司30多年、脾气暴躁的阿诺德·温斯托克退休了。新团队计划进行彻底的变革：像他们在帝国化学工业公司的同龄人那样，他们试图重新安排企业的投资组合，以创造一个更令人兴奋的公司形象。在随后的4年之内，改名为马可尼的通用电气公司债务堆积如山，倒闭了。

在桑迪·威尔的旅行者公司于1999年并购花旗公司之后，威尔与资深银行家约翰·里德短暂性地共同担任了公司的首席执行官。在一间俯瞰东河的会议室里，两人向一名美国记者提供了有关公司未来发展的截然不同的看法。

> “我想把公司打造成一家全球性的消费公司，一家用有史以来中产阶级从未享受过的优质服务真正地帮助他们的公司。这是我的愿景。这是我的梦想。”里德说。
>
> “我的目标是增加股东价值。”桑迪·威尔插话道，不时地瞥向附近的电脑显示器，上面显示着花旗集团不断变化的股票价格。

威尔撵走了里德，但在8年内，花旗集团的股票几乎失去了所有的价值，而集团本身亦由美国政府来拯救。如今已从通用电气公司退休的杰克·韦尔奇，在2009年针对企业金融化的启发性发表评论，他宣称，股东价值是“世界上最愚蠢的理念”。

我们是1%

> 沉疴遍地，病魔肆虐，
> 财富聚集，人类衰亡。
>
> ——奥利弗·哥德史密斯，《荒村》（1770）

在1984年成为花旗集团首席执行官之前，约翰·里德在那里度过了他的整个职业生涯，并率先推出了自动取款机。里德是一个经营公司的人，和他的前辈艾尔弗雷德·斯隆属于同一种类型，是随后几十年经常遭受嘲讽的人。像其他经营公司的人一样，他期望得到一份可观的薪酬，但从未期望通过职务升迁而变得非常富有，事实上他也没有这样做。（斯隆是富有的——斯隆基金就是他留下的遗产，但他的财富来自通用汽车公司收购他的轴承公司所支付的款项，而并非来自他作为首席执行官的薪酬。）里德被威尔赶走时，他获得的补偿款为550万美元。这一数字按照如今的标准来看，似乎也不算多。

退休后，里德担任了纽约证券交易所的首席执行官。前任首席执行官迪克·格拉索被解雇了，此前媒体披露称，纽约证券交易所董事会同意将其退休福利折合成1.4亿美元现金，并立即支付。如今看来，一副让人联想起另一个时代绅士形象的里德是激进性银行改革的拥护者。如果说里德是最后一批老派人物的代表，那么威尔就是新派人物的原型。威尔是一个亿万富翁，他获得财富的渠道是股票、期权以及长年累月的交易过程中的红利。

合伙模式此前曾主导金融领域内的高风险活动，如兼并和收购中的市场决策和企业咨询等。这些机构的高层管理人员在年底共同分享极其不稳定但往往数额巨大的收益。20世纪80年代，这些公司进行了结构性转变，成为上市公司。这种转变所产生的影响基本上就是将这些风险和红利从合作伙伴（他们从交易中获得了一次性金额）身上转给了股东。事实上，这对公司员工的财务预期几乎没有影响。因此，向高级职员，也就是现在的员工，分配可观的利润份额的做法仍在继续。实际上，随着合伙公司进行的经营活动被吸收到更广泛的联合大企业中，雇员应获得所在企业利润的可观部分这一原则被广泛应用于整个金融业中。本书第四章将详细描述金融集团股东的悲惨结局。

与此同时，贸易文化的发展导致企业只报告那些变量大但通常收益很高的利润，本书将在第四章解释其中的原因。那些筹划或促进相关行业发展的个人理所当然地认为他们不仅应该获得信用，而且有分享回报的权力。这种期望只指向一个方向：他们没有打算分担损失，实际上，他们一般也没有能力分担损失。法国某法院判决“流氓交易员”杰罗姆·科维尔 49 亿欧元罚款，用于赔偿他的交易不善可能给法国巴黎银行造成的损失，但是这一判决只具有象征意义。

红利文化在金融集团界广为传播。即使是零售银行里非常初级的员工也在积极追求着目标——赚取红利。这样一来，自然会在某个时候引发理由充分的索赔，如抵押贷款产品或付款保障保险产品被错误出售时。红利文化和对更高薪酬水平的期望波及了企业界的其他部门。像桑迪·威尔一样经常在新兴市场中亲自参与公司控制权交易活动的大型企业高级管理人员观察到了金融领域的薪酬水平，并提高了他们的眼界。同样如此的还有从事与金融业相关活动的人们，如会计师和公司律师等。

通过期权将高管红利和股票价格挂钩的做法因为追求股东价值的需求而合法化了。随着股票价格在 20 世纪 80 年代和 90 年代的稳步上升，这些期权改变了许多高管的个人财务状况。与里德一样，通用电气公司的杰克·韦尔奇在 1960 年大学毕业后直接加入该公司，他是提倡以激励为基础的新型企业管理方法的标杆人物。他现在的个人财富据估约为 7.2 亿美元，这样的财富在美国的现代企业高管中并不是个例。对于上一代的企业人（如约翰·里德）或帝国化学工业公司的高管们来说，这样的收入简直是不可想象的。（约翰·哈维－琼斯爵士，卓越的帝国化学工业公司董事长、20 世纪 80 年代英国最著名的企业家，2009 年去世时留下的个人财产大约仅为 50 万英镑。）

高管薪酬与股票期权业绩之间的联系是薄弱的。基于市场预期而不是企业现实，与股票价格挂钩的奖励是浮躁观点的产物，而且就像交易员的红利一样，是不对称的。期权允许受益人分享股票上行时获取的回报，但并不要求他们分担股票下行时遭受的损失。事实证明：这种鼓励危险性转型变革的结构对于帝国化学工业公司、通用电气公司和花旗银行等公司而言是极具破坏性的，因为与股价的紧密联系（威尔“旁边显示花旗集团不断变化的股票价格的电脑”）在短时间地吸引了强烈的注意力。首席执行官可以从每分钟价值的微小波动中收集到有关他所经营公司的什么有用商业信息呢?

完全没有调整好管理者和股票交易员与股东之间利益关系的金融和非金融行业的红利文化，还造成了这样一个结果：管理者和股票交易员的目标与他们服务的公司的目标有着很大的不同。公司运行的目标是为高级职员谋取利益，这一机构问题在金融业中最为严重，同时影响到了其他的企业领域。这一机构问题的另一方面在于其在促进交易和金融工程方面所发挥的作用而支付给投资银行家的巨额费用。像亚当·斯密预见的那样，管理者们正在玩忽职守地挥霍着别人的钱财。早在 80 年前，阿道夫·伯利和加德纳·米恩斯就确认了斯密提出的机构问题在现代商业和金融业的蔓延将导致所有权与控制权的分离。试图通过设计复杂的激励计划来解决这个问题，事实上并没有能调整管理者与股东之间的利益关系，更没能使他们与公司的长期成功达成一致。今天，该问题已成为公司及其股东之间摩擦的主要来源。

几乎不需要什么想象力就能看到美国 19 世纪末的“资本强盗”，如约翰·洛克菲勒和安德鲁·卡内基，与 20 世纪末新兴市场中有影响力的实业家／金融家，如墨西哥的卡洛斯·斯利姆和印度的德鲁拜·安巴尼，以及那些在东欧原本的国有资产拨款中发财的人之间的相似之处。但是，像韦尔奇这样的企业家出现在超级富豪中则是一种新现象。大公司高级员工将公司收入的很大一部分用于实现自身目的的能力或许正是曾被教士和朝臣所利用的奢华生活方式的翻版。

因此，把金融业的红利文化与其相关活动结合，新一代资本强盗和亿万富翁首席执行官们逆转了 20 世纪大部分时间存在的平均分配趋势。“我们是 99%”是这些巨额财富“占有派”抗拒者们提出的口号。这样的口号吸引人们注意到：在金融化时代只有极少数人受益，财富分配不均达到了何种程度。

图 2：1919—2005 年英、美、德、法四国
收入前 1%和前 0.1%人群在总收入中所占的份额

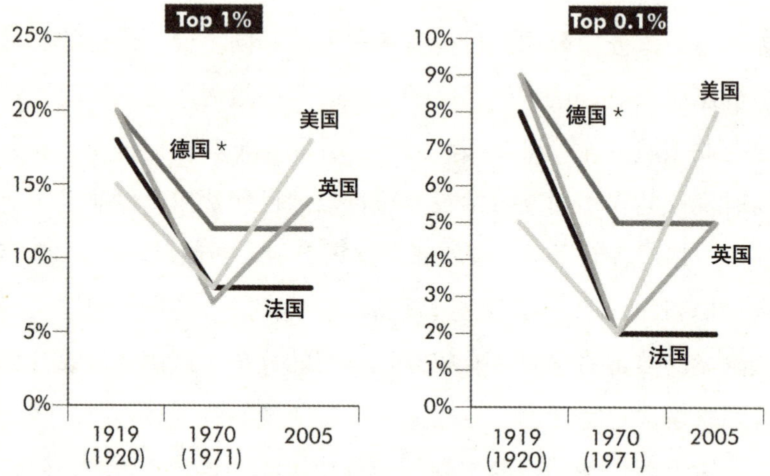

注：图中的收入指国家税务报告单位（个人或夫妇）的收入。

*1919 年普鲁士、1970 年西德、2005 年德国。

来源：安东尼·阿特金森和萨尔瓦托雷·莫雷利，经济不平等研究协会工作报告《经济不平等图表集》（2014）。

第一次世界大战结束时，收入占前 1% 的人，即收入分配中得利最多的那部分人，获得了总收益的 15%—20%。在这块充满机会的土地上，作为移民大国的美国比古老的欧洲各国更为平等一些。但在接下来 50 年里，民主的兴起、社会保障和现代国家的发展，导致发达国家收入不平等程度急剧下降。如图 2 所示，到 1970 年，收入占前 1% 的人所占的利润份额下降了一半左右，而收入占前 0.1% 的人所占份额的下降幅度更大。由于这些数字涉及总收入，而福利和最高税率的增加无处不在，所以均衡效果甚至比这些数字更能说明问题。

许多人可能会惊讶，1970 年德国的不平等程度比英国、法国或美国更为明显。其主要原因是由于该国大部分家族式中小企业或中型企业部门的成功，有关这点我将在第五章展开讨论。

平均分配趋势没有延续下去。在法国和德国，这种趋势完全停止了；自 1970 年以来，这些收入不平等的程度就没有再发生过变化。在英国和美国，收入占前 1% 和收入占前 0.1% 的人的收入有了大幅度提高。这种逆转在美国尤其明显。在美国，前 1% 人群现在所占利润的份额比 100 年前大了很多。从某种意义上来说，美国现在的收入分配是 4 个国家中最不平等的。资本究竟发生了什么情况还不太清楚。我将在第五章至第七章描述，自住房存量和养老权的增长扩大了个人财富分配的差距。

促成这些收入分配变化的因素有许多。在 20 世纪占主导地位的政治趋势在其最后几十年中发生了停滞或逆转。全球化对世界收入不平等产生了巨大的影响：与世界发展史以往任何时代相比，中国和印度经济在过去 20 年的增长已经使更多的人脱离了贫困。但全球化通常会加剧富裕国家的收入不平等情况。虽然全球化使那些具有独一无二或与众不同技能的人——无论是音乐名人，还是体育名人或咨询工程师——能够在更广泛的市场上施展技能；它也加剧了非技术劳动力的竞争，因为技术含量不高的制造业能够转移到低工资国家去。

不过，以英国和美国为一方，以法国和德国为另一方，两者经历的分歧是惊人的。英国和美国是撒切尔和里根领导的国家，前 1% 人群的收入份额在工党和民主党统治下继续增长。金融化的直接和间接影响非常重要：不但使得金融业中收入最高的个人获取了超常水平的报酬，也对金融业以外的其他企业高管的薪酬产生了连锁反应。在美国，2005 年，收入前 1% 的人群有 45%、收入前 0.1% 的人群有 60% 的人既不是企业高管也不是金融从业人员。（医生和律师在收入前 1% 人群所占的比例为 22%，但仅占前 0.1% 收入最高者的 10%。）

在美国，所有这些因素的累积效应在于：金融化时代报告的经济增长对典型的个体体验没有产生影响。自 1973 年以来，家庭平均收入在扣除通货膨胀因素之后的实际增长率还不到5个百分点。但金融化时代是一个为这些国家提供消费信贷大扩张的时代。在资产证券化的推动下，信用卡贷款和其他消费贷款迅速增加。业主能够获得业主"股本释放"(即，抵押他们住宅的增值进行借贷），而抵押贷款则被扩大到了从未有过住房融资资格的人。即使收入不允许，这种信贷扩张也允许消费继续增长。

信用扩张不可能无限期地继续下去：当这种诱导贷款的低质量被大量披露时，它不可避免地出现负增长。这就是全球金融危机中所发生的事情。在消费增长速度高于收入增长速度的时代被压抑的生活压力不再受到抑制。舆论转向反对银行业和金融业，“占领运动”和“边缘政治运动”的人气飙升就是这种反对的体现。

在厄普顿·辛克莱和艾达·塔贝尔所处时代过去一个世纪之后，丑闻揭发者的传统复活了。新一代的记者们试图曝光企业丑闻，尤其是财务舞弊问题。互联网记者马特·泰比将高盛集团描述为“一只巨大的鱿鱼吸血鬼，从它发现的任何地方吸钱”，这一描述很快就像病毒一般迅速传播开了。高盛集团，甚至没有在广告中提及自己在西街200号的存在，却遭到了国会和媒体的指责。泰比这一隐喻的威力来自它的含义，那就是高盛集团本身并没有创造财富，而是受益于其他人和其他企业所创造的财富。这种质疑是许多人对金融业作用产生担忧的核心所在。后面各章将重点分析这些担忧究竟在多大程度上是合理的。

将桑迪·威尔和“我们是华尔街”的股东与班克斯先生、乔治·贝里和梅因沃林上尉区分开来的众多因素之一是他们对待风险的态度。对于老一代银行家而言，风险是令人深恶痛绝的东西。如果一笔贷款被认为是有风险的，它就不会被放贷。当然，这些传统的银行家有时也会犯错误，他们的借款人没有能力偿还贷款；但那时没有“计算风险”这样的事情存在，也没有用于预期损失的会计条款，因为没有人会期望这样的情况发生。在金融化时代，银行家们张开双臂欢迎风险。风险是获取回报的资源，而且可以通过拉里·萨默斯的数学家们进行计算和管理的。也许吧。

第二章

金融风险

奶牛、咖啡与信用违约互换

在每次物质利益的交换中，每得到一分就会失去一分。

——约翰·拉斯金，《给未来者言》（1860）

亚当·斯密《国富论》的核心见解非常简单：如果双方的交易出于自愿，除非彼此都相信他们会从中受益，否则交易就不会发生。

——米尔顿·弗里德曼，《自由选择》（1980）

2005年，堪萨斯市联邦储备银行在气候宜人的怀俄明州度假胜地杰克逊霍尔召开了一场专题研讨会，研讨会是特地为艾伦·格林斯潘举办的，他即将退休，离开联邦储备委员会主席的位置。时任国际货币基金组织首席经济学家的拉格拉姆·拉扬，在研讨会上对金融市场最近的创新举措的价值提出了质疑，并提前警告了即将面临的麻烦。

拉扬的报告没有收到很好的效果。加入讨论的主要与会者是时任美国联邦储备委员会副主席的唐·科恩。科恩将拉扬的发言看作对他称之为“格林斯潘主义”观点的攻击。格林斯潘主义宣扬金融创新的诸多优点，这正是拉扬所质疑的。科恩为金融创新做了强有力的辩护。“通过允许金融机构分散风险，更精确地选择他们的风险配置组合，并提高他们对其所承担风险的管理能力，金融创新已使得金融机构更强健。”他继续解释说，“这些发展使金融体系更具弹性和灵活性，使其能更好地吸纳冲击而不增加此类冲击对实体经济造成的影响。”

这确实是格林斯潘主席的观点。难道他没有解释说“这些工具提高了区分风险的能力，并将其分摊给那些最有能力并愿意接受风险的投资者”吗？如果说科恩的说法带批判性，至少他是有礼貌的；而拉里·萨默斯则将拉扬的观点描述为“勒德分子”并将其思想与那些宁愿用运动员和马代替汽车和飞机的人联系在一起。萨默斯指出，复杂性与进步是不可分离的。

在杰克逊霍尔研讨会上进行主题发言的是罗伯特·鲁宾，他曾于1995—1999年担任克林顿总统的财政部部长。鲁宾此前是高盛集团的高级管理人，而在离开政府部门之后的2000—2009年，他在花旗集团担任各种非执行董事职务并从中获得1亿美元的报酬。鲁宾是一个改变萨默斯地位的关键人物，从“番茄酱经济学”的诋毁者转变成了金融化的热情支持者，并将这名哈佛学者培养成了他的后继者。在美国商品期货交易委员会主席布鲁克斯利·波恩试图扩大对衍生品市场的监管时，鲁宾、萨默斯和格林斯潘早已带领反对派支持立法将金融合约排除在代理职权范围之外。

第二年，另一名联邦储备委员会委员本·伯南克，重申了科恩的主张。他说：“在过去的20年，所有规模的银行组织在他们衡量和管理风险的能力方面都取得了长足进步。”这些进步使得“银行体系具有了更大的应变能力”，他说。伯南克是普林斯顿大学的教授，从“大萧条”中学到了很多，曾在很早以前就宣称“大稳健”的主张。

纽约联邦储备银行的主席在年度会议上发表讲话时同样赞扬了风险管理者们的工作。蒂莫西·盖特纳告诉与会者：

> 金融机构能够更有效地衡量和管理风险。风险的传播更为

> 广泛了，涉及国内外众多更为多元化的金融中介机构。这些变化有助于核心金融中介机构的财务实力和美国金融体系整体灵活性和弹性的大幅改善。

这些误区的惊人规模并没有阻挡那些持有这种观点的人在随后日子的步步高升。全球金融危机爆发后，小布什任命伯南克接替格林斯潘担任美国联邦储备委员会主席。科恩成为他的副主席。奥巴马总统组建了他的经济团队，任命盖特纳担任财政部部长，任命萨默斯担任国家经济委员会主席。（拉扬于 2006 年年底离开国际货币基金组织回到印度，并于 2013 年成为印度储备银行行长。）

20 世纪 70 年代，一位有丰富政府经验的经济学家戴维 · 亨德森在英国广播公司做了一系列的演讲，论述“正确的非重要性”。他在演讲中说道：“有一件事情，你也许认为很重要，但实际上，这种重要性却不可能引起任何关注，也无助于你的职位晋升，人们关注的只是你的建议是否有任何好处。”亨德森继续指出，“如果英国公共服务的情况真是如此，那么，我认为，经济学行业中的情况更是如此，不管是在这个国家还是在别的什么地方”，并援引了另一位评论员塞缪尔 · 布里坦的话，即“比一篇论文的正确性或启发性更重要的是它的有用性”。自从亨德森的作品问世以来，无论是政府或学院，如果有任何变化，那也是往更糟糕方向的变化。

伯南克、盖特纳、科恩和萨默斯有现成的渠道，能够得到金融市场学者和从业者可能提供的最佳建议。伯南克和萨默斯原本就是相当杰出的学院派经济学家。他们怎么可能会犯这么大的错误呢？聚集在杰克逊霍尔的经济政策制定者们所表达的意见代表了某个学者团体（他们提出了一个错误的或至少是不恰当的理论）和从业者（他们热切地描述着他们所处的世界：这个世界是如此美妙，因为人们可以不公开地获取丰厚的个人利润）的观点。

经济理论并没有引发本书所描述的金融体系性质的变化，经济学家不用为全球金融危机负责。但经济理论对这些变化和这些事件的影响是广泛而深刻的。从广义上来看，以交易为导向的金融业的发展与撒切尔和里根崛起后席卷公共政策的自由市场意识形态密切相关。交易大厅的喧闹声是自由市场的完美典范。

金融界领导人对自由市场价值的承诺实质上是一个务实的联盟，能够为相关人员提供便利，而非深厚的思想信念的产物。如果对此存有疑问，全球金融危机已将其消灭了。金融业的巨头们能够说服自己和别人相信：作为一般的原则问题，让市场顺其自然发展的观点可能是令人信服的。但这些观点并不适用于具有系统重要性的金融机构，如花旗集团和高盛集团，尤其不适用于他们有幸成为其高级管理人员的企业。金融有其特殊性。然而，一旦这些一般规则的例外情况得以确认，金融界有关自由市场的言论可能会一直持续下去，事实的确如此。

为自由市场意识形态提供了理性基础，是经济学对金融政策所做的贡献之一。另一贡献则更具技术性，即 20 世纪 60 年代开始研发的一套金融经济学综合性模型。

传说土著美国人出售华尔街的未来用地，可以换取价值 24 美元的小饰品。交易双方对这一地理位置的价值有不同的看法。在这种情况下，买方（新尼德兰省的荷兰总督彼得 · 米纽伊特）欺骗了卖方，而作为卖方的当地人犯了一个错误。或者，也许没有。在另一个版本的传说中，当地人从这笔交易得到的好处更多，因为他们压根就不曾拥有曼哈顿岛。无论是以上哪种情况，这笔交易都基于错误信息和虚假信息。从亚里士多德到 18 世纪中叶，在经济思想中占主导地位的一直是这样一种理念：市场是无良商家抢劫不知情客户的场所，对外贸易是攫取外国人财富的一种手段。我们或许可以把这一学说的冠军头衔献给 17 世纪法国政治家和经济学家让 – 巴普蒂斯特 · 科尔贝尔，因为他的许多同胞，包括对经济学掌握一向不强的拉斯金和近期的商业活动评论家们，仍然在坚持这种观点。

然而，现代经济学的一个核心观点是：如果交换双方有不同喜好和不同专长，他们就能从交易中同时获利。弗里德曼将这一洞见归于亚当·斯密，这是非常公正的。假如我有一群奶牛，你有一个咖啡种植园，我们都喜欢喝牛奶咖啡。又假如，我们都在从事混合农业，但你只喝咖啡，而我只喝牛奶。在这两种情况下，贸易将使我们过上更好的生活。

现代金融经济学将风险视为一种商品，犹如牛奶或咖啡一样。人们对于处理风险的方法有不同的偏好，而他们管理风险的能力存在差异；就像他们偏好不同口味的食物，或他们耕种着不同类型的土地，或拥有不同的农业技能一样。他们之间的贸易对双方都有好处。这样一来，风险市场使得现代生活不可避免的风险能够得到更加有效的处理。

如果这种风险和其他商品之间的类比方法行之有效，那么经济学的标准工具就可以应用于风险交易之中。半个世纪以来，这种方法一直是金融经济学的基础。对于那些在金融市场工作的人而言，“风险就是一种像牛奶或咖啡一样的商品”这一隐喻有着许多吸引人的地方，这意味着既然这种方法在牛奶、咖啡的贸易市场中行之有效，那么在外汇和信用违约互换的交易市场上应该同样行之有效。交易量越大，市场范围越广，来自证券市场自由交易的收益就越大。

即使是好东西，你也不能贪多。贸易可以利于双方的事实并不意味着所有的贸易都是如此，即使不是所有的交易都有人耍滑头，至少有些贸易是这样的。无论拉斯金还是弗里德曼，他们都是有时候正确，有时候错误。“格林斯潘主义”认为风险交换与牛奶和咖啡的交换相似，因为它们交易的效果都是“把风险分摊给那些最有能力并愿意接受它的投资者”。然而，在科尔贝尔去世3个世纪之后，现代经济学一种不同的思想观念通过强调“信息不对称”复兴了“贸易是狡猾的”这一理念，认为人们之所以进行贸易是因为他们对同一知识有不同的看法和不同的感知。

考虑风险贸易的两种方法有着悠久的历史。变身为保险公司老板的法国经济学家米歇尔·阿尔贝尔生动有趣地叙述了18世纪全球保险市场的发展。他解释了悠闲的英国绅士们如何在爱德华·劳埃德位于伦敦的咖啡馆里针对海上航行船只的命运进行赌博的。这些头寸的价值随着潮汐时起时落，而他们的财富也受到天气的影响。1600 公里以外，瑞士的村民们聚集在一起达成一致意见：如果一头牛死了，他们将共同承担责任，另找一头牛取代它。英国人交易风险，而瑞士人共同承担风险。瑞士人践行的是礼俗社会，而不懂礼俗社会意义的英国人则将之等同于赌博。这种缺省将会产生深远的影响。

1997 年，罗宾 · 波茨律师应国际互换与衍生品协会的要求对信用违约互换新市场进行了评述。这个市场的参与者是参与赌博的现代版“劳埃德咖啡馆里的绅士们”，还是这些信用违约互换的买家和卖家更类似于共同承担疾病和灾害风险的瑞士村民?

波茨先生从法律角度表达了他对米歇尔 · 阿尔贝尔提出以上区别的看法。他提请大家注意著名的“卡利尔诉石炭酸烟丸公司案”。1892 年，负责审理该案件的法官亨利 · 霍金斯爵士，将英国法律中赌博的含义定义为“自称对未来的不确定性事件持有相反观点的两人之间签订的一份契约。双方一致同意：一方将从对方赢得对该事件起决定作用的人或物”。保险是不同的。按波茨的说法——尽管这种说法不太恰当，保险实质上就是“一份契约，用于赔偿被保险人因风险而损失的利益，被保险人深思熟虑后认为自己很有可能会遭遇这些风险”。波茨先生巧妙地避开了信用违约互换的交易动机问题，对此问题我将在第四章再次讨论。

纵观风险市场的发展，有两点是非常重要的：一是把赌注压在对不完整信息的解释上；二是个人风险社会化。目前，风险和保险市场仍然是围绕这两点运作的。令人惊讶的是，伦敦和瑞士仍是全球保险市场的重要中心。村民们已经搬离阿尔卑斯的高山草甸，来到非常繁华的苏黎世和慕尼黑城市中心。由理查德 · 罗杰斯设计的劳合社的标志性建筑也许是伦敦金融城所有写字楼中最引人注目的，这里距爱德华 · 劳埃德客户最初闻到咖啡味的地方只有 100 米远，而且劳合社仍然在全球海洋保险行业占据着重要位置。

20 世纪，劳合社和瑞士／德国的保险行业主要是再保险市场。投保人的承保人通常会处理保费和理赔的日常管理，但巨大的损失则以合适的价位割让给拥有专业风险评估技能的再保险公司处理。甚至在 20 世纪末，保险公司的组织形式仍然反映着保险公司的历史起源。劳合社的支持来自它的承保人的名字：（主要是）财大气粗、有地位的英国人，他们希望从利润丰厚的承保业中获得定期收入，但与此同时，他们将其个人财富置于赔偿损失的风险之中。慕尼黑再保险公司和瑞士再保险公司等金融巨头推行全球风险共担并维持大量的资本储备，以满足未来损失的需求。

在劳合社，咖啡屋传统因为“雅间”里进行的业务而得到延续。劳合社大厦大厅中央悬挂的劳埃德船钟，反映了公司的海事历史。（劳埃德船钟是从 1779 年沉没的“卢廷”号黄金轮船上打捞起来的。敲响船钟意味着有重要的事件宣布——敲响一声代表船只沉没的坏消息，敲响两声则表明船只安全返回的好消息。）配售风险的经纪人试图找到一个愿意接受大部分风险的主承保人：如果主承保人颇受尊重，其他人就会紧随其后，作为承保人签上自己的名字。这种合作与竞争合二为一的模式鼓励个体承保人发展专业技能，并尽职尽责地分担详细调查个人风险的责任。这种联合做法在大银行间共享大额贷款时同样常见。

然而，到了 20 世纪 80 年代，“雅间”变成了交易大厅，就像其他交易所的交易大厅一样。你如果通过出售再保险合同来赚取利润，也可以通过出售再保险的再保险合同获得利润。你甚至可以为再保险的再保险的再保险创建合同。凡此种种，不一而足。其结果是出现了一系列相互关联的合同，被称为“LMX 螺旋式”合同，它们如此详尽又如此复杂，因而根本就不可能确定投保人将面临的潜在风险。于是，在 1987 年，北海的派珀 · 阿尔法石油钻井平台着火，造成 200 人死亡，引发了世界上最大的海上保险索赔案，从未听说过“派珀 · 阿尔法”的承保人发现，他们竟然为之重新投保了一遍又一遍。结果，劳合社为此付出的赔偿总额为潜在损失价值的 10 倍。

由此可见，风险交易并没有将风险分散到更多、分布更广泛的投保人身上。该钻井平台的运营商，西方石油公司，比那些最终不得不支付事故费用的人能够更好地评估、监测和接受相关风险。一些承保人遭受损失的程度甚至迫使他们出售自己的家园，从而毁掉了他们的生活。不时出现有人自杀的报告。风险交易是在两种人之间进行的：一种人知道自己在做什么，并对风险性质有一定了解；另一种人则完全不知道自己在做什么，也不了解风险的性质。这是科尔贝尔和拉斯金的世界，而不是弗里德曼和格林斯潘的世界。“LMX 螺旋式”合同绝非分散风险并把风险放在能很好地管理它的人手中，而是将之集中在根本没有能力管理它的人手中。

劳合社的一名保险商用夸张的语言在我面前指责那些推销这些结构性产品交易并使劳合社接近倒闭边缘的保险代理人的无知和无能。我问他：“为什么你没有向相关个人发出警报，阻止他们呢？”他用一种充满同情的眼神看着我，然后简单地说：“因为他们愿意以我乐意出售的价格购买风险。”土著美国人将曼哈顿卖给彼得·米纽伊特时，毫无疑问，他们的脸上也洋溢着同样自我满足的表情。

“神奇的法布”图尔同样如此。在波茨先生就那些初创的抵押债务债券发表意见 10 年之后，法布里斯·图尔将基于次级抵押贷款的合成债务抵押债券（你并非真的想知道）出售给高盛集团的客户们。他是这样向一位女性朋友描述这些被称作“算盘”的证券的：

> 我对这个产品的创造有些新的想法：它只是一种纯智力性的自慰产品、一种你创造出来的东西。在创造这个东西时，你会对自己说：“好吧，要是我们创造出这样一个‘东西’，一个没有任何目的，只是绝对的概念性的、高度理论性的东西，而且没有任何人知道该如何给它定价的东西，那又会怎样呢？”

证券交易委员会对这种交易的看法显得较为平淡。该委员会总结道：

“图尔先生组装了一个复杂的金融产品，秘密设计这款产品的目的就是为了将其失败的可能性最大化。”购买债务抵押债券和出售信用违约互换的是那些错误评估了这些证券潜在价值的人。这种错误评估就是他们的购买原因。在大多数情况下，他们并不是真的知道这些证券究竟是什么或者其支付将如何确定。信用违约互换市场紧随“LMX 螺旋体”合同所确定的模式而增长。风险贷款被捆绑成组合，然后再拆分并重新排列成新的组合，直到没有人能了解所提供证券的基本性质或者作为回报基础的收入来源是什么。

“神奇的法布”图尔推销“算盘”交易时，像约翰·保尔森这样的对冲基金经理在做什么已经是非常明显的了（这一产品就是在他的要求下设计的，而且他从该产品交易及其相关交易中获得了数十亿美元的收益）。他参与的就是亨利·霍金斯爵士早在 1 个世纪前所定义的赌博。购买法布里斯的产品并在与保尔森的交易中承担失利的那些人也是在赌博。保尔森与“算盘”证券的买家在未来不确定事件问题和抵押人履行责任的能力和意愿上持相反观点，但一致同意在该事件的确定性上，一方战胜了另一方。

这里存在一个悖论。“番茄酱经济学家”，像金融业的其他人一样，强调自己的研究领域在本质上的独一无二性，但他们的风险分析将风险市场与其他商品市场结合在了一起。这样一来，他们就没有认识到金融市场和其他大宗商品市场之间确实存在的根本性差异。证券市场在很大程度上基于交易双方所掌握的信息或对信息的看法之间的差异，而不是基于他们在偏好和能力方面的差异。这一评论有助于解释为什么金融可以或者看起来可以是非常有利可图的，以及为什么这些盈利与财务活动增加的价值无关。

“下一个可能就是你”

当一个国家的资本发展成为赌场活动的副产品时，其工作很可能做得很糟糕。

——约翰·梅纳德·凯恩斯，《就业、利息和货币通论》(1936)

数以百万计的人每周购买一次彩票，而每一张彩票就是一个赌注。愤世嫉俗者曾建议说，如果你在人生的最后一分钟买到了彩票，你就做得很好，因为倘若不这样的话，你在开奖前死去的概率将远远大于你赢得头奖的概率。

然而，这样的计算误解了这种活动的本质。彩票持有者是在购买一个梦想，他们拥有梦想的时间越长，从中受益就越多。一个著名的愚蠢实验表明，为了从他们最喜欢的电影明星那里获得一个吻，与 3 小时或 1 年时间的等待相比，学生为 3 天时间的等待愿意支付的东西实际上要多得多。当购买彩票的顾客没有中奖时——这是大部分人经常遇到的情况，他们就会承诺自己将在下周再买一张彩票，以维持梦想。“下一个可能就是你！”英国国家彩票发行时使用了一个多么决断英明的口号！

彩票发起人从经验中学会了如何设计一款有吸引力的彩票产品。用几个巨额大奖唤起客户的梦想，用大量微不足道的小奖激励客户们保持“下一个可能就是你”的信念。只要你创建这样一个印象，即玩家可以通过选择数字、放置卡片或拉动老虎机的杠杆就能影响游戏的结果，那么甚至那些纯粹靠碰运气的游戏会更受欢迎。乘坐商业飞机出行比驾驶自己的汽车要安全得多。但我们却不这样看。如果能控制一些影响因素，我们就会觉得我们在风险面前不是那么不堪一击。

大多数人认为他们比一般人更会开车、更会恋爱、更会做大部分的事情。我们自己的股票可能会上涨，我们聘请的基金经理是最好的，我们使用的顾问是精明的。如果许多人认为他们的伴侣不比平常人更具吸引力，这将是令人惊讶的。他们当然是这样的。这就是我们聘请基金经理、拥有这些股票以及与我们的配偶结婚的原因所在。

许多金融宣传都会利用人们对自己判断力的控制力错觉和过度自信。

追逐梦想最常用的方法是相信储户们可以成功地识别市场的最高点或最低点，或选择将胜过市场平均水平的股票或经理人。大量事实表明：这一切的一切，储户们根本做不到。从整体来看，因为收取手续费的数额，主动管理的资金做得比市场平均水平更差。因为错误估计买入和卖出的时机，散户投资者们做得甚至比投资基金的平均水平还要差。正如玩扑克牌这样综合了技能和机会的游戏一样，只有少数人能在普通玩家做出的牺牲基础上以其真正优秀的能力获取利润，而更多的人会说服自己，或者也许会说服别人，最近的好运气是他们发挥特殊技能的结果。

自心理学家丹尼尔·卡尼曼荣获2002年度诺贝尔经济学奖以来，所有这些特点，如追逐梦想、喜欢控制和偏向乐观主义等，都已经在一些实验中得到了反复的确认，而这些实验成了行为金融学领域颇为流行的主题。这方面的大量文献都以高人一等的语气将这些行为描述为是非理性的。但是，单从普通意义来看，梦想、乐观或喜欢控制，并没有什么是非理性的。这是因为，如果我们不以乐观的态度去想象未来，并试图控制我们的命运，那么，我们很少有人能在生活中取得成功。出于公共利益和私人利润，彩票巧妙地利用了这些行为特征。买彩票的人能够从“认为他们会赢”的想法得到享受。除了极其少数的人，即使没有中奖，大多数人不会为自己购买彩票这种行为感到后悔。追逐梦想是没有错的。

在说服性营销的“伟大”壮举中，经济学家们声称他们能够解释“理性”这一术语。理性被定义为“符合经济模型公理”，而且在不确定性的环境中，这样的“理性”有着特别严格而复杂的解释。“理性的”人通过各种结果发生的概率来判断不确定情况，而且他们会根据不断收到的新信息来修改这些概率。他们不是在“追逐梦想”，因为他们根据实际发生的可能性来权衡结果。理性的人能够评估所有可能发生的结果，并估算这些结果发生的概率。理性的人不会盲目乐观，也不会陷入控制力错觉。如果他们持有“理性预期”，他们对风险选择的结果将通过事件发生的相对频率得到验证。

不需要太多的反思，我们就能够看到大部分人的行为并不是这样做的。但是，“格林斯潘主义”就是基于认为这种思维方式占据着主导地位的假设。罗伯特·鲁宾，一个比格林斯潘更为深邃的思想家，在他担任财政部部长时的回忆录《在不确定的世界》中强调了概率思维的必要性。不过，鲁宾此书的标题却省略了“已知的未知”风险和“未知的未知”风险（即“黑天鹅”事件）之间的关键性区别。对于前者，我们可以借助概率进行描述；对于后者，我们连其发生的概率都无法确定，因为我们也许甚至不知道那些事件可能会出问题。你无法判断“车轮”发明的概率，因为在设想这种概率时它实际上早就发明出来了。

早在20世纪20年代，约翰·梅纳德·凯恩斯（他在剑桥大学的学位论文就是关于概率的）和弗兰克·奈特就强调了“未知的未知”事件的“极端不确定性”的普遍性质。但是，实际上他们输掉了一场知识大战，对方的领衔人物有两位：一位是剑桥哲学家弗兰克·拉姆齐，另一位是芝加哥学者伦纳德·萨维奇。他们认为概率推理的范围或多或少可以无限扩展。拉姆齐和萨维奇研发的这种方法已成为金融经济学的基础。不过，2008年10月，在格林斯潘所做的著名的国会道歉声明中，这位前主席承认了这种方法的局限性：

> 在最近几十年里，结合数学家和金融专家的最佳见解，在计算机和通信技术重大进展的支持下，一个巨大的风险管理和定价系统得到了发展。诺贝尔奖被授予了定价模型的发现者。定价模型极大地推进了衍生品市场发展。现代风险管理范式占据主导地位几十年了。然而，整座知识大厦在去年夏天倒塌了。

奇怪的是，格林斯潘继续说，这座知识大厦倒塌的原因不是概念上的缺陷，而是因为使用的数据。问题就是“输入到风险管理模型的数据通常只覆盖了过去20年的时间”。5年后，他准备承认这个问题有着更为根本的原因。在接受英国《金融时报》的采访时，他承认自己失去了信心，“不再相信新古典经济学的假设，即人们的所作所为是在理性利己主义的支配下进行的……整个风险评估的结构，也就是他们所谓的‘哈里·马科维茨方法’，已经失败了”。

格林斯潘的想法可能发生了转变，但大多数金融经济学家还没有。弗兰克·拉姆齐在20世纪20年代的那场辩论，或许提供了一个最为清晰的原因，可以解释为什么格林斯潘主义背后的模型能够拥有如此强大的支撑。如果你做事不“理性”，你可以进行“荷兰赌”——这是一个有冒犯性的短语（对于荷兰人而言，但这一表达式的起源似乎已消失在时间的迷雾中）。这意味着别人设计了赚钱的策略，费用却由你来承担。许多经济学家以此为依据，坚持认为人们的行为的确是“理性”的，那些不符合理性经济模式的行为将被抛弃，因为采纳不符合理性经济模式的人会赔钱。我曾就此与我的学生展开辩论，但我现在对此有了不同的看法。人们的确购买彩票，一周接一周地买，而且他们这样做是出于对他们来说似乎是完全正当的理由。无论是出于好的理由还是不好的理由，人们的行为并不符合理性的经济模式。结果就是，别人确实是用他们的钱去设计赚钱策略。这一结果对于理解今天的金融市场如何运作是至关重要的。

金融经济学中开发的模型极其广泛，而且通常具有技术上的独创性，包括投资组合分配的马科维茨模型（格林斯潘提及过）和布莱克－斯科尔斯模型（格林斯潘提及的金融衍生品定价模型）。然而，学术金融理论的关键内容是“有效市场假说”和“资本资产定价模型”。因为前者，尤金·法玛于2013获得了诺贝尔经济学奖，因为后者，威廉·夏普获得了1990年度诺贝尔经济学奖（夏普与马科维茨分享了诺贝尔经济学奖），而迈伦·斯科尔斯获得了1997年度诺贝尔奖。紧接此后就发生了著名的“长期资本管理公司”事件，斯科尔斯是该公司的合伙人之一。布莱克于1995年去世。所有这些金融经济学家都与芝加哥大学有一定的渊源。

有效市场假说认为，证券的所有可用信息都“包含在价格里”。利率预计将上升、宝洁公司拥有许多强大的品牌、中国经济正在迅速增长等。所有以上因素都充分反映在长期利率的当前水平、宝洁公司的股票价格和美元与人民币之间的汇率等方面。既然已知的一切信息都“包含在价格里”，那就只有一些不知道的因素会影响价格的变化。因此，在有效市场中，价格遵循的是被生动描述为“随机漫步”的模式——接下来的一步既有可能向上走也有可能向下走，他们的概率是一样的。因为已知的一切信息都包含在价格里，所以这个价格将代表某个证券的可以估算出来的潜在价值的最佳估值。

这种类比推理再往前迈一小步就能导致“无套利”条件：每种证券的合理定价都与所有其他证券相关，因此，永远都不可能通过出售一种证券去购买另一种证券来赚钱。布莱克－斯科尔斯模型和衍生品市场定量模型的整个后续发展都依赖于这个假设。“无套利”条件是萨默斯的想法，他当时嘲笑金融经济学家就像这样的人：他们会问 2 夸脱（约 2.28 升）瓶装番茄酱的价格是否是 1 夸脱瓶装番茄酱价格的 2 倍，却对番茄酱自身的价格如何确定毫无兴趣。

传奇投资者沃伦 · 巴菲特对有效市场假说进行了最好的总结：“他们（包括学者、投资专家和企业管理人）正确地观察到了市场‘经常’是有效的，继而错误地得出结论认为市场‘总是’高效率的。‘经常’和‘总是’之间等同于白天和黑夜之间的区别。”或者，在巴菲特看来，是一笔相当于 500 亿美元财富的区别。有效市场假说基于这样一个经济分析中广泛使用的假设：无论是在证券市场上还是在商业贸易中，所有可用的盈利机会都得到了充分利用。

在金融业和商业中，大多数可用的盈利机会的确都得到了充分利用。然而，金融市场的交易以及商业的创新，都是为了寻找还没有被利用的利润机会。有效市场假说立刻抓住了现实中的一个重要问题——没有轻轻松松就可以获取的利润，却忽视了另一个同样重要的问题：追求不容易获取的利润正是资本主义制度的活力之所在。亨利 · 福特、华特 · 迪士尼和史蒂夫·乔布斯并非试图利用套利机会，而是要改变世界（许多不那么成功的企业家也都是如此）。

明智的投资者在拒绝有效市场假说之前会三思而后行。然而，如果说关于证券评估的所有相关信息都已包含在价格里这一假说成立，那么我们今天在证券市场上观察到的交易量将是完全无法解释的。有效市场假说的实质存在逻辑矛盾。如果所有的信息都包含在价格里，那么首先收集这些信息的动机会是什么呢？

资本资产定价模型比有效市场假说更具有逻辑性。这一模型描述了有效市场的均衡价格是如何形成的，该模型基于每一个理性代理商都持相同的期望收益。金融记者贾斯廷·福克斯讲述了资本资产定价模型的诞生：其创始人威廉·夏普承认，他提出的方案确实是令人难以置信的，他的文章最初被拒绝发表正是由于这些理由　　这个模型的假设过于异想天开。然而，在很短时间内，资本资产定价模型就被视为对真实市场的描述。一天晚上，我与以前的一个学生进行了一场讨论，现在他也是一位金融学教授，他问我：“如果你不再相信资本资产定价模型，那你相信什么？”资本资产定价模型的吸引力在于它为“证券价格是如何确定的”提供了明确的答案。答案的获得——这被认为给金融经济学的主张赋予了科学的客观性——比答案不正确这一结果要重要得多。正如布里坦评论的那样，“有用性”比正确性或启发性更为重要得多。

如果我们用别的更为现实的模型来取代资本资产定价模型，这些替代模型一定会非常复杂，而且特别实用。它们必须兼顾非均衡性、捕捉盈利机会方面的无效性、不同人对不完善信息解释的差异性。它们必须允许控制力错觉并确保人们追逐他们的梦想。

概率推理在我们的生活中并没有发挥很大的作用，因为在我们的现实生活中让其发挥作用的情形有限。我们通过构建叙事以讲故事的方式处理根本的不确定性。史蒂夫·乔布斯的传记作者沃尔特·艾萨克森描述了史蒂夫·乔布斯的“现实扭曲力场”，该词同样可以用来描述福特或迪士尼。

这不是“格林斯潘主义”过于乐观的世界，而是开展业务并进行证券交易的世界。市场行为的现实，正如心理学家大卫·塔克特在他的采访中所记录的，很少采用概率性的思维模式，而是依赖于信念叙述，即交易员自说自听并在与他人的交谈中进行强化的故事。这些叙述是我们处理根本不确定性的手段。所谓根本不确定性，就是“未知的未知”，其不仅是商业和证券市场的特点，也存在于我们生活中的方方面面。

我们所有人都在追逐梦想，如果个人或群体过度追逐梦想，这种追逐就变成了疯狂。用别人的钱追逐梦想往好里说也是不负责任的行为，而且往往带有欺诈性。赌博在任何地方都会受到密切监管，因为赌博是一项对骗子恶棍颇有吸引力的活动；因为赌博导致人们做出能够摧毁他们财务和他们生活并损害他们朋友和家庭的错误决定；因为不受控制的赌博会增加社会遭受风险的概率。金融市场的赌博亦如此。

聚集在劳埃德咖啡屋的人并不仅仅就潮汐和船只进行赌博。以预测衍生证券在未来扩展范围的方式，他们会对任何东西下赌注。例如，他们会赌乔治国王寿命的长短，赌海军上将宾的命运——据说，这名倒霉的指挥官被处以死刑，以“杀一儆百”。这种赌博明显没有必要性，因此 1774 年政府禁止对个人的生命押注，除非能证明这个人在相关的他人生活中具有波茨先生所提到的“可保利益”。对没有可保利益的赌博发布类似的禁令，或许能够在信用违约互换“好事做过头变成坏事之前”对其加以约束。

有些司法管辖区试图全面禁止赌博。这些做法基本上是不成功的。人类对赌博的癖好太强烈了，因而禁止赌博便将这个行业变成了有组织犯罪的“吸铁石”，这就像禁令在其他行业所造成的影响一样，如禁止卖淫和禁止贩卖私酒等。规范赌博最成功的策略包括对相关个人和组织特征进行严格评价，通过对任何不当举止采取零容忍的方式排除罪犯，主要针对禁止误导性描述的消费者保护规则等。

但更好的策略是将赌博转化为无害的甚至是不相干的活动，如赛马和彩票，并限制赌博的机会，以杜绝那些沉迷于赌博，甚至在小赌中得到享受的人以影响其经济效益的方式放纵自己的习惯。最重要的是，必须禁止用别人的钱赌博。这些极其重要的见解被丢弃了，因为金融化夸大了交易者的作用，而金融界的各位监督者使彼此确信，这些在现实中代表着不负责任的赌博活动构成了一个复杂的风险管理新时代。

逆向选择与道德风险

后悔，我曾经有一点吧；

但实在少得微不足道……

——弗兰克·辛纳屈，《我的路》（1968），保罗·安卡作词

每个夜晚醒来时我都在想我能做些什么不同的事情。我一直都在想，我能做些什么不同的事情。某些对话中，我能说什么，我能做什么？每天晚上我都在自省。此时此刻我明白了，这就是我一开始就说这些话的原因，在我做出那些决定的时候，在我用我得到的信息做出那些决定的时候。

——迪克·富尔德，雷曼兄弟银行前首席执行官，

2008 年 10 月 6 日在美国众议院监督委员会的证词

伯南克、盖特纳、科恩和萨默斯在杰克逊霍尔都不同程度地赞誉了他们所感觉到的金融体系增强降低和分散风险的能力。然后，飞机和豪华轿车就迅速地将他们送回华盛顿和纽约的办公室。如果他们在大街上停下来问一问：“你认为在过去 20 年里，金融创新使世界面临的风险更少了吗？”受访者们一定会认为这些金融明星们肯定是昏了头。

格林斯潘声称，金融创新的效果是把风险分摊给那些最有能力并愿意接受它的投资者。他的主张得到了周围同事的支持。但是，这个命题在两个层面上是错误的。最直接的错误就是认为他所看到的风险转移代表的是保险而不是赌博。其目的和结果不是更为有效地将风险传递给那

些更能有效处理它们的人手中，而是将风险推给了那些没能更好地理解风险的人身上。这种转移之后的结果是，风险管理的效率不是提高了，而是降低了。

然而，更大的错误在于认为他们在杰克逊霍尔讨论的风险是最重要的风险。这一错误直接体现在萨默斯对金融创新与运输发展的类比分析上。运输业的一系列创新浪潮给我们带来了铁路、汽车和飞机。这些创新改变了普通人的日常生活。我们不能用同样的方式看待发展中的汇率、信用违约互换和债务抵押债券。杰克逊霍尔研讨会所讨论的风险，即证券违约、股票价值变化、汇率波动等，不会对大街上的人们产生重大的影响。所有这些风险都是从金融体系内部衍生出来的。

确实与大街上的普通人密切相关的风险是完全不同的另外一些风险。那是与裁员和失业相关的风险。大街上的行人害怕的是意外事故、疾病和死亡，他们担心的是养老金问题。夫妻关系破裂既要付出昂贵的感情代价，也要付出昂贵的金钱代价。所有这些风险都不是在证券市场中处理的，而是在金融系统之外处理的。就这些风险来看，对其进行处理的是社会机构、朋友和家人，以及政府和各政府机构等。

除了外围的小修小补之外，市场机构无从管理这些风险。究其原因，可以用这样一些词语来概括：不对称信息、逆向选择和道德风险。你不能购买离婚险，因为夫妻双方比任何承保人都更了解他们的关系状态。婚姻幸福的夫妻不会想到购买离婚险，但是婚姻不幸福的夫妻会。保险费用能够反映这种分歧。从结果来看，这样的保险似乎只对那些婚姻已经触礁的人有吸引力。信息不对称和逆向选择都无处不在，因而不可能存在离婚保险市场。

不过，既然担忧离婚对财务状况的影响是促使一些不幸夫妻不离婚的因素之一，那么，如果有了这样的保险，离婚的情况就会增多。如果给人办理失业险，承保人将发现他的客户基本上都是那些知道自己快被解雇的人，或者是那些害怕他们的雇主破产的人，而他们如果能够索赔，就不用那么担心找不到新的工作。

道德风险是人们在受到保护不会面临风险时可能会承担更多风险的一种倾向。如果单身母亲被粗暴对待，她们的人数就会减少，因为人们会适应自己所处的社会和经济环境。我们找到了一些不完整的证据，从中可以看到自 13 世纪以来英国人的暴力死亡或意外死亡的风险依然是大致不变的："醉酒同伴手里的斧子以及邻居家没有遮盖的水井受到了管制，然后是任性的难以驾驭的马匹和没有桥梁的溪流；当这些都得到控制之后，就轮到了没有篱笆围起来的工业机器和没有信号标志的火车头；今天我们要与之战斗的是酒驾司机。"

鉴于这段时期的经济和自然环境变化，这种一致性是非比寻常的。地质学家约翰·亚当斯创造了"风险恒定器"这一术语，用以说明我们对风险有一定的容忍度，并据此调整我们的行为。与 80 年前相比，如今在道路交通事故中死亡的儿童越来越少。这是因为，虽然交通量已有大幅度增加，但是孩子和他们的父母所采取的预防措施完全解决了这个问题。

在银行"大到不能倒"的背景下，金融业的道德风险问题显得尤为重要。对政府救助银行摆脱困境的做法持批评态度的人抱怨说，对风险金融机构的负债进行公共赔偿的做法会鼓励这些机构去冒更大的风险。这是个复杂的问题。倒闭银行的首席执行官不太可能这样想："我不需要担心因为经营不善而把银行搞得一团糟，因为政府将看到债权人的权利。"不过，将央行和财政部当作后盾的想法对公司的行为颇具影响。无论是对于生意风险还是信念风险，雷曼兄弟银行的迪克·富尔德都抱有这样的幻想：如果雷曼陷入财政困难，银行应该也必定能够得到支持。倘若富尔德没有犯这些错误，他就能在雷曼兄弟公司倒闭之前做出更大的努力来出售公司的业务。

更严重的道德风险问题是对那些与银行打交道的人产生的影响。如果潜在债权人知道他们将得到全额赔偿，那么，他们就没有什么动力去进行仔细的信用评估。次级抵押贷款危机的每一个层面都出现了这样的道德风险。倘若不是因为放款者们相信美国政府会为他们的债务提供担保（事实证明，他们是完全正确的），现在已破产的美国抵押贷款机构房利美和房地美在当时根本不可能建立那些巨大且资本严重不足的资产负债表。“大到不能倒”导致市场参与者们不承担任何监管信用风险的责任，而或多或少地将其完全置于监管机构手中：在这种情况下（以及很多其他情况下），监管信用风险是监管机构无可推卸的责任。

“道德风险”这个术语也许是“不幸”的，因为道德风险关乎激励，而非伦理；关乎威慑，而非惩罚。蒂莫西·盖特纳似乎忽视了这一点，他在回忆录中频繁引用道德风险，而且几乎总是贬义性地将其指向“《圣经·旧约》的原教旨主义者”。或许他这么做是想将《旧约》的“报应理论”与《新约》的“宽恕精神”进行对比吧。许多人可能会认为“报应”而不是“宽恕”更适合那些应该对全球金融危机负责的人。但是，那些担心道德风险的人并不是出于报应的动机。我们有充分的理由担心用于银行系统的道德风险：如果陷入困境的金融企业抱有得到政府援助的期望，那么，那些经营这些企业和与之进行交易的人的行为方式是否会导致对这类援助的需要变得更为可能。

在米歇尔·阿尔贝尔的瑞士村庄里，信息不对称、逆向选择和道德风险问题都是由社区压力来处理的。由于地理上的接近和人与人之间的关系，信息不对称虽然不一定会完全消除，但极大地减少了。人们可以通过经济与社会生活之间的联系来了解他们是否具有参与义务，而对大部分人来说，根本就谈不上任何义务。有些人比别人能够更好地看护好自己的牛群，有些人逃避自己的责任，有些人非常自觉地放弃自己的责任，但是，为了维护和谐社区，所有这些差异都被忽视了。

保险市场的存在是为了处理随机性程度相当高的风险。这种随机性减少了信息不对称的问题，而且限制了被保险人对风险的发生率影响，从而降低了道德风险的影响。我们可以购买汽车意外事故险、房屋火险、过早死亡险或者寿命过长险。但是，这些危险只代表我们每天所面对风险的一小部分，而我们为这些风险购买保险的能力也受到了损害，因为收集和分析大数据集的能力在日益增长，而这些数据集使我们能够根据遗传和环境信息预测疾病和死亡。只有当我们知识的完善程度不足以把随机的独立事件汇集起来时，完全私立的保险才是有可能的。

由于这些条件很少能够得到满足，现代社会中的风险是由私人和社会机构共同管理的。通常由雇主提供的团体保险在很大程度上解决了被保险人的逆向选择问题。为了建立足够广泛的风险池，以便于有效地共担风险，某些程度的强制——由法律、团体成员或社会连带关系强制性执行——是必要的。保险市场的公共干预限制了保险公司参考个人风险具体特征的承保能力。如果私人保险市场，特别是从事健康和寿命保险的公司，想要继续发展的话，这些干预措施将需要扩大保险范围。

然而，将日常风险与公共利益一起放在风险池里进行管理具有比经济市场缺陷更加深层次的原因。那些瑞士村民并不只是在寻找一种降低个人风险成本的方法。他们是在表达共同的社会关注：一个人或一个家庭所遭受的不幸，在某种程度上，是整个村庄所遭受的不幸。“没有任何人是一座孤岛……因此，不要去问丧钟是为谁而鸣；它是为你而鸣，也是为我而鸣。”体面社会不会让人们选择无法负担必要的医疗服务，或者在年老时发现自己一无所有，即使这些选择在某种意义上是由个人自己选择。或者，面对完全基于个人选择和市场解决方案的日常风险所带来的挑战，即使实施相关解决方案是可行的，至少也要有足够的人认为这样做是不可能的。

“奥巴马医改计划”，也就是奥巴马总统提出的提供美国全民医疗保险计划，是在所有发达国家中提供全民医疗战役的最后一战。在其他国家，虽然确切的机制和提供的水平有所不同，但这个问题已经不再有争议。在其存在的地方，私人健康保险公司通常都是代表雇主共同经营风险的社会机构或组织。许多国家通过真正私人的保险市场设置了一些自下而上的规定，其主要目的在于提供额外的设施和方便，而不是必要的医疗。如果我们期望现代先进社会保证每个人的最低生活水平，那么社会保障和监管将不可避免。这些保障和监管应该是什么样的水平，以及那些得到国家支持的人应该符合什么样的条件，都会反映出不同地点、不同时期的不同价值观。从一代到下一代，这些期望都在不时地发生着变化。

当遭遇个人不幸时，虽然仍然是处理个人生活中最重要的“新”风险的主要机制，但大家庭提供的社会支持不再像过去那么强大了。这种新风险指的是我们的寿命延长后所需要的长时间护理的风险。原则上，这种风险似乎更适合通过私人市场解决，但金融机构还没有做出任何努力以满足这一需求。

大公司过去常常为员工提供实质性的失业风险防范。我那些入职“苏格兰银行”或“苏格兰皇家银行”的同时代人期望在这些机构度过他们的整个职业生涯。他们认为他们没有太大的失去工作岗位的风险，即使失去了工作，他们也期望公司会为他们找到另一个职务。他们将享受舒适的退休生活，拥有一份体面的养老金。如果他们生病了，他们会得到很好的治疗；如果他们死了，他们的配偶将得到一份抚恤金。大多数大公司都提供这些福利；而几乎所有公共部门的雇主都是这样做的。

这些福利待遇不复存在了，至少在英国和美国的金融化社会是这样的。私营领域没有终身制的工作岗位。私营领域的最终工资养老金计划已经终止，而员工退休后的养老金必须依靠自己的贡献（通常还辅以雇主的补贴）和变幻莫测的股票市场。雇主对病人和残疾人有更大的法律义务，但不太倾向于做法律要求之外的事情。公共部门的“撤退”虽然不那么明显，但其发展的方向是相同的。随着时间的推移，私有化已减少或取消了许多公共部门工人曾经享受到的保护性福利。我将在第九章再次讨论个人所面临的风险环境中最重要的变化：养老金供给的变化。

这些变化主要是金融化对公司行为影响的结果。以其执着于“对化学和相关科学应用负责”的奉献精神及其致力于为员工和所服务社区谋福利的承诺，1987 年的帝国化学工业公司自然而然地为其员工承担了这些更为广泛的责任。而现代的帝国化学工业公司则集中力量创造股东价值，不再为员工承担那些责任了。即使其继续承认这样的承诺，那也不重要了。帝国化学工业公司已不复存在。

防范日常风险的主要保护来自家庭支持和国家资助的共同分担措施。公共税收和福利制度承担着瑞士村民们曾半自愿处理的大部分义务。社会保障为失业、残疾、年老和长期护理等情况提供支持。政府提供廉价住房。借助这些手段，并通过直接的家庭支持，国家协助处理婚姻关系破裂的成本。公共机构应对火灾、洪水和其他全国性灾难。这种安排通常通过公共、私人合作处理，政府提供应急响应，私人保险公司则在长期清理工作中发挥更大的作用。

当研讨会在杰克逊霍尔进行时，“卡特里娜”飓风即将席卷新奥尔良。它造成2000人死亡，并造成1000亿美元的财产损失。这种风险并不是研讨会参与者们在向自己保证风险管理已达到新的复杂程度时所考虑的那种风险。他们关心的是与证券价格波动相关的风险。3年后，飓风“雷曼”席卷华尔街，这证明监管缓冲区与密西西比三角洲的防洪堤一样不安全。

荒谬的是，受理性行为概率模型解释力诱惑的杰克逊霍尔研讨会的与会者自身都陷入了信念叙述的困境之中，尤其是格林斯潘主席本人，他一度是安·兰德的合伙人。心理学家大卫·塔克特曾对他们面对拉扬的挑战会做何反应进行过预测。他说：“他们（怀疑论者）对新局势提出的质疑需要接受驳斥，也需要在拒绝中接受嘲讽和诋毁。”伟大的丑闻揭发者厄普顿·辛克莱曾对思想者的世界和行动者的世界之间的关系表达了其深刻的洞见：“如果一个人的工资取决于他对某件事情的不了解，那你就很难让他明白这件事。”

第三章将描述金融化的另一个核心理念，即感觉到的流动性需求。杰克逊霍尔的与会者讨论风险时借助了一个精心制订的分析框架，在这一点上，与会者们保持了高度的知识一致性（如果说没有什么实际相关性的话）。但是，他们以及其他人讨论流动性却是以密西西比河的污泥清理工作为背景的。

第三章

金融中介

中间人的角色

有些人，他们在人群中的唯一使命是充当中间人；人们像跨过桥梁一样跨过他们，然后继续前进。

——居斯塔夫·福楼拜，《情感教育》（1869）

商业活动是建立在交换基础上的。大多数交易受益于中介机构提供的服务。消费者是不成体系而且分散的，并且往往不太了解他们所购商品和服务的属性。如果他们想要有信心地进行交易，他们需要超市和医生、汽车销售人员和旅行社、谷歌和亚马逊。

这些中介机构各行其能。他们提供物流服务，也就是将商品和服务从生产者手中传递到消费者手中。他们确定消费者有可能想要的商品和服务，并找出最优质的、价格最低的生产商。他们管理供应链，帮助规避过剩和短缺。他们可以提供信息和建议，以帮助我们做出明智的购买决策。

金融业本身就是一种具有独特复杂性的中介机制。美国全国广播公司财经频道以及一些报纸的内页等商业渠道以非常有趣的方式部分地揭示了神秘的金融之谜。金融法、金融监管和金融（番茄酱）经济学是特色鲜明的专业和研究领域。同时，并非巧合的是，金融业的薪酬显著高于任何其他行业的薪酬。但是，我们想要从金融中介机构得到的服务非常类似于我们希望从其他中介机构得到的服务。金融中介机构必须提供物流服务，从而将服务从生产商传递给消费者。金融中介机构应确定消费者需要的商品和服务，并找出最优质的、价格最低的生产商。金融中介机构必须保证供应链的可靠性，保证其不受过剩和短缺的限制。金融中介机构必须提供信息和建议，以帮助其用户能够做出明智的购买决策。金融中介机构必须做好沃尔玛公司能做好的所有事情。

互联网改变了中介的性质。互联网使得建立连接简单多了，例如，克拉珀姆的经销商能够联系远在中国的供应商。消费者能够得到各种各样的意见，虽然这些意见的质量呈现出了一定的不稳定性和不确定性。金融服务（如音乐会门票和旅游门票，但其他商品则很少）可以通过网络订购并送达。

一些热心人士声称，新技术将消除中介功能。网络提供的连接虽然如此高效，却只是中介机构的诸多功能之一。建立连接的更大便捷性增加了对这些连接进行监管的必要性。脸书网的情况说明了一个更为广泛的关系是如何降低其平均质量的。最近的金融创新，如大众融资和点对点贷款，均不会消除金融中介。如果储户们要获得与他们所承担的风险相匹配的回报率，他们必须能够明确他们的钱是如何使用的，以及用这笔钱购买的资产是如何管理的。但是，几乎没有人有时间、知识或经验来做这件事。在许多乐观的商业计划中捕捉可行的机会，或在一些颇具吸引力的承诺和极具说服力的倒霉故事中识别谁有可能偿还其债务，都需要来自经验的犬儒主义态度。可见，面对面的沟通交谈将大有裨益。

并非所有的中介都是有用的。例如，把我们带到他叔叔的地毯商店的导游、不能提供有益服务又不愿降低服务费用而将交易搞砸的修理工、建议我们做各项我们不了解且不需要的检查的医生。糟糕的中介总是通过增强复杂性来夸大他们的技能和我们对其服务的需要程度，例如，律师用行业术语迷惑他们的客户，艺术经销商讲一种我们听不懂的话语。

因为某些因素，人们离不开中介服务，这些因素使得中介服务的消费者成了易受伤害的对象。如果我们能够判断律师的建议是否具有价值，我们可能就不需要律师的服务了。

大多数的日常购物都是交易。我们购买食品杂货，超市拥有它的库存（超市已从供应商手中购买过来），我们在收银台付款后，货物的所有权就转移给我们了。其他交易是通过代理商进行的。大多数人通过房地产经纪人卖房子、通过经纪人买保险。代理不拥有相关的商品和服务，但通过促进买方和卖方之间的交易赚取费用或佣金。对于高价值的特殊交易而言，代理模式更为常见。房地产经纪人需要大量的资本资源以保持要求他或她出售的房屋存量，而且如果经纪人了解他们的特定需求并能找到最适当的手段满足他们的需求，买方或卖方或买卖双方都会看重其提供的服务。交易模型的运行效果良好，并被用于标准化的低附加值产品交易中，尤其是有重复购买的商品交易中。卖家之间的竞争有利于消费者，而且不需要高昂的代理服务费。在信息不完善、商品价值巨大的交易中，代理的价值得到了应有的承认。

艺术市场展示了各种各样的商业关系。拍卖行起到了卖方代理商的作用。画廊往往担任着艺术家的代理人，从中抽取佣金。或者，他们可能出售画廊本身原来所购买的作品。成熟老练的收藏家通常会聘请代理人代表他们购买作品。

艺术的交易活动往往是透明的：画廊鼓励你四处观看并会回答你的问题，但是你必须自己获取一些必要的信息，以选择你想要购入的作品。中介机构是有人管理的；代理商将承担一些与选择相关的责任，也许还会承担一些风险。中介可能是直接进行的，此时中介是连接买方和卖方的主要纽带；中介也有可能是间接进行的，例如，一副伦勃朗的版画作品可能要经过多次转手之后才能来到你的面前。交易中介通常是非个人化的，而代理关系通常是个人化的。

代理机构与交易中介之间、透明中介与管理中介之间、直接中介和问接中介之间都存在显著的区别，而且这些区别是接下来的章节将要重点阐述的内容。但是，这些区别都没有一个明确清晰的界定。已经确定的交易关系开始看起来像是一种代理关系：双方会有一种共同的责任感，并且卖方将寻找他或她认为特别适合买方的货物或服务。

买卖双方的交易中介与代理关系的区别具有重要的法律和监管的意义。1 个世纪前，另一位英国法官亨利 · 麦卡迪爵士，制定了中介机构承担的义务责任："法律对此是绝对禁止的。法律绝不允许经纪人把自己置于通常情况下会诱使他人做出不是最有利于其委托人的事情的境况。"

最理想的中介能将复杂的机制隐藏到简单的界面之下，就像手表的表盖那样。谷歌的建立基础是复杂算法，但我们不需要了解这些复杂算法。沃尔玛的购物者根本不了解商店里每一件货物的运送和摆放位置背后精巧的供应链。第一批个人电脑需要全面的编程技能。个人电脑革命之所以成为可能，是因为高度熟练的程序员创建了各种界面，这意味着你不需要掌握任何电脑知识也知道如何使用电脑：你只要把机器从箱子里取出并组装起来，马上就可以上互联网或开始处理文字。

任何的中介关系都必须有一定的信任度。我们不希望给我们提建议的医生戴着"购者自慎"的铜质标牌。如果没有信任而产品又很复杂，就像二手车买方和卖方之间那样，市场就不能很好地发挥作用。我们最看重的中间关系是那些根据我们过去的经验，值得信任的中间关系，如有能力的医生的服务、口碑不错的超市、谷歌搜索的可靠性等。交易模式和代理模式都可以建立信任，但在交易量很大但不常见的市场中，旨在保护消费者的监管有助于在生产商之间建立和发展诚实可靠的声誉。精心构思的监管可以创造一个有利于监管和声誉这对孪生机制相互强化的环境。

透明度是现代金融世界的护身符。但是，对中介机构透明度的需求是一个表明中介机构工作做得很糟糕的标志，而非一种使其更好地发挥作用的手段。幸福的司机从来不需要打开汽车的引擎盖。优秀的律师能想方设法解决我们的问题，蹩脚的律师通过问我们想要做什么来应对每一个问题。生病时，我们需要的是医生推荐的治疗方案，而不是对病情的详细描述和相关医学资料的参考文献列表。对金融透明度的需求是信任破裂的一种表现。

代理机构是金融业的传统规范。投资者聘请经纪人或资产管理者管理他们的钱财。这些都属于代理关系。那些老派的银行经理都奉行家长式的作风，以其谨慎而著名。公司董事对股东和债权人负有特定的法律责任。麦卡迪正在裁定一个被其股票经纪人误导的医生的案例。

由法律规定并得到监管和实践支持的规范化、管理化的中介机构是金融中介的自然模型，也是麦卡迪法官所描述的模型。没人知道法律什么时候发生了变化或者它是否发生了变化。但是，机构法的任何严格应用都被监管和实践的变化所取代了。到了20世纪80年代，经纪自营商变得普遍。不再通过抑制代理人将自身置于这样的情况来禁止不为委托人做最有利交易的诱惑，而是根本不允许这样的代理关系的存在。监管规则鼓励金融集团“管理”利益冲突。我们将看到他们并没有努力这样做。

抵押贷款市场的发展历史说明了从代理关系到交易中介的转变过程。交易中介是金融化的主要特征。20世纪80年代以来，储蓄银行分支机构之前所持有的基于对房地产和借款人的了解进行的主观评价基本上被一扫而光了，取而代之的是电脑化的信用评分。于是，抵押贷款被组合成了证券化工具，这些工具本身要受到评级机构使用历史数据库模型所进行的信用评估。交易取代了信任，贸易往来取代了机构代理。美国的抵押贷款可能是用机械化评估流程替代面对面评估的最为广泛的尝试。

这种实验性尝试的结局很糟糕。这个过程发展了一条系统性的虚假陈述链：从借款人到抵押贷款顾问，从抵押顾问到放款人，从放款人到评级机构，从住房抵押担保证券的卖方到资本供应商。既然交易量比资金流动性更重要，产生的即时影响是价格降低了，信贷的可用性增加了。但从长远来看，其影响是相反的：一方面提高了价格，另一方面降低了可用性。相关贷款机构自己剥夺了自己有效管理抵押贷款所需要的信任、知识和技能。

中介活动的成本和规模增长非常快，中介机构雇员的才干和知识水平有了明显提高，而且他们能够采纳新技术帮助他们进行决策。然而，中介服务的质量却下降了，而且下降了很多。这一矛盾在整个金融业重复上演着。造成这种结果的原因是：研发的新技能与最终用户的需求无关，而是与中介过程本身有关。进行抵押担保证券交易的人了解证券，但对抵押贷款却知之甚少，对房屋和购房者的了解更少。进行股票交易的人了解股票市场，但不了解股票发行公司及其产品。进行汇率衍生品交易的人了解衍生金融商品，但不了解政治和政府金融。

导致2007—2008年信贷市场大范围失败的各种力量此前已经在其他地方彰显出来。20世纪80年代初，罗伯特·希勒获得诺贝尔经济学奖，因为他是第一个缜密地论证了对于任何一个密切关注股票市场的人而言都似乎很明显的一个命题，即股价的波动远远大于证券基本价值变化的可解释范围。股市评论员和各报纸标题每晚提供的“解释”与市场波动产生的噪声一样不符合合理化原则。

股票市场在二级市场的活动越来越多，而原始股票的发行已变得越来越不重要。这些股市的中介机构对接受投资的公司了解越来越少，中介代理掌握的专业知识仅局限于对“市场想法”的了解。

将市场人格化，也就是描述“市场的想法”很常见。市场并不会思考，而且市场只知道在市场上进行交易的人所知道的东西。任何一个跨入交易世界的非金融业人都将对交易员普通常识的浅薄程度感到震惊。通常来说，那些从事货币交易的人对各个国家的了解很少超越那些固定的民族印象，如富有创新精神的美国人、勤劳的德国人和好色的意大利人。政府债券们的交易者对金融或政治学知之甚少，交易者们在买卖资产支持证券时往往不了解这些债券的性质，更不了解其质量和相关资产。基金经理和投资银行家在买卖股票，甚至购买和出售公司时，对相关业务或企业战略的概念只有一个基本的了解。

许多高级管理人员私下提到那些跟随他们的分析师时都显得不屑一顾。在与公司基本业务没有什么关系的盈余指导和盈余管理过程中，大型上市公司的首席财务官和投资者关系管理人员会接触到这些分析师，而这些分析师和交易员的距离也就一步之遥。任何完成本科毕业论文的人，更不用说完成博士论文的人，都不会承认金融领域大多数所谓的“研究”是真正的研究。我们不会根据乘客的一致意见驾驶飞机，而是将我们的信任交付给训练有素、技术熟练、见多识广的飞行员。抵押贷款市场的失败只是以假定的“群氓智慧”取代懂行的中介所产生的诸多后果中最明显的一个例子。

一大群人提供无关紧要的信息汇总并不等于“群氓智慧”，其实根本不算什么智慧，更何况这些汇总意见还不是独立形成的。呼吁把耶稣钉死在十字架上的群体、看着囚车被拖到断头台的群体、在纽伦堡集会上肃立倾听的群体，都不是明智的群体，而是强化其邻居无知观点的愤怒暴民。交易者通常对他或她所交易证券的基本特征知之甚少，但十分了解其他证券交易员及他们当前的想法。所谓“市场的想法”不过是“其他交易员”对“其他交易员”的想法所做估计的汇总。凯恩斯对选美比赛颇具讽刺意味的隐喻就是对这一过程的精彩描述：在选美比赛中，人们对美的判断不是基于什么是美，而是基于别人认为别人认为的什么是美。

对市场信息处理本质的误解是“格林斯潘主义”的根本缺陷：将风险和证券交易视为类似于牛奶和咖啡交易。金融经济学把基于信息及信息解释差异的交易误以为是基于偏好和能力差异的交易。当交易员在劳埃德的咖啡屋时，决策者还以为他们是在阿尔卑斯山的村庄里。

对金融中介机构而言，信用评分和精心制定的会计规则是非常有价值的工具。如果把握得当，编译、访问和分析大型数据库的能力可以提高我们对经济发展和个人及企业在这些发展中所发挥作用的理解。但这些信息来源必须补充而不是取代有效金融中介传统的仍然不可缺少的人际交往能力。我们需要一个能将专业银行家及资产管理人员的经验和科学判断与信息技术的力量相结合的现代中介领域。这将是一个全新的环境，一个截然不同于受过良好教育的年轻白人男子为钱财叫嚷、为流动性祈祷的环境。

流动性是一种幻觉

当然，虔诚的眼睛必能看到，

真谛若流水不驻。

——鲁珀特·布鲁克，“天堂”（1915），选自《1914及其他诗选》

在50年前的爱丁堡，新鲜牛奶每天都会送来的。当然，圣诞节除外。送奶人会在平安夜送上双份牛奶。我父亲每年都会问，奶牛是如何被说服生产双倍牛奶的呢？这个并不好笑的玩笑是我家圣诞节仪式的一部分。

事实上，这个问题并不难于回答。所谓的新鲜牛奶并没有那么新鲜，因为它并不是当天早上才从挤奶棚里拿出来的。牛奶的库存量可以逐渐增加，也可以逐渐减少。在圣诞节前几天，通常被送去制造其他奶制品的牛奶被转送到了各家各户。

平时我们对牛奶的需求是稳定的。但有时我们有访客，需要额外的牛奶。我的母亲会在头天告知送奶人，但如果她忘了，送奶人会有额外的浮动供应满足我们的需要。当然，如果他所有的客户都这样做，他就没有能力满足他们的需求了。但这是永远不会发生的，除非在圣诞节，不过奶牛场早已为此制订了应急计划。

从这个意义上而言，要“随时做到每天生产”是一种幻觉。但流动性概念可以从牛奶问题转移到金融问题上。银行家们发现，他们只需要保持存放在他们那里的存款中的一部分现金流量就可以了。存款人会相信，只要他们愿意，他们随时可以把钱取出来，尽管事实上，如果所有储户都同时取款的话，他们是不能全部取到的。金融的流动错觉有着许多种不同的形式和名称，包括期限转换、部分准备金银行制度，甚至“货币创造”等。这些深奥的术语促成了一个普遍的观念：关于金钱、银行业和金融业，有一些神秘和不同的东西。

然而，当且仅当没有许多人利用这种可得性，关于“能够根据需求提供服务”的想法就没有什么特别之处。我母亲总能够得到 1 品脱（约 568 毫升）额外的牛奶；如果送奶人周围的每个人都想要 1 品脱额外的牛奶，他们大多数人是得不到的。非常正确的是，我相信我任何时候都可以在去爱丁堡的火车上找到一个座位。然而，如果有相当一部分想要坐火车去爱丁堡的人都这么做，那些站台将不堪重负。如果这个国家的每个人都同时打开他们的茶壶，他们没有一个人能喝上一杯茶。现代经济许下了各种各样在很多人同时要求其兑现的情况下无法兑现的承诺。合成谬误，即整体属性来自个体属性之和，是经济学的热门讨论中最常见的错误之一。在局部可行的或者有益的东西，在整体可能就是不可行的，甚至是有害的。

对于“流动性”来说，情况亦是如此。这个词被广泛地、近乎滥用于金融市场，但往往没有任何精确的或特别的含义。随便找一本投资字典或百科全书查阅一下流动性的定义，我们会发现：有多少流动性的定义就有多少相关的定义来源。我使用的流动性概念来自于我家关于圣诞节牛奶的普通比喻。流动性是一个供应链不中断地满足突然或特殊需求的能力。正如送奶人所做到的那样，采纳以下方式中的一种或两种方式，送奶人能够保持牛奶的流动性：一是通过维持牛奶的库存量；二是临时转移其他用途的牛奶供应。一旦供应链缺乏流动性时，消费者就必须为自己维持库存量，也就是说，他们得在冰箱里存放一品脱备用牛奶。从财务角度而言，我们可以把存放这一品脱备用牛奶比作企业和家庭保持货币余额的必要性。如果流动性极其不足，居民们最终将把现金囤积在床下。解决这些供应链效率低下的问题可能要付出昂贵的代价，无论是在牛奶供应链上还是在货币市场上都是如此。

2007 年 9 月，储户从英国一家小型抵押贷款机构“北岩”排队取钱的照片成了各大国家级报纸的头版新闻。这是一次“银行挤兑”，也就是每个人都试图在现金耗尽之前取回他们的存款。容易遭遇挤兑风险的领域有很多，绝不只是金融服务。如果人们担心没有足够的牛奶，他们将排队购买任何可以到手的牛奶，人们对牛奶短缺的恐惧将被证明是有道理的，尽管只是暂时性的。

这种情况确实会发生在非金融商品上，但不是经常发生。在 20 世纪 70 年代的英国，当时的石油危机和罢工浪潮扰乱了日常商品的供应链，恐慌性抢购导致了供应短缺。这种混乱是罕见的，因为根据以往的经验，消费者相信有足够的库存能满足他们的特殊需求。苏联经济则没有这样的信心，排队购物是一种常态，这并不是因为存在实际性的供应不足，这种现象经常出现，于是消费者总是急急忙忙地抢购任何可以买到的供应品。

银行的情况同样如此。挤兑有清还债务能力、流动性良好、资金充足并且管理良好的银行——储户毫无根据的恐慌会造成不必要的危机——存在理论上的可能性，但实际上就像牛奶恐慌一样罕见。1971 年，总部设在德比郡的劳斯莱斯工程公司倒闭，发生了一次对德比郡房屋互助协会的挤兑，排在该协会办公室外的队伍就像 2007 年聚集在北岩银行各分行外的队伍一样。储户们担心一个古老的地方机构倒闭可能会导致其他机构一个接一个倒闭。但这些毫无根据的恐惧很快就平息了。如果恐惧没有得到平息，德比郡房屋互助协会发生的具有瓦解作用的事件或许会非常容易地、迅速地转移到另一家机构身上。

即使在出现财务困境时，也可以从公众或大型金融和非金融公司中获取广泛分散的现金和短期信贷供应。金融危机的传统处理方式就是将这些资源调动起来。央行可能会作为“最后放款人”提供资金，或者借助其他金融机构帮助协调救援行动。但随着该行业变得越来越激进，竞争日益激烈，这种合作减少了。也许最后一次大规模的协同救援行动是在 1998 年进行的一系列救援行动，旨在救助颇为新潮、名字极为荒谬的对冲基金美国长期资本管理公司。在这次救援行动中官方收购了许多私营机构。（贝尔斯登投资银行那位满嘴脏话的吉米·凯恩拒绝参与。但是，10年后，他受到了应有的惩罚：美国联邦储备委员会得意地强迫他将其濒临倒闭的银行贱卖给摩根大通。）

因为银行系统在1933年导致了美国瘫痪，并在2008年导致全球金融体系接近崩溃，所以对银行系统的担心与上面描述的情形有所不同。北岩银行发生的挤兑事件与德比郡房屋互助协会的情况有着很大的不同之处。北岩存在一个根本性的经营问题。公司依赖于其在日益枯竭的抵押担保证券市场上为不同质量的抵押贷款组合进行再融资的能力。这个问题存在于经营现实中，而非储户的想象中，也是公司基本偿付能力及其资产质量不确定性的产物。

对于雷曼、房利美、哈利法克斯苏格兰银行、苏格兰皇家银行、美国国际集团、花旗集团和成为全球金融危机牺牲品的其他机构来讲，也同样如此。雷曼陷入了商业地产（以及许多其他领域）的麻烦中；房利美卷入了次级抵押贷款；哈利法克斯苏格兰银行和苏格兰皇家银行争先恐后地在房地产行业提供了非常糟糕的贷款；美国国际集团承保了大量注定要崩溃的复杂证券；桑迪·威尔庞大的花旗集团在它的各项活动中都犯过错误。所有这些公司在管理方面都做得很差，而且相对于他们的活动规模而言，他们的资本基础如此薄弱，即使是最微不足道的交易挫折也难以承受。

在以上任何一种情况下，有关企业的高管们都声称他们的问题不是来自偿付能力，而是来自流动性，也就是说他们只是缺少现金，而他们的经营管理基本上是健全的。大多数已然倒闭的机构的管理人员都发表过类似的声明：要是我们的债权人和股东们表现出足够的耐心，我们就能够存活下来。通常而言，当债权人或股东对企业失去耐心时，企业就要倒闭了，而这就是这些金融公司所遭遇的事情。

这些企业具备债务清偿能力吗？没有人知道：储户们不知道，股东们或监管机构不知道，即使是公司本身的管理层也不知道。我们将在第六章看到，到 2008 年，银行资产主要是其他银行的负债，反之亦然。如果银行的资产被认定为是安全的，那么银行的负债也是安全的。这样的结构必然是不稳定的；一旦银行的资产不能被认定为是安全的，整个结构就会崩溃，正如全球金融危机中所发生的情况那样。在危机爆发前，交易员们只是认为银行将永远履行他们的义务，并且（就他们对这件事的想法而言）他们预期政府将是这些负债的强大后盾。事实证明后一种想法是普遍正确的。如果没有这种现在已被证明为客观现实的预期，认为政府会为银行的流动性和债务偿付能力提供支撑，金融市场活动就不可能达到今天的规模。

然而，如果政府有能力并且愿意在有可能出现供应短缺时提供牛奶来进行干预，那么，牛奶供应商更没有理由维持牛奶的库存量。因此，该行业将会经常性地需要政府干预，而牛奶供应就会显得不可靠了。干预的必要性将会自我证明：干预政策不是一个稳定因素，反而是一个不稳定因素。从广义上说，这正是发生在银行系统中的事情。这是蒂莫西 · 盖特纳似乎无法看到的道德风险，这种风险在 2008 年之前出现过，今天则已非常普遍了。

无论是牛奶还是金钱，如果其供应链缺乏足够的流动性以满足激增性和恐慌性需求，就应该通过排队或价格来配给可以分配的供应。大多数市场都采纳这两种机制。当对银行的现金需求激增时，如发生在北岩银行的情况，可以提取的现金是通过排队来配给的：排在队伍前面的人全额提取了他们想提取的现金，那些排在后面的人则不得不冒着等待或损失所有存款的风险。当对牛奶的需求激增时，也会发生同样的情况：大家都去排队，排在后面的人将买不到牛奶。如果需求激增持续发展，牛奶厂可能会提高牛奶的价格，可以分配的牛奶供应将以不同的方式进行配给。排队是通过拒绝满足部分需求来进行配给；市场采用价格机制，通过抑制一些人的购买或销售来进行配给。

与存款机构相反，大多数证券市场是以价格来调节配给供应的。如果太多的人想把他们在一家公司的投资变现，那么该公司的股票价格就会下跌。储蓄者购买及出售股票的能力使公司能够筹集固定资本而无须套牢股东，让其无限期地持有他们的投资。正如在银行系统中一样，也有一个期限转换的过程，对流动性充满幻觉：储户通常有充分的理由认为，只要他们愿意，他们随时可以把自己的钱取回来，即使事实上，如果所有人甚至是许多人想这么做的话，他们大多数人将无法把钱取回来。与牛奶、火车票或银行存款情况一样，只要信心尚存，并且应付临时需求激增的系统有足够的富余资金，这种美妙的幻觉就可以持续下去。直到现有的持股人愿意延长变现的时间，或者找到认为公司的股票价格相当低廉的新持股人，股价才会止跌。

在这种情况下，投机者就可以帮上大忙了：他们实际上就像典当行一样，对资产进行临时保管，以满足人们对现金的迫切需要。正如典当业一样，这样的投机性交易可以稳定盈利。投机者能够给市场提供耐心资本，使得急于出售股票的卖家们能够以惨重的代价兑现，直到找到愿意长期持股的新买家。这样一来，短线交易者就可以向市场注入流动性。

如果你提出这样一个问题：出现市场参与者，市场的运行情况如何？我们的谈话将在几分钟内，可能在几秒之内转到流动性话题上来。可以毫不夸张地说，在对试行条例、技术创新或市场实践变化进行评估时，有一个非常重要的问题，那就是：它们对流动性有着怎样的影响？

没有什么能够比流动性准则的不断重复更能清楚地说明现代金融市场中这种对话的自我指涉本质。金融的最终用户，包括居民、非金融企业和政府，都有流动性方面的要求，这就是他们持有存款并寻求透支或信用卡设施的原因，而且如上所述，这也是银行系统必须始终能够满足他们需求的原因。

然而，这些最终用户，居民、非金融企业和政府，对证券市场流动性的要求是非常适度的。居民们确实必须把他们的投资变现以处理紧急情况或为他们的退休生活准备资金；企业有时必须进行一次性的巨额投资；政府必须能够为到期债务再融资。如果交易量不大，只要市场每周开放一次，也许一年开放一次，这些需求几乎每次都能得到满足。正如送奶人发现的那样，造成现金需求激增主要原因有两个：一个是毫不相关的决定，如购买汽车或环球巡游；另一个是可以预见的事件：圣诞节一方面增加了我们的渴望（不止是对牛奶），另一方面降低了我们的储蓄能力。

现代证券市场价格的大幅波动让我们不得不对以下问题产生了怀疑：最终用户对于证券市场流动性的真正要求，即能够迅速地以合适的价位动用所持股票，是否正在得到更好的满足或者根本就没有得到满足？

对极端流动性的需求，即每毫秒进行大量交易（或者，至少有交易）的能力，不是市场最终用户对市场的需求，而是由金融市场参与者自己创造的需求，或感知到的需求。为向市场提供流动性的交易员鼓掌的人通常说："交易促进交易。"这一说法是真的，但却没有引起人们的普遍兴趣。

高频交易者利用不断与其他计算机进行证券购买和出售的计算机进行交易。高频交易者声称他们的交易量在英国和美国股票交易中占据了很大比例——也许超过一半的交易量。交易所花钱吸引这种"流动性"，而交易者花钱将他们的计算机安置到离交易所计算机很近的地方，从而尽量减少交易或监管消息到达他们计算机所需的时间。跨过阿巴拉契亚山脉的传播网络公司的链接为这些交易商服务。在高频交易者的生命中，一毫秒是很长的一段时间。

就流动性这个术语在本章的含义而言，高频交易者对市场流动性并没有做出多大贡献。他们不能提高市场满足突发性或特殊性需求的能力，因为他们没有给市场提供资本。基本上，他们在每一个交易日结束时"结算账目"。

流动性有时是用其对"价差"产生的影响来衡量的。"价差"指在同时购买和出售同一种证券时可能损失的金额。由于这是一种没有人可能会进行的交易，所以这种衡量的相关性并不明显。重要的是交易的整体成本，这不仅取决于价差，而且取决于价格本身的水平。

投机者把资本带到市场上，并且他们的活动规模相对于长期投资者的活动规模而言并不算大，那么他们就可以帮助提供流动性。当市场交易的主导模式涉及短期投机者的相互交易时，情况就完全不同了。当需求可能超过供给时，票贩子可以在非常受欢迎的体育赛事中发挥有益的作用；当大部分门票都在票贩子手中时，价格就会波动，具体票价主要取决于其他票贩子对未来票价的期望值，真正的体育爱好者的需求不会起到多大的作用。

从某种意义上来说，流动性是一种幻觉，但却是一种有益的幻觉，不仅是对于那些提供幻觉的人是这样，对于整个社会来说都是如此。然而，许多人混淆了流动性的提供和市场的活动量。短线交易者所提供的明显的流动性本身是一个幻觉，因为它只有在不需要的时候才能获得。在全球金融危机中，恐慌导致了对安全的短期资产需求的增加，而交易者们总的来说并没有也没有能力满足这一要求。就送奶人的情况而言，只要在需要的人不多时，他的供应才是现成的。满足需求的能力从根本上受到了可用牛奶数量的限制，或者在货币市场中受到可以获得的耐心资本的限制。

只有政府的干预才能够提供耐心资本。但官方干预的结果是加剧了道德风险：只有做出在未来进行进一步干预的暗示承诺，才能维持一种能继续存在的脆弱结构。鲁珀特 · 布鲁克所提到的流动性是佛兰德斯战场上的流动性，它逐渐吞没布鲁克本人和他许多同胞的生命。他们是短期行动的受害者，这些行动在做出决定时似乎是适当的，但逐渐出现了从来没有设想过的长期后果。因此，它一直与政府对全球金融危机做出的应对措施有关。通过支持一个没能很好地适应用户需求的产业结构，政策制定者不仅保留了金融体系，而且保存了导致不稳定性的金融机构。接下来的几章将描述金融对商业、居民、经济增长和经济政策造成的不利后果。

多元化对投资者是有价值的

瞧，傻瓜说："不要把所有的鸡蛋放在一个篮子里。"也就是说，"分散你的金钱和注意力"；但是，智者说："把你所有的鸡蛋放在一个篮子里，并看好它。"

——马克·吐温，《傻瓜威尔逊》（1894）

金融中介可以促进多元化。如果同时参与几个项目，我们只需要在每个项目中承担一小部分的风险；如果只参与单个项目，我们就必须承担该项目的大部分风险，显而易见，前者的风险低于后者。如果掷一次硬币，你输赢的概率各为50%；如果掷30次硬币，你赢10次以上的概率是98%。与一群怀着类似目标的人共享一个资产池的风险及回报，意味着你可以以较低的重大损失风险来获得相同的平均回报率（但相应地，也减少了获得巨额收益的可能性）。个人可以并且应该使用这个原则来建立自己的投资组合。专业中介机构可以利用现成的多样化资源来提供服务。如此一来，储蓄者可以通过购买共同基金公司或投资公司的某一种证券来获得某个投资组合的一个份额。

掷硬币游戏能有效降低风险，因为相继抛出的结果是相互独立的。如果投资组合资产的价值互不相关，多元化将取得最佳效果。例如，利率将大幅上升的风险与某种抗癌药物在临床试验中失败的风险或者某款苹果新产品的覆盖范围缩小的风险都不具有相关性。像我这样保守的投资者可以投资风险性很高的产品，只要这项投资是一个多元化程度较高的投资组合。相关性是一个统计学术语，用来描述两个不同变量（如苹果公司股票的价值和长期债券的价值）共同变化的相关程度。了解和判断相关性对于中介机构管理有效投资组合至关重要。

如果这些证券带来的风险全然不同，只要相当少量的证券就足以提供有效的多元化。相反，即使许多种不同的证券，尽管这些证券的特点相似，也很难实现真正的多元化。投资于不同经济领域和不同国家的公司曾经是实现多元化的有效途径，但今天的大公司经营着许多不同的行业，而且他们的经营范围覆盖全球。他们有着相同的销售概况，所以辉瑞和葛兰素史克、埃克森美孚和壳牌，这些公司的财富状况都是相似的。因此，像这样的大型跨国公司的投资组合体现不出多少多元化成分。

被戏称为“摧毁华尔街的公式”的高斯联结相依函数是一种计算方法，用于计算某一种资产支持证券各组成部分的违约相关性如何决定其整体违约概率。但是，一个公式提供的答案并不会比填入其中的数字好到哪里去。相关性随着经济条件的变化而变化。经济繁荣时，房价上涨，信贷宽松，因此抵押贷款违约是罕见的。通常的欠款原因是一些灾难性事件，如严重的疾病或家庭破裂。正如托尔斯泰所评说的那样，所有不幸的家庭都各不相同，而这些灾难性事件是彼此独立的。2008 年，艾伦 · 格林斯潘在国会证词中解释了评级机构用于评估资产抵押证券的数据是如何从整体良性的经济环境中得到的。不过，一旦房价停滞不前而且信贷紧缩时，这些因素影响了所有购房者偿还其抵押贷款债务的能力。违约并不是孤立事件，因为同样的经济力量到处都在发挥着作用。

相关性是一个数学名词，但理解相关性的来源既需要定量知识，也需要定性知识。仅仅是一台电脑和一个大型数据库是不够的：你还需要了解当地的情况，并理解当前的经济活动情况。你在当地分支机构或在高尔夫球俱乐部酒吧所学到的东西，可能与解决数学难题的能力一样有用。

影响所有公司和家庭的一般经济风险（如利率和住房市场的状态等）与具体的个人问题（如离婚和疾病等）之间的区别是资本资产定价模型的核心，也就是金融经济学的重点之所在。商业风险部分归因于特定业务的具体情况，部分关系到整体经济的繁荣程度。资本资产定价模型将它们分别描述为特定风险和市场风险。一个管理不善的企业将其所持股份出让给它的竞争对手，或者某个大项目遭遇成本超支问题时，就会出现特定风险。一个多元化程度较高的的投资组合会积累各种特定的风险。（资本资产定价模型意味着通过构建这样的投资组合所获取的较低风险将体现在较低的回报收益中：我建议读者忽略这个建议，无论如何都要建立一个多元化的投资组合。）市场风险通常用 β 衡量的，也就是衡量某种特定的股票价值与整体股价指数变化的相关性。我将在第七章再次回到这个希腊字母所代表的问题上。

然而，选择不相关的投资是不容易的。在交易文化中，价格代表着其他交易商的共同意见，却不参考股票的基本价值，这无疑加剧了选择的难度。在各国央行的驱动之下，信贷扩张一波接着一波，特别是美联储、欧洲央行和英国以及日本的银行在全球金融危机之后所采取的方案，推高了所有的资产价值。由此导致了证券价格的普遍波动，激发了搜寻与现有投资组合无关的“替代性资产”的热情。

传统的“替代性”投资产品是黄金、艺术品、老式汽车和上等葡萄酒等。但是，这些东西的数量是非常有限的，而且随着投资者对它们兴趣的增长，其价格与主流资产的相关性越来越大。20 世纪 90 年代以来，投资于多元化新型企业组合的私人股本和采用非常规投资策略的对冲基金已经成为最受大众喜爱的多元化“替代性资产”。

经营原始对冲基金的是一些传奇人物，如乔治 · 索罗斯和朱利安 · 罗伯逊，长期资本管理公司是其中最为著名的。在 2000 年新经济泡沫破灭之后，养老基金和大型投资者把钱倾入了这些所谓的替代性投资产品。随着对“替代性资产”需求的增加，随之增加的“替代性资产”供应越来越像现有资产的重新包装。对冲基金建立了衍生性金融商品投资组合或跟踪一般经济发展的证券化贷款组合，而私募股权则投资于与上市公司没有差别的规模更大的老牌成熟企业。新建立的对冲基金实际上无异于高收费的交易基金：以资产的 2% 作为年度管理费，再加上 20% 的利润。一些受追捧的基金收费更高。整体来看，某些对冲基金非常成功，对对冲基金经理而言，对冲基金行业一直非常有利可图；而对投资者而言，就另当别论了。

尽管如此，金融中介机构的多元化经营对投资者来说仍然是有价值的，而且成本更低。这正是汇集型投资基金最初颇具说服力的理论依据，通过这种方式，小型投资者能够在一个他们不可能自己建立的多元化基金中占有一定的份额。一种简单、省事且廉价构建的多元化投资组合方式方便购入所有能够入手的股票。20 世纪 70 年代，因为计算机的使用，中介机构能够很便捷地提供在每一种证券中都占有一定份额的基金。有效市场假说的学术研究鼓励对基金经理技能现实情况的怀疑，并促使第一个指数型资金或被动型基金的创建。几年之内，仅持有标准普尔或其他指数基金的所有股票占领了越来越多原本属于中介机构的市场份额，不仅在股票市场、债券市场，甚至在房地产投资者市场皆是如此。我将在第七章进一步讨论被动型基金的增长情况。

随着交易所交易基金的发展，交易更加扭曲复杂。交易所交易基金是一种指数型证券，其本身就能流通。下一个发展阶段是合成型交易所交易基金，这种基金实际上并不持有与交易所交易基金价值相关的资产。目前，市场上有数百种不同的交易所交易基金，一些交易所基金的市场价值和交易量甚至超过了基础证券市场价值和交易量。金融界永远不可能拥有太多的好东西。

最重要的是，金融界永远不会有太多的利润。在下一章，我将考察金融化的一个关键特征：金融业报告的利润和金融业从业人员报酬的增长。首先考察实现这一目的的关键工具——杠杆的使用。

杠杆可以抑制和管理风险

一旦把无知和杠杆结合起来，你会得到一些非常有意思的结果。

——沃伦·巴菲特，2008 年，关于全球金融危机

每一个储蓄或投资决策都涉及资本的供给和风险的承担。你把钱款存入银行时，就冒着银行可能无法归还钱款的风险；你投资一个企业时，

必须给企业提供资金，但你永远不能确定如何以及何时才能得到偿还；你购买一只股票时，无法确定这只股票会给你带来多少红利，或者当你打算出售时它的股价将是多少。

杠杆是一种调节风险和储蓄组合的手段，用以满足借款人和放款人的特殊需求。需要资金用于投资的企业通常会寻找贷款和股权融资的组合。放款人为企业提供资本，但承担更小的风险。股权所有者，即股东，提供较少的资本，但承担更大的风险。房地产抵押贷款的运行方式也是一样的：放款人提供大部分所需的资金，而业主获得房屋的股权，并承担（大多数的）风险。通常情况下，回报率越高，风险越高，反之亦然。

将风险承担与资金供给完全分离是可以做到的，但这种做法却是不可取的。劳合社保险市场的传统组织就是这样做的。传统保险公司保持足够的储备资金以用于索赔。劳合社的承保者们，即在保险单上签名的那些有钱人，只是同意从承保中弥补损失或者收取盈利。抵押担保证券的交易是将抵押贷款市场的风险承担与资金供给相互分离的一种尝试。信用违约互换则是作为一种将贷款风险与资金供给相分离的有效手段出现的。所有这些新产品的结局都不是很好，因此理解其中的原因很重要。

20 世纪 80 年代，证券化开始时，其理念只是将一系列贷款组合在一起并将之汇集成一个贷款包。在接下来的 10 年，随着债务抵押证券的发展，贷款包被切割成了不同的优先等级。因为利息或本金的支付是依据包中的贷款进行的，所以这些款项首先用于偿还债务抵押证券优先级别最高的债务，然后用于偿还优先级别较低或中间级别的债务抵押证券债务。最后，如果全额付清了所有的抵押贷款，优先级别最低的债权人或股权持有人才获得还款。对于这个层次结构中任何一种证券而言，优先级别越低，承担的风险越高，因而所得到的承诺回报越高，但却不一定能够得到。在唐·科恩对“格林斯潘主义”的描述中，这种切割和切片功能使得各机构能够“更精确地选择他们的风险配置”。

然而，随着杠杆机制的日益简化，这种重新组合不可能改变贷款组合的整体风险。没有任何魔力能够把借贷给不可靠的借款人、没有多少安全性的贷款集合变成别的任何东西。购买这些证券的银行名单与出售它们的银行名单没有什么不同，这种现象早就应该警示我们：格林斯潘主义并不是全部真相，甚至连真相的大部分内容都算不上。

资产支持证券和随后的债务抵押债券的发展极大地扩大了信用评级市场。很快，符合最高“AAA”评级的大多数债务证券不再是埃克森美孚和德国政府这样的传统证券，而是部分资产支持证券。信用违约互换的价值（以及他们所投保的债券价值）取决于担保人的信用评级。因此，美国国际集团信用评级的下调对债券投资组合的安全性造成了毁灭性的后果。

这一切都是为什么？要想找到各种形式的杠杆能够吸引众多投资者以及它们能够盛行的原因，最好的做法是将目光转移到标准金融理论的局限之外。杠杆把轻微的风险分成两个组成部分：一个是债务元素，该元素造成重大损失的概率较低，可带来的回报具有可预测性；另一个是股票元素，股票带来的回报具有高度波动性。这两种结构都存在一定的问题，容易引起估值错误。

许多个人和组织机构都发现，如果发生重大损失的概率较低，局势就很难管理。我经常在法国的高速公路上开车，紧随前车行驶在这里是一种常见的驾驶策略。高速行驶的司机紧贴你的后保险杠，闪烁他们的车灯，要你给他们让道。紧随前车行驶在大多数情况下能够奏效：缺乏耐心的司机能够稍早些到达他的（通常是他的，虽然不总是）目的地。当然，紧随前车行驶的司机有时压根就到达不了他的目的地。

紧随前车行驶给司机们反复带来些许好处，只是偶尔会发生事故。紧随前车行驶的司机会说服自己或者别人说他的成功来自于他娴熟的驾车技术。事故时有发生（法国公路上的事故率很高，法国交通部部长曾大声呼吁他的同胞要“像英国人那样”开车）。渐渐地，人们在解释撞车事故发生的原因时出现了认知失调。事故受害者将自己的不幸归咎于其他人，而这样做通常是有理由的。追尾事故是由其他一些直接原因引发的，例如路上的一个障碍，或者另一个司机的错误等。同样的认知失调使许多银行家说服自己和很多其他人相信，全球金融危机并不是由于他们的鲁莽行为造成的。

紧随前车行驶的获益分布呈现出高概率小增益和低概率大损失的特征。金融经济学家将这种类型的交易描述为“大肆炒作的虚值期权”。这种分布是难以评估或管理的。会计师们一直在努力寻找一种好办法在财务报表中报告可能发生但更可能不会发生的事件。拉格拉姆·拉扬在杰克逊霍尔向那些“接受能力不强”的听众们所描述的正是这种紧随前车行驶的现象。

大多数交通主管部门认为，紧随前车行驶所造成事故的成本和后果远远高于紧随前车行驶成功者所获得的好处。然而，只有在大量观察结果的基础上，这个命题才能够确切成立，而且这样的调查不可能劝阻紧随前车行驶的司机们放弃他们的愚蠢行为。他们会继续认为，无论统计数字可能为全体驾驶员展示什么样的结果，该结果都不适用于像他们那样技术娴熟的司机。他们这种想法甚至可能是有理由的。

“虚值期权”只是人们感觉很难正确估值的有价证券之一。一个贷款包中所有债务得以偿清之后，剩下的只是高度波动性股权。这些分布在本质上具有不确定性。这样的估价会不可避免地出现错误。有时候，我们高估了资产对我们的价值；有时候，我们低估了资产对我们的价值。将一幅伦勃朗赝品卖给一个相信它是正品的人，比将一幅伦勃朗正品卖给一个认为它是赝品的人要容易得多。因此，错误不会相互抵消。资产的所有者更可能是那些高估其价值的人，而不是那些低估其价值的人。这个问题就是所谓的“赢家的诅咒”。

无论何时，只要对某款商品的特点或价值存有不确定性，许多买家之所以将该商品买下来都是因为他们犯了错。证券市场总是存在不确定性。这就是会发生这么多交易的原因。没有人可以肯定每一股证券的价值究竟是多少。没有人可以肯定某一笔贷款是否能够得到偿还。在这里，商品或货币的价值永远是不确定的。

每次购买一份股票，你都是从想要卖出的人手中购得。许多人选择不以你同意支付的价格购买该股票。这种情况应该能让你停下来进行一番思考。苏格兰皇家银行收购荷兰银行，是因为它愿意为之支付的钱比世界上任何一家银行愿意支付的钱都要多。几个月之内，赢家的诅咒就严重削弱了苏格兰皇家银行的实力，并使其首席执行官陷入了耻辱的境地。赢家的诅咒是个一般性、普遍存在的问题，但也是一个与杠杆率上升所导致的高度波动性分布尤其相关的问题。即使对回报或与之相关的概率很小的误判也可能增加交易者对其价值的根本性误判。

紧随前车行驶和赢家的诅咒解释了由杠杆造成的许多愚蠢行为。还有其他一些愚蠢行为却是利用机会用别人的钱打赌的结果。金融领域的许多薪酬计划造成了不确定性，据称这样做是为了调整本金和代理人之间的利益，尽管如此，这些薪酬计划的主导趋势是：交易量上升的活动得到的奖励多于交易量下降的活动。这反过来造成了一种偏重，一种对结果具有高度波动性活动的偏重。

还有其他原因可以解释杠杆为什么可能是有好处的。利息和资本收益的税收待遇差异，意味着有些人希望获得资本收益并扣除利息，而其他人不希望这样。这便为交易双方创造了对他们来说有价值的交易机会，虽然这样做给交易当事人带来的好处与给大部分纳税人造成的损失会相互抵消（也许不止是相互抵消）。

对于几乎每一次现代金融危机而言，杠杆一直是至关重要的。利用杠杆可以更有效地抑制和管理风险，从而提高效率。但是，杠杆的使用给紧随前车行驶的人和用别人的钱套利的赌徒提供了有利机会，并使得更多的人成为赢家的诅咒的受害者。所有这些机会在“大缓和”时期都得到了充分的利用。到全球金融危机发生时，德意志银行的资产负债超过其权益资本的50倍。我将在第六章描述，这种计算甚至还低估了杠杆的程度。

银行系统的风险逐步增长时，伯南克、格林斯潘、盖特纳和其他人认为正在发生的究竟是什么情况呢？或许厄普顿·辛克莱早已提供了答案：从政治和意识形态上来说，远距离地观看或分析是更为方便的。即使是现在，政客和公众都愿意相信，聪明的人及收入很高的人所进行的这个令人困惑的复杂交易是深刻理解而非无知和混乱的产物。精致的数学的确正在得到良好的运用吗？

然而，无论是过去还是现在，没有什么理由能够给我们提供这方面的信心。大型金融机构的事务是难以理解的；正在被交易的工具是很难理解而且往往是不可能估值的。所采用的风险模型与了解极端事件的影响根本没有任何关联（当然，建立风险模型的目的本应该是应对这些极端事件）。2007 年 8 月，全球金融危机爆发时，高盛集团首席财务官戴维·维尼亚声称，他们银行在连续几天内经历了“25 次标准差事件”。任何一个有统计学知识的人（必须假定他掌握的统计学知识里包含了维尼亚提出的一组数据）都知道，短时间内发生 25 次标准差事件是不可能的。他想说的是，该公司的风险模型没有能够描述公司发生的情况。极端观测值一般都是“模型未计入”事件所引发的。如果你抛掷 100 次硬币，每次都是正面朝上，你可能遇到了一个统计学的怪异现象。不过，让我们先来寻找一个更为简单的解释。尽管表明上知识渊博，这些所谓的“宇宙的主人们”却没有真正了解这些发生在他们面前的事情。

第四章

金融利润

◉ ◉ ◉ ◉

更精明的人

虽然银行业的交易原则看起来可能有点深奥，但在交易实践中可以简化成一条条严格的规则。由于某些追逐超常收益的投机性行为，不遵守这些规则的任何情形都是极其危险的，而且对于尝试这样做的银行来说往往是致命的。

——亚当·斯密，《国富论》（1776）

1995 年，在西约克郡哈利法克斯市一栋俯视全城的大型现代建筑物的顶层，我坐在一个巨大的八角桌旁边。这里是哈利法克斯房屋互助协会的会议室。虽然在位置上没有什么变化，哈利法克斯房屋互助协会的发展规模有了极大增长。世界上最大的抵押贷款机构起源于一个自助小组，150 年前，小组成员举行了第一次会议，会议地点就是对面酒吧楼上一个小得多的房间。

摆在董事会面前的提案是：日复一日管理着协会所持现金的集团财务部不应该只服务于业务需求，即从储户手中接过存款，然后向购房者发放贷款。集团财务部应在货币市场上采取主动的立场，并建设成另一个盈利中心。哈利法克斯在英国的主要竞争对手威斯敏斯特房屋互助协会，几年前就不再是一个合作共有组织了，并且报告称其财务部的经营活动已经为协会创造了巨额利润。哈利法克斯为什么不应该这么做呢？董事会的计划是买卖债务工具：通常是政府发行的股票或其他金融机构的债务。协会将充分利用卢·拉涅里推广固定利率证券市场改革的大好时机。尼克·卡拉维已经让位给谢尔曼·麦考伊，而哈利法克斯正想从这一行动中捞取一份好处。

在接下来的几年里，许多金融机构继续（现在仍在继续）报告他们从交易活动中获得的利润。近年来，投资银行获取的利润主要来自于固定收益、货币和大宗商品交易。债务证券和货币的总价值是恒定的，尽管大宗商品价格会出现波动，但从长期来看一直呈下行趋势。个别企业和贸易商可以在牺牲彼此利益的基础上获取利润，从整体来看，情况却并非如此。

这使我想到了一个问题：财务部获取的利润究竟从何而来？我们期望赚取的钱是谁损失的呢？董事会对我这个问题所做出的回应非常不礼貌：我被派去接受再教育，让交易员们解决我的困惑。我并没有觉得这次体验给我带来任何的启发。我被告知，我们会赚钱是因为我们的交易员更精明。但我遇到的人似乎并不是特别精明，并且不是每个人都能比其他人更精明。

然而，有些人显然是更精明的，而且从各方面来看皆是如此。有些人善于理解证券的基本价值，有些人善于预测其他人变化无常的情绪和心态，有些人善于分析来自证券市场的大量数据。这三大类金融中介风格可以分别描述为投资、交易和分析，而从事这些事务的人则分别被称为投资者、交易员和宽客。股市提供了最清晰的或许也是最重要的解释，足以说明这些方法和金融化时代中介性质发生变化的原因。

沃伦·巴菲特是有史以来最成功的投资者。他从微不足道的财富起家，成为世界上最富有的人。伯克希尔·哈撒韦公司现在是美国最大的公司之一，拥有世界上最大的再保险公司——美国政府雇员保险公司，提供多元化经营业务，包括利捷公务航空公司（该公司具有颁发公务机许可证资格）、Equitas 保险理赔公司（为了处理劳合社遗留的理赔问题创立的保险理赔公司）和喜诗糖果有限责任公司等。伯克希尔 · 哈撒韦公司还持有主要上市公司的大量股权，如可口可乐和宝洁公司等。巴菲特的投资特点是投资方法极端简单，蔑视金融业的传统智慧，拒绝投资任何他认为难以理解的项目。在致伯克希尔 · 哈撒韦公司股东的年信（与资深商业记者卡罗尔 · 卢米斯合写）中，巴菲特友好地介绍了他的投资理念。他说他最喜欢的控股期是永久持有。

有些欧洲企业可与沃伦 · 巴菲特的伯克希尔 · 哈撒韦公司相提并论。瓦伦堡家族的投资工具——瑞典银瑞达集团的经营范围之广泛与伯克希尔 · 哈撒韦公司不相上下。集团不但持有源自瑞典的大部分全球公司（如阿斯利康、爱立信和 ABB 公司等）的大量股权，而且令人难以置信地持有纳斯达克交易所的大量股权。然而，巴菲特的成功，并未在英国或美国激发大量的模仿。

在强调基本价值的投资者中，最成功的是像巴菲特这样的人，他们深刻了解并积极经营着自己所选择的公司。他们选股时没有抱多大的奢望，尽管如此，他们的决定还是基于对公司前景进行的深思熟虑的评估。安东尼 · 波顿经常被描述为英国或欧洲的沃伦 · 巴菲特。在美国，比尔 · 米勒和彼得 · 林奇通过成功选股获得了持续性的超过市场指数的业绩，从而被赋予了类似的声誉。所有这些人最近都退休了（巴菲特本人现在已 80 多岁）。这位“股神”的时代似乎结束了，不过还有几个人依然保持着良好的声誉，如英国的尼尔 · 伍德福德和美国的丹尼斯 · 林奇等。

在选股上长期保持成功的例子很少。基金经理的数量如此之多，只有少数人能够单纯依靠机会获得持续性成功。波顿、彼得 · 林奇和米勒等人的荣耀在他们离开投资圈就褪色了。共同基金为小投资者提供多元化的股票投资组合，对共同基金的业绩进行分析，我们不仅能够看出它们的平均业绩低于市场指数，还能看出其超过市场指数的业绩持续性程度非常低。

在判断过程中强调经济基本面的具有传奇色彩的对冲基金经理中，几乎只有乔治·索罗斯在不断获得成功。朱利安·罗伯逊和维克多·尼德霍夫在20世纪90年代为其客户和他们自己创造了数十亿美元的盈利，最终却因遭受了重大损失而焦头烂额。约翰·保尔森预计到次级抵押贷款会在全球金融危机中崩溃，因此采取了著名的“大做空”行动，赢得了数十亿美元，但在随后的黄金价格豪赌中损失惨重。

巴菲特说过，他买股票的基础：如果股市关闭10年，他将会感到高兴。因为巴菲特有着漫长而令人赞叹的业绩纪录，因此即使股市关闭，他本人也可以全身而退，但他的后继者们却做不到。从长远来看，证券的基本价值决定了能够从中获得的回报，但如果周期较短，其他证券的回报取决于其他交易者对证券进行的评估。

随着企业复杂程度的增加，估值投资期（企业价值准确地反映某个事件所花费的时间）延长了，而执行期（用以衡量资产管理人员工作业绩的时间）缩短了。因此，有了交易员的崛起，这一点在本书第一章中已有所阐述：获得奖励的精明人是那些善于预测交易员情绪和心态变化的人。与此同时，代理人和交易商之间的区别、经纪人和交易商之间的区别遭到了侵蚀，实际上已不复存在。新的“精明人”不再通过富达国际（曾雇用彼得·林奇和安东尼·波顿）或美盛集团（曾雇用了比尔·米勒）这样的资产管理公司为媒介为投资者服务，而是为已经主宰市场的投资银行的利益服务。

这种转变渗入了公司的行为。对交易员而言，重要的是即将发布的公告会对市场造成什么样的影响，而企业的竞争优势和劣势则是无关紧要的。公司开始一门心思地投入季度盈利指导和盈余管理活动中，从而将公司的业务导向“满足各项数字”：完成比市场预期稍好一些的业绩。这种指导和管理循环越来越脱离业务的基本现实情况。

投资者关注经济基本面，交易者彼此关注；“宽客”关注数据。技术分析或图表分析（现在仍然还有图表分析师）等一度被用于描述以历史价格序列为基础的交易活动。这些专家在价格数据表搜寻可视化模式，经常为捕捉到名为“头肩”或“双底”的图形兴奋。这是伪科学的废话，等同于金融学中的占星术。但是，自从衍生产品市场及与之相关的数学模型在 20 世纪 70 年代创立以来，事实证明，更为精致的定量方法对某些人来说是有益的。

只要观察到相关证券价格变动中的规律性，套利机会就可以提供赚钱机会。例如，一只股票衍生产品的价格将明显地随着该股票本身价格的浮动而浮动。想要套利，就必须随时采取相应的立场：当价格差超出正常范围时，就要果断地买入这只股票，卖出另外一只股票。这样的套利策略在长期资本管理有限公司（一家于 1998 年轰然倒塌的对冲基金公司）中得到了广泛使用。长期资本管理公司因其与两位诺贝尔经济学奖得主罗伯特 · 默顿和迈伦 · 斯科尔斯的关系举世闻名。公司创始人是约翰·梅里韦瑟，他曾在20世纪80年代负责所罗门兄弟公司的交易业务（在迈克尔 · 刘易斯的专著《说谎者的扑克牌》中有所描写），并开创了大宗商品交易的爆炸性增长。基金公司的员工大部分都是他以前的同事，因而知情人士经常将其描述为“北所罗门公司”。最后，投资银行接管长期资本管理公司的贸易业务，长期资本管理公司从中获利颇丰。该公司生动诠释了凯恩斯（可能是杜撰的）的格言：“市场能够保持非理性的时间比你能够保持债务偿还能力的时间更长久。”

最近以来，交易模式的数学分析使得一些算法交易员可以从证券价格的微弱变动中获得回报。在这些量化型基金中，保持成功最为持久的是詹姆斯 · 西蒙斯的文艺复兴科技基金。在过去 20 多年里，公司为其投资者赚取了超高的收益率，当然也收取了同样超高水平的佣金。在从事金融业之前，西蒙斯是一位杰出的数学家。

最早成功地采取这种定量方法的从业人员能够利用精致的方法来确定数据变化的复现模式，并以长期资本管理公司的方式从异常现象中套利。高频交易使用计算机非常频繁地进行或提供小额交易。在确切知道投资者购买或销售意图的基础上进行交易是非法的。但是，如果你不“确切知道”而只是猜测，或者如果你的计算机可以从他们对你的计算机提供的交易做出的反应推断出他们的意图，这样的交易就是合法的。

文艺复兴科技基金有一些成功的模仿者，如元盛资产，这是大卫·哈丁在英国建立的一个基金。所有这些基金的交易都是用计算机进行的，而交易者——通常都是数学或物理学博士——的非凡技能在于编写这些计算机采用的算法。

价格数据分析本身不提供任何有关证券基本属性的信息。这些证券包括外汇、大宗商品和公司或者以它们的价值为基础的正在交易的衍生产品。虽然把从芝加哥到纽约信息流的传送速度提高一毫秒能够给某些个人带来利润，但只要访问权限可以有选择地出售，从而使得某些交易员能够从这一独家访问中获利，信息传播速度的无限增长就不能给世界带来任何其他好处。既然从总体上来看固定收益、货币和大宗商品交易并不是一种能够盈利的活动，这些信息接受者获取的利润必然以其他市场用户的牺牲为代价：实际上，这些利润就是用户原本可以通过保持最低水平交易量就能够规避的税收。那么，那些公司的财务部赚取的利润到底来自哪里呢?

监管是竞争的敌人

“我们必须要有一点斗志，但我不在乎时间的长短。”特威德尔德姆说。

——刘易斯·卡罗尔，《爱丽丝镜中奇遇记》（1871）

虽然人数不是很多，精明的交易员还是有的：巴菲特、索罗斯、西蒙斯和哈丁不但智力超群，并且用他们的精明才智在证券市场上赚取了数十亿美元的利润。还有很多其他人纯粹就是因为幸运。最成功的投资者所获得的巨额收益鼓舞了许多其他资质平平的人进入这一领域。如此一来，一个悖论出现了：精明人赚了多少，不精明的人就损失多少。但金融业一些精明人的存在却可以让每个人提高收入，无论他们精明，还是不精明。

购买产品时，你肯定想购买最好的。外科医生拿起手术刀时，你或许会后悔自己没有找一个收费更高的人给你做手术。如果打算卖掉你的房子，花钱请个能让房子卖个好价钱的谈判者是值得的。如果你面临长期监禁的风险，你需要请个最好的律师。

你不能肯定，付出更多的金钱之后，你能否从这次手术中存活下来，能否让你的房子卖个最好的价格或者是否可以不用去蹲监狱，但你会怀疑你本可以有一个更好的机会。对于许多产品来说，讨价还价不仅显得不合时宜而且是不明智的，这意味着购买者并不是真的想要得到最优质的服务。在这样的活动中，强调“价美”的企业战略是不可能成功的。如果某些人具有值得为之付出高额费用的技能，但又难以确定究竟谁具有这样的技能，那么每个人都能够收取更多的费用。这一机制正是金融业高利润和高薪酬的部分原因。

如果考虑中的物品只是整体交易成本的一小部分，价格竞争往往是无效的。为了节约几英镑的杂货开支，人们可以开车去另一家商店，但不会在家具上节约相同数目的开支。如果仔细想想，你会觉得这样做是毫无意义的，但我们大部分人就是这样认为的。然而，一大笔巨款的一小部分也可能是一笔巨款。你可能认为 1% 的年度基金管理费不算很高，根据当前标准来看确实不算高，但是，10 万英镑的 1% 就是 1000 英镑。对于 500 亿美元的收购出价而言，相当于收购出价 0.25% 的费用似乎是微不足道的，却达到了 1.25 亿美元。这么大一笔费用并非罕见：首席执行官想要得到最好的，一般来说，他们花的都是别人的钱。

然而，高得令人咋舌的企业咨询服务费或许来源于新的发行市场，因为费率不低，而且费用往往来自于创始人和早期股东的腰包。在美国，首次公开募股的标准费率为 7%，而且很少打折（欧洲的费率通常比这低且更加灵活多变）。但没有证据表明已经形成了垄断，或许压根就不存在任何形式的垄断，存在的只是一种强烈感觉：必须维持现有的集体利益。

监管往往是竞争的敌人。如果监管对企业行为有着相当详细的规定，所有公司不可避免都会采纳相似的行事方式：监管机构和受监管人将共享一个关于“最佳实践”的特定概念。与机构有密切联系的老牌公司可能会利用管制来抵制创新并提高新来者的准入门槛。我将在第八章详细地描述这种管制俘虏现象。此外，监管管理还会涉及“规模经济”。老牌企业雇用专业的监管人员：一家大型银行或许雇用成千上万的此类员工（摩根大通报告称，仅在2013年就额外雇用了11000名合规官及监管人员）。规模稍小的公司则只能招聘一些监管顾问，因此只能得到有限的专业建议。类似的“规模经济”问题适用于游说监管机构和立法者。

然而，零售金融服务竞争的一个主要障碍是消费者不愿意更换供应商。金融行业里有个众所周知的笑话：客户们更换配偶比更换银行更为频繁。他们似乎都是一样的：为什么要将你的忠诚从特威德鲁蒂转移到特威德尔德姆呢？这种零售买家的惯性普遍存在于所有金融产品中。信用卡一直是最有利可图的零售银行产品之一。尽管新出现的对手为了开拓新业务进行了积极的尝试，这个行业的“先行者”，尤其是美国银行和巴克莱银行，仍然保持着强势地位。许多人只是不喜欢购买金融服务，并尽量减少投入这些购买的时间和精力。

金融服务的零售客户曾因他们的忠诚而获得回报，这样的日子早已一去不复返了。以交易为基础的文化取代了以关系为基础的文化，这种替代意味着最好的交易几乎总是通过积极购买而不是通过建立信任来获得的。客户们的观念落后于这一严酷的现实。

但客户惰性和价格不敏感所带来的利润是不够的，当然也不足以证明高级员工应该获得高水平薪酬。大多数金融公司的目标是，通过在金融批发市场建立“内幕优势”来增加利润。这正是哈利法克斯董事会坐下来展开讨论想要达到的目的。

内幕优势

能够产下金蛋的鹅被认为是最有价值的财产。但更有利可图的是享有这种特权：能够拿到别人的鹅所下的金蛋。投资银行家和他们的伙伴现在就享有这种特权。他们用别人自己的钱控制着别人。

——路易斯·布兰代斯，《别人的钱》（1914）

柯林斯参议员：你认为你有责任为客户的最佳利益采取行动吗？

斯帕克斯先生：面对我的客户时，我有义务采取一种直截了当的方式、一种非常公开的方式。从技术上来讲，就投资建议而言，我们在这方面只是一个做市商，但作为市场上一个谨慎而负责任的参与者而言，我们有责任这样做。

柯林斯参议员：……你的公司期望你为客户的最佳利益行事，而不是为公司的最佳利益行事？

斯帕克斯先生：嗯，我在高盛公司工作时，客户非常重要，他们在过去也是非常重要的，所以……

柯林斯参议员：关于是否有责任为客户的最佳利益采取行动，你能否给出一个是或不是的回答？

斯帕克斯先生：……相信我们有责任为我们的客户提供满意的服务。

——苏珊·柯林斯参议员与丹尼尔·斯帕克斯（高盛集团前合伙人兼抵押贷款部主管）2010 年 4 月 27 日的国会证词

前投资银行家菲利普·奥格是一位有洞察力的评论员，他将投资银行从金融系统核心获得的优势称为“内幕优势”。

大型投资银行比任何其他机构或组织更了解世界经济。他们比他们的客户知道得更多，比规模小的竞争对手知道得更多，比央行知道得更多，比国会或议会知道得更多，比英国财政大臣和美国财政部部长知道得更多。

这是一种惊人的说法，但这种说法是真的吗？这些地方我大多都去过，也与这些人讨论过，听过他们的汇报，阅读过他们的研究材料。虽然下议院图书馆有一些给人留下深刻印象的简报文件，而且我期望国会图书馆也能这样，但是投资银行可能比国会或议会更加了解世界经济。我认为，在投资银行了解到的关于世界经济的信息与在奥格所描述的其他机构了解到的信息相比，前者并不具备任何优势，或者并不一定比在像麦肯锡这样的咨询公司、《经济学人》或《金融时报》的编辑部、最优秀的资产管理人办公室或者许多其他学术研究机构的公共休息室了解到的信息更多。

奥格还引用一名基金经理人的话说："尽管他们（投资银行）拥有所有的信息，他们并没有将这些信息点连接起来。"奥格敬畏这些机构的信息处理能力，但我认为，怀疑论者的观点更有道理。虽然投资银行有这个能力，但他们没有什么理由"将这些信息点连接起来"。在今天的市场上，最重要的不是要了解那么多的经济信息——商业信息、经济发展信息、全球政治等，而是要了解其他市场参与者的相关活动。这正是投资银行所了解的信息，也正是这些信息给他们带来了优势。

"内幕优势"是一个赌博术语。当瑞士村民投保时，英国的绅士们在进行赌博。购买了资产支持证券的约翰·保尔森和高盛的客户们实际上是在同一事件相反的结局上下注。"神奇的法布"图尔就是那个设置赌局的"庄家"。

通常情况下，就长远而言，只有庄家和"赌场"能够在赌博中盈利。运营商设计出面对风险时人类态度特点——有人称之为人性弱点——的产品。老虎机有闪烁的灯光，赌场雇用魅力四射的管理员。旋转的赌博轮盘、上下翻飞的扑克牌，创造了一个极富戏剧性的时刻。赌徒们都得到了鼓励，相信他们的技能和知识会给他们带来优势。然而，设置赌局的是那些经营赌场的专业人士。他们精通赌博数学，所以无论结果如何，他们都将可能是最大的赢家。所有这一切，就像赌场或赛马场，对金融市场的情形完全成立。

如果你想在一场赛马比赛中给所有的马或者轮盘赌上所有的数字下注，你肯定会赔钱。庄家的目的是创造一种“荷兰赌”——设置好的赔率，无论结果如何，他都会赢。庄家通过调整赔率反映押在每匹马上的赌金数量，从而实现这一目标。成功的庄家需要能够在脑海中非常迅速地进行复杂计算的能力，但今天的计算机比任何人都能更快地完成这些计算。

庄家利用他对客户的了解赢得优势，因为他们对马的判断并不完全准确；他们遭受着各种各样的误导；他们喜欢马的名字或者收到朋友的小窍门；他们在赛马卡别上大头针。结果是，平均而言，大多数赌金都押在了没有希望赢得比赛的马上，而那些有可能赢得比赛的马却没有得到足够的支持。了解这一信息后，庄家会对他的赔率进行相应调整，因而，如果被他们不看好的“黑马”轻易取胜，庄家往往会赔钱；如果被他们看好的赛马如愿赢得比赛，他们能够获得更多的利润。

这不是因为庄家比其他人更了解赛马。他可能了解，但是这种错觉对庄家来说可能要付出昂贵的代价，就如同通常情况下赌马者需要付出昂贵的代价一样。对于庄家来说，了解客户、懂得如何下注的数学知识才是有价值的，而绝非对赛马的了解。据说，亨利·霍金斯爵士真正了解如何赌马。虽然一些人通过赌马过上富裕的生活，他们只是例外。了解内情的赌马者是庄家的敌人，不是因为他比庄家更精明（庄家根据别人下注的金额设置赔率），而是因为庄家害怕这样的赌徒赶跑大多数不懂行情的赌徒。因此，将生意吸引到“赌场”的目标和传授关于风险基本特征的知识之间存在着固有的冲突。

在金融化之前，由于“场所”的原因，做市商往往享有“内幕优势”：他在买入价和卖出价之间制造一定差价，他受益于对客户习惯的全面了解，他不会拿自己的资本去冒险。有时候，行事谨慎的做市商也会遭受意想不到的打击——对于做市商而言，一次大幅的市场调整可能就相当于庄家遭遇高赔率赢家。

然而，经纪公司的崛起给做市商提供了关于客户头寸和意向具体的基本信息。由于经纪人和传统做市商都被吸纳进金融集团，因此做市商能够接触到更为广泛的信息库。现代投资银行衍生出一个相当大的优势，这种优势不只来源于它对全球经济的广泛了解，更多的来源于对金融市场的广泛了解：对主要“玩家”的身份、头寸和意向的了解。这些就是银行能够连接并且已经将其连接起来的“信息点”。

利用这些信息为投资银行及其交易者谋利，导致了一种内在的利益冲突。这样的冲突不局限于经纪人与自营商之间不确定的关系。现代投资银行通常在一级市场上发行证券，在证券交易中形成次级市场，提供企业咨询，代表散户和机构投资商进行资产管理，并用自己的账户从事自营交易。投资银行的每一项经营活动都可能与其他活动相互冲突。对高盛集团进行严厉指责的不仅有参议员柯林斯，特拉华州（美国公司诉讼的主要论坛）首席法官利奥·斯特林针对金德摩根公司在收购埃尔帕索石油公司中的多重利益冲突，亦对高盛集团进行了严厉的斥责。大致来说，高盛银行建议其客户，即埃尔帕索公司，接受金德摩根公司大幅压低的报价。高盛集团持有金德摩根公司大量股权，而且还是其合作伙伴，为大型私人股权提供咨询业务。

《高盛集团商业行为与道德准则》第一条商业原则是“客户利益始终至上”。或许，曾经有过一段时间，他们真的是这么做的吧。20世纪70年代的高盛集团合伙人格斯·列维，创造了“长期贪婪”的口号，强调公司的成功取决于维持公司客户的信心。但是，合伙人结构的消亡降低了“长期贪婪”经营理念的吸引力。“神奇的法布”图尔践行“智力自渎”理念时，他对高盛集团的长远健康没有什么兴趣，他更感兴趣的是自己能分得多少红利。

拉各斯的网络咖啡馆是骗子们聚会的场所。他们在这里邀请你做成一笔非法交易，就能从中收取大额佣金作为回报。罪犯们把那些听信他们恳求的人称作“穆古”——那些相信自己是不正当行为的受益人，而实际上他们却是受害者。总会有那么多“穆古”。伯纳德·麦道夫的一些客户怀疑他在进行非法经营，但或许，他只是为了获取超额回报而不恰当地使用从其他活动获得的信息。因此，投资银行的客户常常认为：银行会为了他们的利益而充分利用“内幕优势”——通过提供各种金融服务活动获得的市场内部消息。

即使委托人质疑“内幕优势”究竟在多大程度上有利于其客户而不是其内部人士，他们会发现没有可行的替代方式与这些矛盾重重的公司打交道。或许他们就是受到市场做市活动规模优势的吸引加入的。买家和卖家都被吸引到了大多数买家和卖家聚集在一起的场所。同样的情形发生在跳蚤市场、好莱坞（制片商与明星们聚集的地方）以及外汇期货市场。因此，市场的本质就是寡头垄断，而且其在位优势难以取代。各大主要投资银行已在固定收益、货币和大宗商品交易市场成功确立了其主导地位。这种主导地位使他们能够充分利用“内幕优势”，即金融机构相对于监管机构而言所享有的优势。

监管套利

晚礼服日渐花哨；
财政部特工匆匆搜捕，
潜逃的抗税者进入
城镇的下水道。

——威斯坦·奥登，《罗马的秋天》（1940）

1997 年，国际互换与衍生品协会请求波茨先生提交一份有关“信贷违约互换现状”的法律意见，他提交了一份协会希望并期望得到的答案：这些工具既不是保险（如果是的话，它们会被当作保险条款加以征税并受到监管），也不是赌博（如果是的话，它们会被当作赌博加以征税并受到监管）。根据英国法律，与2005年之前的情况一样，这些“赌博合同”不具有法律效力。

律师的意见不具有法院判决的法律地位，但无论是监管部门还是财政部门都没有试图质疑波茨先生的观点。随后，大多数信用违约互换合约被置于英国法律的制约之下，从而为伦敦的律师们提供一项赚钱的活动。关于美国居民从事这些交易的合法性问题，仍然存在质疑。这个问题依据《2000年商品期货现代化法案》的相关规定解决，该法案得到了美联储主席艾伦·格林斯潘和（前财政部部长）拉里·萨默斯的支持。

波茨先生的仁慈意见和美国政策制定者的热情，为信贷证券市场——处于金融危机中心的信用违约互换和债务抵押债券——的爆炸性增长铺平了道路。如果信用违约互换既不是赌博也不是保险合同，它们是什么？1997年，这个问题有了答案，虽然也许我们可以理解为它并不是一个波茨先生愿意进行详细阐释的答案。现代金融服务的复杂性大多是监管套利的产物。这种套利是一个规避或尽量减少监管限制的过程，所采取的手段是从事商业效果基本相同但监管待遇更为有利的交易。这就是信用违约互换的起源和初衷。

这个想法意在充分利用银行和保险公司监管之间的差异。银行必须持有储备金以进行贷款拨备。这些储备金是按贷款金额的比例进行核算的。保险公司也必须持有储备，但这些储备是按照保险预期损失的比例进行核算的。如果埃克森美孚公司向银行借款，该借款属于公司借款，必须按照高风险标的进行银行储备金核算。但公司的信贷非常安全，所以贷款的预期损失可以忽略不计。因此，银行和保险公司之间就有了一个可以盈利的交易空间。

好事过头，反成坏事。到2008年，信贷违约互换市场扩展到远远超出对埃克森美孚公司发放贷款的范围，扩大到对复杂证券包（没有人真正知道或理解其内容）提供担保。美国最大的保险公司国际集团，到2008

年承保了500亿美元的信用违约互换，其中大部分不是为了防范埃克森美孚公司的破产，而是针对各档资产支持证券的可行性。公司金融产品部主管乔·卡萨诺在2007年8月前曾对投资者们吹嘘说，要“在我们这个理性的王国内看到我们在任何交易中损失1美元的场景”都是很难的。

卡萨诺错了。2008年9月，面对普遍存在的贷款违约前景，美国国际集团有可能要向美国最大的投资银行高盛集团支付129亿美元。美国国际集团无力支付这笔巨款，如果美国国际集团不支付这笔钱，高盛集团也负担不起。令双方都感到欣慰的是，美国政府前来救援了，政府给濒临倒闭的美国国际集团保险公司提供了850亿美元的巨额资金，帮助公司还清了所有债务。值得注意的是，高盛集团此前为自己进行了单独投保以防范美国国际集团的倒闭。

然而，远在摩根大通的高管布鲁克·马斯特斯发明信用违约互换之前，监管套利就已存在。利用《Q条例》在欧洲美元市场上规避活期账户的利率限制就是一种早期的监管套利。当时政府为零售客户建立了一套不同的监管套利机制，即货币市场基金。美国货币市场基金的一名投资者持有某个债权组合的一个份额，而基金经理预计将以某个固定的价格将其赎回，于是从这个投资组合获取的收入就支付给了投资者（实际上，就是储户）。支票可以开在货币市场基金上，这样在储蓄者看来，但不是在监管机构看来，货币市场基金就是一个银行账户。在美国，这些基金的规模可以比得上传统的银行存款了。货币市场基金的作用几乎完全局限于那些对活期账户利率有或曾经有过严格限制的国家。在从未存在过相当于《Q条例》的监管条例的英国，货币市场基金所占有的市场份额微乎其微。

严格说来，货币市场基金不属于存款，因此没有资格享受存款保险。然而，2008年，规模极大、历史悠久的主要储备基金——该基金持有雷曼兄弟部分债券——的基金净值“跌破1美元”（无法在固定价位上赎回），由于来自受损投资者的压力以及对其他基金出现挤兑的担心，政府部门出手干预，政府担保存款扩展到了货币市场基金领域。自2008以来，关于构建适当的新货币市场基金监管框架的讨论一直在广泛进行着，但至今仍然没有定论。

《Q条例》的作用逐渐减弱，虽然到2011年才最终废除，但实际上在1980年就失效了。监管机构很少删除多余的或无效的规定。更常见的反应是，在试图去除或减少套利机会时详细阐述该条例。从而开始了一场猫和老鼠的游戏，金融服务公司在这个游戏中通常领先监管机构一步或多步，结果是监管变得越来越复杂，但很少能完全有效地实现其预期目的。

无论欧洲美元市场还是信用违约互换市场都源于监管套利，两者都获得了各自的生机。这是一个循环模式。“回购市场”是金融投资的一个实例，其最初是一种监管套利机制，然后幸存下来，并得到蓬勃发展，尽管曾多次尝试去除其套利收益。回购协议是许多大公司在银行和其他金融机构进行储蓄的一种手段。储户从银行“购买”证券，如政府债券。银行签署一项协议，以相当于一天利息的小额溢价在第二天对其进行回购。双方有着一个共同意图：每天重复进行这种交易。

这一切图什么呢？如果你问某家公司的财务会计，他会告诉你说，回购公司提供的回报比简单存款更高一些。这是为什么？监管套利是用这种方式进行交易的一个原因：在会计报告和监管资本核算中，回购交易会用到不同的处理方式（在大家熟悉的猫和老鼠游戏中，用来对付监管套利复杂的规则后面还有更复杂的监管套利方式）。对雷曼兄弟银行破产案的调查着重指出了这家破产银行究竟在何种程度上使用了一种被称为“回购105”的复杂套利形式，从而使监管机构和客户们对公司的账目感到满意。

财政套利机会也存在——对具有类似商业效应的交易可能会采纳不同的征税方式。同时，还存在会计套利机会——两种有着类似商业效应的交易，但在公司账目会用不同的方式对其进行处理。正如监管机构通过制定越来越复杂的监管规则应对监管套利一样，税务机构通过制定越来越多的税法规则应对财政套利，而会计准则机构则通过制定越来越详细的会计准则应对会计套利。套利和应对套利的对策是监管规则、税收立法和会计准则变得越来越复杂的主要原因。

回购 105 得益于管辖权套利。如果某项交易在某个国家被禁止，或者你不喜欢某个国家对这项交易的监管、征税或市值计价方式，或许你可以到其他地方进行该项交易。雷曼公司曾花钱购买了一条法律意见，该意见支持公司对这些工具的处理方式，同时建议称伦敦比纽约更具吸引力。因此，为了接受英国法律的管辖，雷曼公司的相关交易都是经由伦敦进行的。

一些国家可能会欢迎司法套利。在全球金融危机爆发之前的几年里，无论英国还是美国的决策制定者都深知，英国当时把其宽松的监管当作一种工具，目的是将业务从纽约吸引到伦敦。像开曼群岛这样的地理位置仍然可以容纳更多的“客人”。这些近海的地方（被称为“金银岛”）经常被描述为“避税天堂”，但就像避税天堂一样，他们也是不折不扣的监管天堂。150 年前，摩纳哥的格里马尔迪家族建立蒙地卡罗大赌场时，他们是最先发现赌博活动潜在盈利的人。自那以来，管辖权套利已成为许多小国家的主要收入来源。

监管套利、财政套利和会计套利全都需要花钱。从非金融经济的视角来看，投入套利的资源是一种令人沮丧的浪费。这个国家一些头脑最聪明的致力于从事这样的活动，旨在故意破坏有效监管、高效税收和诚实而透明的会计核算。除了支付设计这些方案的律师和会计人员的费用之外，企业还要向交易员支付费用，以便将那些不过硬的东西变成货真价实的东西，因为后者能得到更为有利的监管、财政和会计待遇。因此，套利为金融机构获取交易利润做出了重大贡献。

这些利润是从哪里来的呢？这不是一个简单的问题。就财政套利而言，答案似乎最为清晰。如果节省的税收大于避税交易的成本，套利就是值得的。节约税收的公司能够获益，顾问能够获益，交易员能够获益，只是因为税务部门失去了相应的税收额。财政套利就是一种把钱从老百姓口袋里掏出来再将其转移给顾问、交易员以及雇用这些人员的公司的手段。

在监管套利中，输家永远是监管的潜在受益者。如果监管起不了作用，情况的确经常如此，监管套利的成本仅仅代表着企业的营业利润被转移到了使套利成为可能的金融专业人士手中。如果监管能使客户受益，或保护纳税人或其他公司免遭潜在损失，那么，这些客户或纳税人就会成为规避监管努力的输家。

会计套利产生的收益是以牺牲那些依靠账目完整性的人的利益为代价的。会计套利在安然公司得到了广泛使用，安达信会计师事务所参与了对安然公司大量使用会计套利这一过程的审计，而这正是该会计师事务所走向衰败的原因。摩根大通和花旗集团各自同意拿出约20亿美元的结算款，用以解决安然公司投资人提出的索赔要求，这些投资人声称他们被这两家银行安排的交易误导性账目欺骗了。

监管套利是对金融服务进行详细的规范性监管的必然产物。预防监管套利的唯一手段是确保总是以同样的方式处理具有类似经济效应的所有交易。这是一个广为接受的监管目标，但在我们当前所处的复杂的金融和监管体系环境下，这个目标实际上是无法实现的。另一种可供选择的手段是让监管机构拥有更多的自由裁量权，让他们感受到有信心实施监管规则的精神，而非监管规则的具体内容。但这要求进行剧烈的、永久性的转变，包括监管人员的才干和监管机构与监管活动的政治影响平衡两方面的转变。更为理想的应对之策是，找到更为坚挺、更加容易实施的监管原则。在后面的章节中，我将回到这个问题上来。

我会离开，你也会离开

我们是投资银行家。我们不关心5年后会发生什么。

——文森特·达希登，苏格兰皇家银行全球结构性产品部主管，

2004年2月12日《机构投资者》；

转引自伊恩·弗雷泽，

《破碎：苏格兰皇家银行，毁灭不列颠的银行》（2014），第 222 页。8 个月后，

苏格兰皇家银行在英国纳税人的帮助之下摆脱了财政困境

在巴菲特、索罗斯、西蒙斯和哈丁等人所处的世界，“我们的人更精明”这一说法似乎有些站不住脚。但是，随后发生的事件提供了一条答案线索，可以解答我在哈利法克斯董事会上提出的疑问。在那次辩论之后不久，董事会将当时所看到的一切（也许是看错了）当作一个更为重大的决定。哈利法克斯房屋互助协会结束了身为互助协会的 150 年历史，成为一家上市公司。这件事（在此声明，在我离开了董事会之后）发生 4 年后，哈利法克斯接管了苏格兰银行。新的组织被命名为哈利法克斯苏格兰银行。2008 年，这家银行倒闭，最后英国政府拯救了它。

固定收益、货币和大宗商品交易能够获利的部分原因在于，这项活动并不像它看起来那样利润丰厚。在 21 世纪的第一个十年，各银行宣布他们取得了巨额利润，并将相当大部分利润支付给了银行的高级雇员。但这些利润是虚构的。银行股东几乎“全军覆没”，银行期待政府来支持他们的债权人，帮助他们恢复资本。

用纳西姆 · 塔勒布的话来说就是，“他们的利润只是向命运借来的现金，随时都有可能要归还”。到了还账时，许多银行的负责人都已离开了。哈利法克斯并购苏格兰银行的总设计师詹姆斯 · 克罗斯比爵士（后来恢复了“先生”的称号）于 2006 年在其 50 岁时退休了。利润是按年或季度进行核算的。但是，企业项目，如贷款或抵押贷款的时间通常比一年或一个季度更长，而且经常比负责这些项目的官员任期更长。正如他们在交易大厅常说的那样：“我会离开，你也会离开。”对会计师们而言，这种时间框架上的脱节是颇具挑战性的。

并不是我所有没上过大学的同时代人都能在保守的苏格兰银行找到有保障的工作。其他人，通常是那些更擅长与数字而不是人打交道的人成了会计师。会计师出了名的呆板，并且像银行经理一样谨慎。价值是

以成本为基础的，除非资产的价值已抵不过成本，在此情况下，就必须减记资产的价值。一鸟在手胜过无数鸟在林，因为只有鸟儿从林中飞出，你才有条件计算它。

与金融一样，而且出于同样的原因，会计方法变得更高明了，但也变得更糟糕了。英国的商学院规模从来不及美国，（除了少数全球企业之外）也没有日本或德国企业那种性质的内部管理培训。到 20 世纪 80 年代，会计学成了英国毕业生准备从商的主要手段。许多接受过会计培训的人在金融业找到了工作，其他人在非金融企业工作，而且，因为他们都很精明，所以很多人都升到了高级职位。年轻的会计师更为精明，也更贪婪，他们在谨慎方面接受的教育不足，而在经济学方面受到了良好的教育。作为一种指导原则，"公平价值"逐渐取代了保守主义。通往"真实而公平的世界观"（这是会计人员的传统梦想）的途径，往往导致完全相反的结果。乍一看，采用按市值计价的会计处理方法显而易见是明智的。历史成本只是历史，市场承认的是当前现实。28 年前，我与人合著了一本关于经济学和会计学的书。那时候，我丝毫不怀疑按市值计价的会计处理方法的优越性，但是，28 年的确是一段漫长的岁月。

1990 年，麦肯锡公司一位名叫杰夫 · 斯基林的年轻合伙人，在得克萨斯一家小而冷清的能源企业诱惑下，离开了世界上最受尊敬的咨询公司。斯基林和他的同事认为，可以采用像哈利法克斯等银行正在尝试的固定利率、货币和商品交易方式进行天然气合同的交易。露西 · 普雷布的音乐剧《安然公司》完成了一个惊人的壮举：按市值计价的方式推上了伦敦西区舞台。开场场景是斯基林的办公室，时间是 1992 年 1 月 30 日，斯基林和他的同事正在举行一场香槟派对。当时他们收到了一封美国证券交易委员会的来信，信中表示，监管机构同意按市值计价的方式进行天然气合同交易。普雷布的音乐剧具有莎士比亚悲剧的结构。在第二幕，斯基林成了公司的首席执行官，作为美国最受尊敬的商界人士之一，几乎可以与杰克 · 韦尔奇并驾齐驱。而在第五幕，他被判处了 24 年的监禁。

一份长期的天然气合同，如供气24年的协议，应该在合同的有效期内产生稳定的利润流，就像银行一笔健康的贷款会在借贷期产生稳定的利润流一样。传统的会计程序会每年报告这些利润。如果这份合同或贷款是可以交易的，那么，对这笔交易可能会采纳不同的方式处理。如果你打算卖出合同，买方将要支付的价格将体现合同未来可能产生的所有利润。按市值计价使你能够直接将这些利润的整体价值计入你的损益表中。安然公司曾向美国证券交易委员会解释了这样做的基础理论。一笔交易业务“创造价值并在交易完成时完成其盈利过程”。安然公司不再是一家能源公司，而是一家“天然气银行”。

半个世纪前，约翰·肯尼思·加尔布雷思在一部言简意赅的著作中清晰地描述了1929年“华尔街大崩盘”。加尔布雷思观察到，挪用有一个特点，即“罪行实施和发现之间会有几周、几个月或几年的时滞。顺便说一下，在这段时间里，挪用者获得了收益，而被挪用者并没有感到损失。心理财富有一个净增量”。加尔布雷思将财富的这一增值称为“盗用”。

沃伦·巴菲特的商业合伙人查理·芒格写过一篇优美的文章，指出这一概念可以推而广之。这一心理财富可以在不违法的情况下创造出来：只要犯错或自欺欺人便已足够。芒格创造了“间接贪污”或“功能上相当于盗用”的术语，用以描述幻觉产生和破灭之间所存在的财富。

从这个角度来看，揭发伦勃朗赝品的批评家并没有为世界带来任何好处：画作的拥有者蒙受损失，潜在赏画者也可能受损，而且伦勃朗真迹拥有者更没有获得多少好处。对那些指出新经济泡沫或者全球金融危机前信用扩张制造了大量间接贪污的人，金融界并没有给他们什么好脸色。监管者和市场参与者容易从众。只有勇敢的人才会站出来阻止那些期望通过交易网络股致富的人，也只有勇敢的人才会否认人人都有拥有房子的机会，因为他们根本负担不起。

盗用的乐趣在于两个彼此不知道对方存在及角色的人可以享受同一笔财富。斯基林喝的香槟是安然公司股东和债权人花钱支付的，但他们在10年后才知道这一点，在当时，大部分人甚至从来没有听说过这家公司。美国的城市家庭从没想过要归还他们2006年赚到的钱，而纳税人做梦都没想到他们会被要求负担这笔费用。银行的股东，包括收到哈利法克斯毫无价值的股份的倒霉蛋，以及将他们的股权换成哈利法克斯股票的苏格兰银行的股东，无论如何也无法理解，他们收到的股息只是之前从他们那里借来的钱。投资者祝贺自己从网络股变幻莫测的价格中获得了利润。他们完全没有意识到，他们赚到的钱会消失不见，就像冬天的冰雪会在温暖的春天融化一样。他们创造了大量的短暂财富，当时，这些财富对每个人来说似乎都是足够真实的：真实得可以拿去花费，真实得足以伤害那些被迫将钱还回去的人。

盗用或间接贪污的途径有很多。金融机构的描述一度是含糊而保守的。这些描述现在仍然是含糊的，但一般来说不再保守了。对未来收益的估计，即“按市值计价”，被注册为当前的交易收益。如果没有市场，或者假如有这样一个市场，一个“按模型计价”的市场，你或许可以估计一下价格会是什么样的。

斯基林为有机会确定未来的收益（或许能或许永远不能实现）而干杯。从保守转变到其对立面创造了一个转型期，此间报告的利润比以往任何时候都更高，或者未来也可能是这样：这一转变对于当时碰巧在周围的人是颇有好处的。

如果你按市值计价衡量利润，利润就取决于市场对未来利润的预期。企业账目包含的信息（那些应该对市场观点有所启示的信息）是从市场本身衍生的，而且市场很容易爆发临时性狂热：所有人同时积极购买新兴市场的债务、互联网股票、住宅抵押担保证券和希腊政府债务等。交易者不必等待什么时候或者能否兑现利润。我会离开，你也会离开。

每当出现同时具备高概率小利润和低概率大损失特征的活动，就会出现紧随前车行驶的问题。这就是贷款的本质。大多数贷款是没有问题的，并为银行带来适度回报；银行需要许多这样的交易抵销那些偶尔出现的令人不愉快的贷款。正如紧随前车行驶的问题一样，贷款概率只能通过对长期运行的观察进行评估，而且是非常有难度的。银行的损失核算一直都有问题。针对当下的利润，应该制定什么样的规定，如果有的话，应该用于据信是健全的贷款吗？

假如一笔100英镑的贷款得不到偿还的概率为1%。“按市值计价”或者“按模型计价”的方法可能将其估值为99英镑。但这笔贷款并不等于99英镑。就像薛定谔的猫要么是死要么是活，这笔贷款要么健全要么就是一笔坏账，其价值要么100英镑，要么一钱不值。“上帝不跟宇宙掷骰子。”爱因斯坦曾提到过与薛定谔的猫类似的问题。但是，银行家的确是在和金融世界掷骰子。银行的传统做法是在预计可能出现困难时将利润贮存起来。然而，最近以来，银行高级管理层的想法与此截然相反，他们尽其所能申报更多的利润，企图以此证明他们获得红利的合理性。

要回答贷款损失是如何造成的难题，不宜操之过急：必须用一种长远的眼光衡量银行的盈利能力，正因为如此，就职于苏格兰银行及苏格兰皇家银行是一份职业而不仅是一份工作。银行管理职位是一份终身职业，获取的大部分报酬都被推迟到了退休以后：银行经理希望退休后能有一笔可观的养老金，并能够在他曾与客户闲谈的高尔夫球场上享受多年的黄金岁月。由于银行和员工之间的长期承诺，那些做出贷款决定的人将关注的是他们所做的一切会导致什么样的总体后果，而不仅是其将产生什么样的直接影响。

在20世纪90年代早期，这仍然是哈利法克斯公司最为盛行的文化。对于时代变化，该机构的反应速度比大多数人要慢得多，但它还是在做出回应。当交易员用他们的“我会走，你也会走”文化对我进行再教育时，我意识到：紧随前车行驶对于他们的成功或者表面上的成功是多么重要。哈利法克斯公司财务部希望赚取的大部分利润都来自“利差交易”：通过抵销贷款期限不同（利率也不同）的贷款，或信用良好的贷款搭配信用较差的贷款，从而确保利率溢价的交易。

几年后，欧元区形成所带来的机遇引发了一场规模最大的套利交易，这场交易不仅产生政治影响，也产生经济影响。金融机构利用在北欧筹集到的资金购买南欧的资产。法国和德国各大银行的交易员全面利用了这次机遇，因此，德国和希腊债券的利率差几乎消失了。常规利润（甩掉紧随行驶者的那几秒钟旅程）都计入了银行，而且，最重要的是，都计入了交易员的红利。与紧随前车行驶者一样，跟车足够长时间（道路）注定招致损失，这种猜测是正确的。

鞅是一种投注策略：每次赌输了，所采取的应对方法是押一个更大的赌注。想象一次“公平”的赌博，你押注 5 英镑去赢 10 英镑，只记整数，不要任何零头。如果你赢了，你就带着 5 英镑的盈利离开。根据鞅的建议，如果你输了，你应该在下一次掷硬币时押注 10 英镑。如果你赢了，你现在就赚到 20 英镑，扣除你在游戏中花的 15 英镑（第一次 5 英镑加上第二次 10 英镑），你现在得到的盈利是 5 英镑。如果你输了，再重复这一策略，每次输了之后押注数都翻倍。这个游戏的悖论在于它的两个看似不相容的特性。几个世纪以来，这种矛盾性一直让统计人员为之着迷并吸引了大量赌徒。如果你玩的时间足够长，游戏肯定有利可图；但如果你经常玩，那你终将会被毁灭。

时不时地，流氓交易员会被大肆宣扬。28 岁的尼克 · 李森一夜之间从办公室消失得无影无踪，之后，这个术语成了一个流行词。李森是伦敦最古老的投资银行巴林银行驻新加坡办事处的员工。李森所造成的损失导致了巴林银行的破产，并给他招来了牢狱之灾。更近的流氓交易员包括杰罗姆 · 科维尔和布鲁诺 · 伊克希尔。前者是法国兴业银行的一名雇员，被勒令支付 49 亿欧元的赔偿，现正在监狱里服刑；后者摩根大通的“伦敦鲸”，据说他的不规范交易造成美国银行 60 亿美元的亏损。

或许，最大的过激行为来自豪伊 · 许布勒的报告。他曾是摩根士丹利银行一名受人尊敬的交易员。据报告，他在 2007 年的活动造成了 90 亿美元的亏损。流氓交易员就是一个在打电话向老板请示之前花光所有钱或者吓坏老板的交易员。像流氓交易员一样，许布勒曾奉行鞅策略：在濒临崩溃的市场上，他不断抬高基于抵押担保证券的债务抵押证券的赌注金额。

流氓交易员通常会抗议说，如果银行没有平仓的话，他们的活动最终一定会盈利。这和赌徒的情形何其相似：赌徒被从赌场拖回家后告诉他的妻子和全世界说，如果他能得到允许在里面待更长时间，就一定能够在赌场上独占鳌头。这些说法通常是正确的。在长期资本管理公司，那些接管破产基金头寸的银行最终都在交易上获得了利润。

通常，抵押债务证券的结构是：发行人承诺对抵押品的任何不足做出回应，他们用拆东墙补西墙的方式“补足”抵押品以保持其价值。同理，“实物支付”证券会用同样类型的额外债务巩固其自身价值：在大部分第三世界国家，支付的承诺只是被简单地往后拖延至未来，其债务的现实状况也是如此。像赌场上采用鞅策略的赌徒经常换一种玩法一样，每当还款日来临时，借款人总是推迟付款到期日。关于这些结构，沃伦·巴菲特曾说过一句至理名言：“根本就没有无法偿付的情况。”

庞氏骗局与鞅策略密切相关。这种认为自己很富有的方法以查尔斯·庞兹的名字命名。20 世纪 20 年代，庞兹告诉投资者说，万国邮政联盟使用的国际回信券的定价是错误的，如果在一个国家购买国际回信券，然后在另一个国家将其售出，就可以获得利润。他的这种说法是正确的，但不幸的是，国际回信券的供应不足，难以满足投资者的需求。

因此，庞氏骗局付诸欺骗。手段并不复杂：通过提取新投资者认购基金中的任何一笔款项，老投资者就可以获取高额回报。新的投资者被那些从一开始就参加这个计划的人所取得的成功吸引了。一旦新投资者资金不足，难以满足早期投资者的提款时，庞氏骗局就败露了。

历史上最大的庞氏骗局是由伯纳德·麦道夫设计的。他声称，使用衍生证券投资策略可以获得低波动性的高回报率。事实上，根本没有发生过任何投资活动。在全球金融危机期间，赎回需求增加，而流入资金萎缩了。因为无法满足提款需求，麦道夫前往联邦调查局自首，并被判处150年监禁。那些在庞氏骗局和麦道夫骗局进行投资的人中，有一些赚了钱。即使你知道或者怀疑那是一个庞氏骗局，你可能希望能从中获得利润，然后再及时离开。我会离开，你也会离开。

庞兹和麦道夫撒了谎，因此锒铛入狱了。但是，1999—2000年的新经济泡沫也是一个或许是合法的庞氏骗局。早期的投资者获得了巨大的收益。他们之所以能够获取这么丰厚的收益，正是由于后来的投资者受到类似收益前景的吸引而投入了资金。没有内在价值的证券被反复买卖。买卖证券的人，其认购动机在于知道别人在这些证券交易中获取了丰厚的收益，并且期望（很多情况下都得到实现）还能在更高的价位上售出这些证券，从而获得类似的收益。最终，就像所有的庞氏骗局一样，新买家的资金跟不上，泡沫破灭了，互联网证券的股价崩溃了。骗局、欺骗、自我欺骗和错误之间的界限是模糊不清的。

在新经济泡沫中，一些早期投资者赚了钱，但是大部分投资者并没有离开，因为他们仍然希望赚取更多的收益。甚至那些高智商的人也高估了自己的能力，没能准确判断市场错价修正的时间。传奇投资者，如朱利安·罗伯逊和乔治·索罗斯，亦对新经济泡沫的判断出现错误，从而毁坏了自己的声誉。沃伦·巴菲特坚定地保持观望的态度，因为未能“参与其中获利”而遭到嘲笑。艾萨克·牛顿在南海泡沫（一个早期的庞氏骗局）中赔了钱，这件事众所周知。随着新经济泡沫的不断扩大，我经常问自己：“金融集团销售产品的人真的相信这些东西，抑或他们也对自己的骗局持怀疑态度？”我开始意识到，真相就介于两者之间：无论是天真无知还是欺瞒诈骗都不足以提供正确的解释。重复组织机构和同事们公认的观点很容易。在自我指涉的金融界，反复重申这些观点似乎可以验证这些观点的正确性。

盗用和间接贪污的持续性存在，是我们不经意间忽视真相导致的结果。我在哈利法克斯董事会上天真地提出“利润是从哪里来的”时，人们对此的反应有一个显著特征：金融业的大多数人认为这样的问题既无趣又不重要。他们并不认为这些昭然若揭的欺骗行为是一种全面的道德败坏。如果某些问题难以解答或者至少不方便解答，没有人会提出这些问题，对此，他们故意视而不见。厄普顿·辛克莱再次说了一句中肯的话："如果一个人的薪水取决于他对某件事情的不理解，让他理解是很难的。"

金融业的利润究竟有多丰厚

幸运的傻瓜绝不会怀疑他们可能是幸运的傻瓜。

——纳西姆·尼古拉斯·塔勒布，《随机漫步的傻瓜》

从众的本能和相关的竞争压力导致各企业纷纷模仿他们的竞争对手所采纳的灾难性战略。查克·普林斯简要概括了这个问题："只要音乐不停，舞蹈就不会停止。"金融业的自我指涉价值观及其实践强化了这些虚假信念。对个人自我利益以及"我会离开，你也会离开"文化的积极追求，取代了对客户利益的承诺和对机构的忠诚。因为抱着一定可以盈利的错觉，所有这一切活动才得以持续下去：相信金融创新正在增加巨大的价值，并确保额外的回报；事实却是，交易员是在向未来借款以中饱私囊。

金融机构不会真正赚很多钱，这种可能性很难理解。看看他们的工资、红利、大理石接待区和公务机。一个非常有利可图的行业存在的所有陷阱都在这儿。真实的情况会不会是这样的：这个行业事实上并不是非常有利可图？

集团银行认为他们的零售业务相对来说不能赚取丰厚的利润。因此，集团允许甚至鼓励银行活动之间的交叉补贴。竞争对手争夺企业的整体控制权时，这种交叉补贴往往有利于当前掌管着整个企业的部门。金融联合体中，从零售部门到交易业务，一直都存在大量的交叉补贴。事实上，对于如此规模的金融集团而言，没有零售银行的支持，这些交易业务是很难有效完成的。

这种认知对集团极其重要，而集团对于金融化也是至关重要的。为贸易文化的兴起做了很多贡献的所罗门兄弟银行被并进花旗集团；苏格兰皇家银行收购了伦敦金融城最具创新精神的投资银行华宝银行；巴克莱银行和摩根大通等零售银行发展了它们的投资银行活动；一些规模较小的投资银行，如拉扎兹，撤回到了专业领域；约翰 · 梅里韦瑟（卢 · 拉涅里在所罗门的老板）则创办了自己的公司——长期资本管理公司。

图 3：各大银行股东的年回报，8 月至次年 8 月（年度百分比）

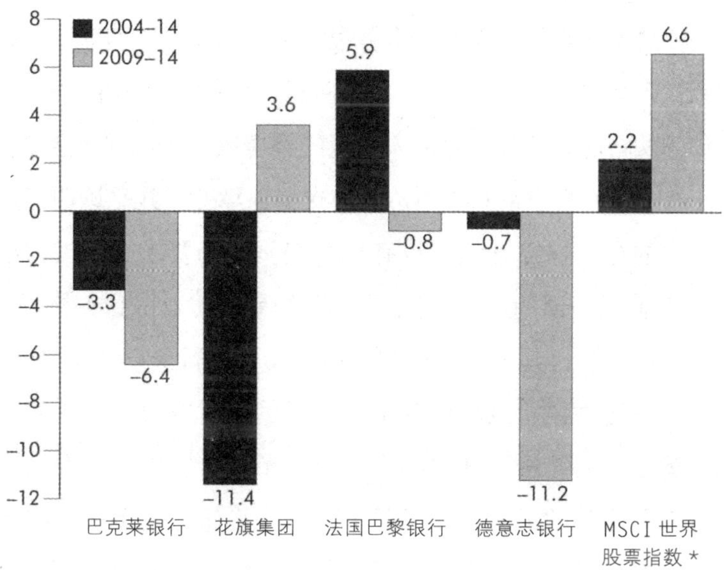

股东总回报（包括股息）

* 由 23 个发达市场的大盘、中盘股票组成。美元收益。

来源：晨星公司，明晟公司（MSCI）。

这种集团化及相关复杂性增加了利润评估的难度。2005 年，花旗集团对外公布的公司利润额为 250 亿美元，这是所有公司有史以来报告的最大金额之一。（在美国，只有埃克森美孚和苹果公司超过这个数字。）但是这一声明是虚假的。到 2008 年，花旗集团实际上已经破产，公司之所以能够存活，是因为美国政府为其提供了资本，同时美联储也为其提供了现金。在最近的10年，花旗集团的股东都亏了钱。他们本应该把钱存入花旗集团的银行账户，恰恰因为美国政府保证银行储户能得到全额赔付。

在全球金融危机爆发之前，众所周知，各国政府（严格来说，指他们资助的存款保障计划）对存款提供了最大限度的支持：大体上来说，大储户以及其他银行债权人面临着风险。但事实上并非如此。事实证明，由零售存款基础提供的交易活动抵押品在2007—2008年是至关重要的。那时，五家主要独立投资银行有三家倒闭了——雷曼兄弟银行陷入破产境地，贝尔斯登银行和美林银行落入大型零售银行手中，而另外两家银行高盛和摩根士丹利之所以能够存活，是因为它们通过重构成为银行持股公司，从而美联储得以向他们开放针对陷入困境的零售银行的流动资金渠道。2008年之后，各国政府将原来基本不透明的支持保障变得几乎透明了。

对政府的存款保障计划并没有什么实质性的要求（不过，这取决于如何看待实质性一词的意思。英国的存款保障计划得到英格兰银行230亿英镑的“贷款”，其主要是布拉德福德宾利银行破产的结果），但是，哈利法克斯苏格兰银行或苏格兰皇家银行倒闭时并没有要求赔偿，因为财政部和英格兰银行给这些机构直接提供了资金。同样，在美国，联邦存款保险公司遇到的最大倒闭案是华盛顿互惠银行的倒闭。陷入麻烦的最大银行，也是世界上最大的银行，花旗集团，则通过美国财政部特设的“问题资产救助计划”得到了支持。

花旗集团是一个极端的例子，但在全球金融危机时期，极端情况变为了正常情况。各银行，包括苏格兰银行和苏格兰皇家银行、贝尔斯登银行和雷曼兄弟银行以及爱尔兰和冰岛所有银行的股东事实上失去了一切。美国政府补偿了美国国际集团、花旗集团、房利美和房地美公司等金融机构的惊人损失，从而给这些机构的股东留下了一些价值。美国银行和巴克莱银行的股东失去了他们大部分投资。2014年8月29日之前的15年，明晟公司（MSCI）世界股票指数的年度复合总回报率为3%。

在21世纪头十年的盛衰中，金融公司的股东都是受害者，没有受益者。在多元化经营的金融集团内部，做市、证券发行、资产管理以及某些零售产品等许多活动在那个期间都是盈利的。利润的大部分都支付给了高级雇员，剩余的利润被用来抵销大规模金融市场活动的总体损失。盗用和间接贪污，即向命运借用的钱，支付给了银行高级员工。大型金融集团经营目的是为其管理人员谋取最大化的利益。过去这样，现在大体上仍然如此。

当然，辩护者会辩解，全球金融危机是一生难得一遇的事件。从这种意义上说，紧随前车者一生也难得经历一次撞车事故；使用鞅策略的赌徒一生难得认输一次；庞氏骗局的幕后操作者，一生难得被曝光一次。危机恰恰是此前一系列事件的产物，而由此造成的损失与早期获取的收益是不可分割的。

在全球金融危机发生前的那几年，各银行的首席执行官就像学童一样相互竞争着，以证明"我的净资产收益率比你的高"。他们的领衔人物是约瑟夫·阿克曼，他2002年起担任德意志银行首席执行官，2006—2012年担任德意志银行董事会主席，曾宣布其股本回报率目标为25%。2008年，全球金融危机爆发时，他自豪地宣布这一目标已经实现。

股本回报率指盈利与股东本金的比率。提高股本回报率的方式有两种：一是增大分子，即提高利润；二是缩小分母，即减少股权资本。减少股本更为容易。用股本回报率来衡量某个机构的盈利能力，这是一种严重的误导性指标。对于资本密集程度不是很高的企业（如资产管理公司或其他专业服务公司，如会计师事务所等）来说，因为其资本要求小，所以高股本回报率是可实现的。资本密集型企业，在现代经济中，他们主要是银行、公用事业和资源公司，只有通过极端杠杆的作用，才能够实现高股本回报率，德意志银行就是这么做的。

资本单薄的德意志银行在得益于其负债国家担保的同时，还在回购自己的股票，以减少其资金基数。无论德意志银行财务官声称的股本回报率是多少，股东回报却是一个完全不同且更具启发意义的故事：2002

年 5 月至 2012 年 5 月（阿克曼担任该银行首席执行官期间），平均年度总回报率（美元结算，含股息再投资）大约是 −2%。对于任何公司来说，用股本回报率作为机构的盈利能力衡量指标都是不恰当的；对于银行来说，尤其如此。奇怪的是，正是那些自称具备财务和风险管理专业知识的人倡导使用股本回报率作为衡量某个机构盈利能力的指标。

银行仍然在宣扬股本回报率目标，虽然不再那么野心勃勃，但还是不切实际。最近，在讨论对银行施加更加广泛的资本需求所产生的影响时，有人提议将 15% 作为集团银行股权融资成本的衡量指标，且该提议已通过了。如果这些公司真有可能为其股东利益赚得 15% 的回报率，投资者一定会排着长队寻求这富有吸引力的回报。实际上，大多数欧洲银行和一部分美国银行根本无法从投资者那里筹集到任何资本，而且修复 2008 年以来遭受损失的银行的资产负债表所必需的新资本主要是由政府或客户提供的。与其说现代金融集团是创造巨额利润的“发动机”，还不如说它们是依靠公共补贴幸存下来的机构。

各大银行的报告冗长又晦涩难懂。没有人真正知道银行的盈利情况。扩大金融领域无法理解的复杂性是蓄意的：复杂的产品正是利润的来源；如果买方很好地理解这些产品，卖方就不可能获得那么丰厚的利润。但是，一旦监督需求超越了被赋予监督权的管理人员和监管者的能力，这种复杂性最终将会摧毁对金融机构的管理。

获得股本高回报率的关键是要保持小规模的资金基数，以获得非常高的杠杆率。德意志银行实现了这一点，其产生的影响超过历史上任何大公司。在全球金融危机爆发之时，股权在德国最大银行的负债占比不到 2%。没有人会想到：一个负债是其资本 20 倍、30 倍甚至 50 倍的交易实体居然能够保持稳定；而一个国家用于个人储蓄和信用体系的适当储备却远远没有这么稳定。没有任何其他行业会在如此薄弱的资本基础上进行经营，也没有任何金融机构会贷款给一个财务状况如此不安全的非金融机构。但德意志银行被认为是坚不可摧的，就像花旗集团和美国国际集团一样。由于有了德国政府和欧洲中央银行的支持，德意志银行的确坚不可摧。一旦政府站在你身后提供支持，即使不能盈利，你照样可以具有强大的政治和经济实力，或者完全有条件向你的高级员工提供丰厚的奖励。

政府也变成紧随前车行驶者，它们冒着风险支持可能清偿债务的金融体系，但如果它们不这么做的话，可能会带来巨额的成本。某些政府宣布他们 2008 年所采取的措施没有花费任何成本，甚至赢得了收益。美国政府的问题资产救助计划，就有了这样的说法。英国政府似乎已下定决心要以同样的方式处理相关事务，帮助苏格兰皇家银行和劳埃德银行脱离财务困境看起来似乎为纳税人赚取了小额利润。但是担保不是免费的。

贷款担保（无论是借款人的亲戚、企业创始人或政府提供）是一种典型的紧随前车行驶策略。很多时候，担保没有发生，结果会产生小额收益而没有明显的成本。然而，有时担保发生效力，成本可能会很高昂。爱尔兰政府愚蠢地做出明确承诺，表示将垫付事实上破产银行的债务（就盎格鲁爱尔兰银行而言，绝无清偿能力）：这种操作的成本将给爱尔兰经济造成 10 多年的负担。然而，爱尔兰并不是我们能想象到的最糟糕情况：爱尔兰的银行规模都不大，它们的损失大体上归因于爱尔兰自身内部的不良贷款。因此，这项救助计划本质上是在爱尔兰内部（从爱尔兰纳税人向投机者、在这个国家房地产泡沫中投机取巧的爱尔兰老百姓）进行资本的重新分配，如此一来，免除了爱尔兰银行外国放款人的潜在损失。

如果苏格兰是一个独立国家，对那两家倒闭银行做出类似承诺将是灾难性的，因为苏格兰银行和苏格兰皇家银行的负债超过了这个国家国民收入的 10 倍。甚至对英国来说，英国政府明确承诺要支持的巴克莱银行、劳埃德银行和苏格兰皇家银行任何一家的未偿还债务都远超英国政府自身的总债务。

欧洲央行对欧元区金融体系负债的支持是有史以来最大的鞅策略。市场的每一次官方干预都遇到了反弹，几个月后，欧洲机构带着更大规模的干预返回市场。最终，2012 年，新任命的欧洲央行行长马里奥·德拉吉承诺“不惜一切代价”，他的银行将坚守岗位，直到成功脱困。也许这会成真。

为了评估银行部门所获得的纳税人提供的隐性或显性承保的公共补贴的规模，进行了各种尝试。有两个类似的方法。一个是询问如果没有国家支持，银行的借贷成本会增加多少？第二个是利用信用违约互换市场评估他们私下购买公开提供的保险需要多少费用。（当然，没有一个如此规模的可靠市场。）

英国银行业独立委员会测算，实施零售银行业务和其他银行业务隔离的建议，每年的费用在 40 亿到 70 亿英镑。英格兰银行的安德鲁·霍尔丹对整个国际银行业进行了更具猜测性的评估，在全球金融危机之前的 2007 年，他测算的总金额为 370 亿美元；在全球金融危机之后的 2009 年，金额为 2500 亿美元。国际货币基金组织对 2011—2012 财年进行了类似的计算，得出的金额范围为 1500 亿至 5000 亿美元（后一个数字很大程度上与欧元区有关）。

无论是按绝对价值计算还是相对价值计算，银行报告的利润所反映的补贴规模都非常大。但是，陷于细节讨论是徒劳无益的。实际上，对公众而言，支持金融业的成本很可能比那些数字要少得多，但也可能会多得多。这种可能结果的广泛分散性正是紧随前车行驶的本质使然。

更重要的一点，如果银行必须为“大到不能倒”信条所提供的保险支付费用，那么，它们私下从事的交易活动或许不会发生，或至少不会达到当前的规模。这些机构大部分（也许全部）盈利能力取决于放款人（包括其他金融机构本身），即使缺少公众支持，他们甘冒风险提供资金。

在哈利法克斯公司的董事会会议室里，没有人怀疑，那个提案的本质是在一个充斥着信誉不佳的个人和机构的市场中，利用常规吸储和抵押贷款建立的强大资产负债表进行竞争。当时没有人能想象到，我们在第六章将看到，这些交易活动的规模完全掩盖了核心业务。“如果某件事情看起来太美好而显得不真实，它的确就是不真实的。”投资者的这一准则，同样适用于金融业的盈利能力。

PART II: THE FUNCTIONS OF FINANCE

金融的功能

第二部分

第一部分描述了现代金融体系的作用及其对非金融经济带来什么样的后果，以及金融化改革对现代金融体系产生了哪些影响。第二部分将关注现代金融体系的基本功能。经济需要金融促进支付，金融为个人储蓄构建新的投资渠道，金融使得每个家庭都能终生有效管理自己的财务并将其财富代代相传。接下来的几章将阐述怎样以及如何很好地实现寻找新的机遇及管理现有机遇等核心目标。第五章将研究资本主义经济的核心机制：将家庭财富转化为生产性资产。第六章和第七章将讨论如何看待促进这一过程的两个主要机制：存款渠道和投资渠道。

第五章

资本配置

实物资产

商品的价格或货币形式，同商品的所有价值形式一样，是一种与商品的可以捉摸的实证的物体形式不同的形式。

——卡尔·马克思，《资本论》（1867）第一卷第三章

2009 年，在接受《星期日泰晤士报》一次欠思考的采访时，高盛集团总裁劳埃德·布莱克费恩声称他的公司从事的是“上帝的工作”。“上帝”的目的是“帮助公司筹集资金，从而帮助它们发展。公司的发展能创造现金。相应地，这将为人们提供更多的就业机会，从而创造更多的成长和更多的财富。这是一个良性循环”。如果有人询问在华尔街或伦敦金融城行政办公室工作的员工们：“金融对实体经济做出了哪些贡献？”他们给出的回答将和劳埃德·布莱克费恩的上述言论完全一致。金融业筹集并分配资本。

金融市场的主要功能是引导储户把他们的存款投入各企业、房地产开发公司和政府部门。后者利用这些存款建造、持有和经营房屋、商店、办公室、仓库和工厂，购买厂房和设备，建设国家的基础设施和民用工程，修建道路和桥梁，架设电缆和电话线，修建管道和下水道等。或者说，应该如此。

每一代人都会从上一辈人那里继承一笔财产。每一代人都会使用这笔财产，却眼睁睁看着它贬值。每一代人都希望扩大这笔财富，把更大的一笔资本存量传给下一代。有效的金融体系有助于企业、居民和政府实现以上目标，使其有能力给一代留下一个比现在更加美好的国家。或者说，应该如此。

我把金融体系的两大关键功能描述为“寻找”和“管理”。寻找指寻找新的投资机遇；管理指管理好创造出来的长期资产。本章主要关注金融体系的寻找功能。第七章重点阐述金融体系的另一主要功能：管理。资本配置中寻找和管理的区别已得到商业地产界的广泛认同。房地产开发商寻找地皮、翻建和重建房屋的机遇；投资者持有地产作为长期投资，而且他们具有不同的技能和专业知识，还经常拥有不同的公司结构。当然，一些公司同时履行开发和投资的作用，这两种功能之间从来不存在截然不同的界线，但一分为二更为人们所熟知，也更有用。

如果我们意识里带着这种区别去看现今的金融界，许多该领域的从业人员似乎并没有真正从事寻找或管理工作。本章的核心悖论在于马克思描述的实物资产本身以及代表它们的证券之间的区别在日益强化。金融化把越来越多的资源转移到被描述为资本配置的过程之中。但专业技能大抵不再用于寻找和推广新的有形投资，或管理、利用和配置现有资产，如建造新的房屋，建设和维护基础设施，帮助企业发展和有机增长等。金融化已经延伸至现有住房、基础设施和企业等相关的债券买卖。关于家庭对住房的要求、使日常商业和社会生活成为可能的公用设施、新老企业的竞争优势和企业战略，和他们的前辈比起来，新一代金融家对以上问题知之甚少。他们生活在一个自我指涉的世界，在此，他们相互谈判、交易。

要了解资本市场的作用，首先必须了解资本本身的性质。如果想衡量一个国家的资产价值，有两种方法：你可以看资产本身的价值——借用马克思 19 世纪提出的术语来说，即可以捉摸的实证的物体形式；或者你可以查看代表这些资产的债券价值——“商品的价格或货币形式”。

为了对资产本身进行评估，你必须周游全国，穿过大街小巷，挖开路面查看深埋地底下的管道、电缆，参观大大小小的办公室、商店、工厂，穿越公路、铁路。在每一个阶段，你必须估计每一处你发现的资产价值。首先估算可见的资产，如房屋、仓库货架上的货、电线等。你也要估算很多其他的资产：那些贵重甚至可交易但难以触摸或感觉的资产，如版权，部分无线电频谱，穿过某人土地、排放烟雾、抽水的授权等。有些资产，如软件，介乎有形资产和无形资产之间。许多商品和服务是非物质化的。拥有知识和拥有实物资产同等重要。如今，这些无形资产的重要性远远超过马克思的想象，同时有着广泛的影响。

资本的概念不应该，至少目前不应该过度延展。经济学家经常谈及人力资本这一源于教育和培训的概念。人力资本虽然不能交易但明显是有价值的。有人使用“社会资本”描述信任和社会纽带的价值。众多评论家认为有必要用金融语言描述其他与金融世界相距甚远的社会机构，这或许是金融化带来的一个小小的副作用。但与金融市场相关的实物资产是指那些能或者至少可以被买入或卖出的有形或无形的东西。

衡量资产另一种截然不同的方法是评估家庭财富，用马克思的语言来说，即检查商品的价格或货币形式，而非商品实在的物体形式。要估算商品的价格（或货币形式），你必须挨家挨户敲开人家的房门，询问他们的财富情况，再把他们的财富累加起来。受访者可能告诉你关于他们的房产、他们的抵押贷款和其他债务、他们持有的证券、他们钱包和银行账户的存款等情况。他们可能很看重养老金预期，也可能不看重。

图 4：各国实物资产组成图（截至 2012 年年底，当地货币单位：万亿）

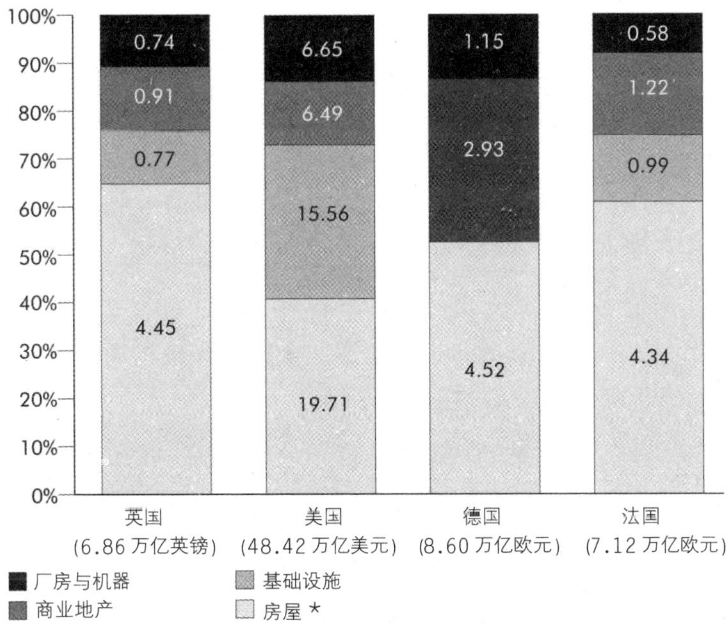

* 法国和德国仅指房屋建筑（不包括所占土地）。

* 德国的商业地产和基础设施合在一起。

来源：经济合作与发展组织，美国联邦储备委员会（美国房地产）。

发达国家的统计局进行着两项工作：实物资产的评估和家庭财富的衡量。当然，他们采纳的评估方法和上述方法有着很大的不同。两种评估程序都存在一定的主观性和随意性。因此，资本和财富的衡量结果缺乏精确性。

一个国家的实物资产大多是房屋。如图 4 所示，居民住房约占英国和法国资本存量价值的 60%，约占德国资本存量价值的 50%，约占美国实物资产的 40%。收支平衡由商业地产、基础设施和企业资产补足，两者大致等量。

由于房地产比其他资产的寿命更长，因此这三大类资产中，新投资的组成比资本存量本身更加均衡（见图 5）。每一年的投资模式都发生着巨大的变化，这既反映了房地产业的繁荣、萧条，也反映了公共支出和企业信心的起起落落。

国家的实物资产主要由家庭财富提供。还可能有其他来源吗？金融市场的复杂性，有时会掩盖所有资本都来源于个人储蓄这个中心点。人们在谈论"新的资金来源"时，他们的意思是引导现有资金资源寻找新的投资途径；他们混淆了资金的融通渠道和资金的来源。本章接下来将描述为了建设国家的实物资产，如何进行资本配置。第六章和第七章将介绍两大渠道——储存渠道和投资渠道，金融中介机构通过这两大渠道引导居民财富为建设国家的实物资产服务。

图 5：1990—2010 年英国按资产类别的投资

（按 2010 年价格；单位：十亿英镑）

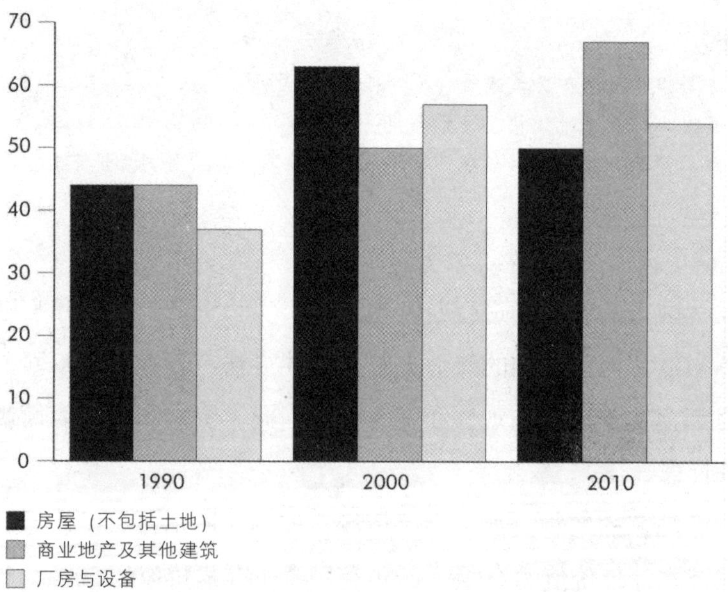

* 固定资本形成总额

来源：英国国家统计办公室。

住房问题

我知道你们会理解我在追寻伟人脚步时所感受的谦卑……他们为我们设定了财产所有的民主目标——我们今天仍然在为之奋斗。

——玛格丽特·撒切尔，作为党魁首次在保守党会议上致辞，1975 年布莱克浦

资助居民购买住房是现代经济资本配置机制中最重要的元素。在金融化时代到来之前，华尔街和伦敦金融城等大型金融中心在住房资助中并没有发挥多大的作用。20 世纪 80 年代，情况发生改变，却引发了灾难性的后果。住房资金配置不当是导致全球金融危机的核心因素。房屋抵押贷款的确曾 度越来越便宜，然后又越来越昂贵。许多轻率涉足住房市场的个人陷入困境或丧失了房屋赎回权。每一家大型银行都蒙受了重大损失，一些专门从事住房融资的银行（如华盛顿互惠银行）纷纷倒闭。主导美国住房融资的两家半官方机构房利美和房地美也倒闭了。一个世纪以来，存量房中业主自住的份额首次出现了下降。

20 世纪之初，大多数家庭——不只是低收入家庭——选择租借他人的房屋。“房东”一直不是一个受欢迎的行业。长久以来的租金管制以及限制业主权利并扩大其义务的法规，减少了住房投资的经济、政治吸引力，但税收方面的优惠政策却使得业主自住成为一种颇具诱惑力的储蓄手段，而且业主往往是更好的住户，因此到 21 世纪业主自住已成为一种常态。

如今大多数住户都是房主。首次购房者安排的抵押贷款率很高，通常为 60%—100%。这是一种高杠杆交易。如果房价上涨，债务在总价中所占的比例就减少，债权人权益（房产的价值和债务之间的差额）也随之增加。在英、法两国，大部分住房存量的价值（三分之二）都属于债权人权益。在这些国家，住房权益的积累是居民储蓄的主要方式。在其他国家，比如美国，抵押贷款利息可能因为税收的缘故而从收入中扣除。也许正因

为如此，相对于他们的财产价值以及更多的金融资产——股票、基金、保险和养老金而言，这些国家的居民往往持有较大的抵押贷款。在美国，次级抵押贷款的过度繁荣是造成该国非常高的债务价值比率的原因之一。

德国的情况有所不同。大多数家庭租住他人的房屋，而非拥有自己的房产。投资机构，往往是各大保险公司，持有相当大比例的住房存量。这种机构所有权曾经在其他国家非常普遍。随着业主自住比例的增长，如今，公共和准公共出租机构掌控着私人租房领域，这些机构为低收入家庭提供社会住房。少数个人房东将其长期储蓄投入一份房产或小规模的房产组合中。

贯穿整个20世纪，房产业主的队伍日益庞大，一些专业机构，如美国的储蓄银行、英国的房屋互助协会以及德国的建房储蓄银行等，通过提供住房抵押贷款得到了迅速发展。但英、美两国的金融化使得其成功运行了几十年的机制不再适用于新的形势。基于一般原则，而不是关于管制后果的具体经验教训，引发了一系列的解除管制措施。野心勃勃的金融家将创新技术和富有想象力的机构带入了他们所知甚少的领域。曾经供职于住房金融机构的精干的经理把他们自己想象成了伟大的国际金融家。在金融化时代，正如弗雷德·古德温、桑迪·威尔、罗伯特·甘皮奥及杰夫·斯基林等人所诠释的那样，痴心妄想和贪得无厌几乎发挥了同样的的作用。一小撮骗子使得美国的储蓄和贷款管制被取消。住房金融体系没有被打破，但一旦我们把其固定下来，这个体系就不复存在了。

住房融资采纳的新方法，如旧方法一样，很大程度上依赖于当地的代理人，但这些代理人是销售员，而不是信贷员。他们经常与借款人勾结，利用一套中央处理系统。该系统的操作者设计了一系列巧妙的系统结构，但他们对支撑他们从事的工作基本面却知之甚少。以住房抵押贷款为支撑的证券市场的发展不但没有加强人们对房地产市场的了解，反而导致了该市场的浪费。当一些新的机构进入这个行业时，美国储蓄银行和英国房屋互助协会不复存在了。就像美国的次贷部门一样，这些新建机构从本质上来讲都是抵押贷款出售公司，而非专业的贷款公司。矛盾的是，虽然转向住房市场金融中介的资源在增加，但从业人员的住房专业知识却在减少。

1980 年，政府解除了对储蓄行业的管制。借款人支付的押贷款利率是固定的，这是当时美国抵押贷款市场的结构，因此保罗·沃尔克治下的美联储突然发起利率上调时，美国储蓄银行遭受了重创。解除管制的初衷是希望储蓄银行能够通过赚取更多利润寻找解决其财政困难的途径。真实情况却截然相反。改革后，储蓄银行立即开展了广泛的多样化经营，但不久都普遍遭遇了失败。美国资产重组信托公司成立于 1989 年，旨在对破产的储蓄银行进行清理。由联邦政府资助的一揽子救援措施是全球金融危机爆发之前最为昂贵的金融救市。

老牌银行及新兴的专业借贷机构共同弥补了储蓄银行崩溃留下的部分缺口。截至 2006 年，由咄咄逼人、人脉广泛的首席执行官安吉罗·莫兹罗领导的美国国家金融服务公司是其中规模最大且最臭名昭著的新兴专业借贷机构，其份额占到美国所有抵押贷款的 20%。同样地，北岩银行占到 2007 年英国新增抵押贷款融资的 19%。2008 年 7 月，美国国家金融服务公司被美国银行收购，这是最糟糕的企业并购之一。

在英国，《1986 年房屋互助协会法案》解除了大多数对房屋互助协会活动的限制，允许房屋互助协会向多样化方向发展，并推进这些协会向能够在股票交易所上市的有限公司转变。到全球金融危机爆发时，除了一家协会外，其他主要房屋互助协会都纷纷倒闭或被并入一家超级金融集团。荒谬的是，唯一的例外——英国全国银行之所以能够幸存下来，只是因为其在 20 世纪 90 年代实力太弱，不足以在金融世界引起更为广泛的关注。

金融创新伴随着解除管制和新兴产业结构而来。储蓄银行、房屋互助协会以及其他类似的机构匹配存款和贷款，只不过有些机构善于筹集存款，而其他一些机构更善于出售抵押贷款。批发市场弥补了两者之间的差异，但抵押贷款的证券化创造了新的机遇。

从 1987 年以来，《巴塞尔协议》使证券化得以快速发展。抵押贷款被组合成债券，且有评级机构对其进行分级评估，从而得到了有效处理，比基础抵押贷款的风险性更低。抵押贷款可以进一步分档或重新捆绑成更复杂的组合，评估机构亦对这些组合进行分级评估。证券化、组合和重组、分档和重新分档的速率变得越来越疯狂。抵押担保证券的需求达到这样一种程度：在美国，按销售额提成的销售员竭尽全力向每一个可能在申请表上签名的人推销抵押贷款。

全球金融危机的修正主义解释论认为，抵押贷款证券的过度化是美国政府为了扩大房屋所有权而采取的一揽子措施所导致的结果。这种解释有一定的道理，但不完全正确。业主自住急剧扩张时，几乎不存在次级抵押贷款交易，因为在借款人还清贷款前，放款人保留了抵押权，并对房产进行担保。在美国，从租借他人房屋居住到业主自住的转型大约在 20 世纪 60 年代前完成。在英国，到 20 世纪 80 年代，业主自住率超过了60%，这是撒切尔政府把大部分社会存量住房出售给承租人的成果。

世界各地的经验表明，70% 可能是业主自住合理比例的自然极限；一旦超过这一极限，人们就会被吸引到住房市场，而这样的住房市场财务状况或财务能力可能太不稳定，不足以支撑人们履行相关的义务。由于人们对抵押担保证券似乎贪得无厌的需求，放款人降低了评估标准，因此美国的业主自住比例向着极限推进，有时甚至超出了极限。

尽管抵押贷款销售机构（如美国国家金融服务公司和英国北岩银行等）非常努力，但低质量的抵押贷款数量仍然不足以满足那些想进行抵押担保证券交易的人的需求，从而导致了“合成抵押支持证券”市场的发展。这些证券就是基于他人已购买或售出的抵押贷款包价值的赌博。

一些个人从中赚了大钱。最先出售住房抵押担保证券的卢 · 拉涅里，以及利用信用违约互换押注这些注定会失败的工具的约翰 · 保尔森，都成了亿万富翁。美国国家金融服务公司的首席执行官安吉罗 · 莫兹罗——世界上最失败的抵押贷款放款人，以及房利美的首席执行官富兰克林 · 雷恩斯——世界上最失败的抵押贷款承保人，付出的努力得到了数以百万计美元的回报。诸如李·法卡斯这样的“财务顾问”、那些兜售各种级别的抵押担保证券推销员、手中握着复杂证券化产品批准章的评级机构等，也捞取了不少钱财。李·法卡斯将在本书第十章再次出现。此人教唆那些贫困的借款人借贷了他们永远无法偿还的抵押贷款。瞧，最终损失的主要是别人的钱！ 2007 年至 2008 年，显而易见的是：即使把最高级别那部分抵押贷款售卖给无法偿还抵押贷款的人以及他们的房子难以出售的人也极有可能血本无归。

这个崩塌的故事在许多地方都有过详细的讲述。莫兹罗支付 6750 万美元以解决美国证券交易委员会对他的公开指控。和紧随前车行驶者的认知失调一样，他辩称，鉴于在借款人无法偿还抵押贷款之前，公司的报告表明公司从出售抵押贷款中收益颇丰，那么他作为美国国家金融服务公司的首席执行官理应为其对公司做出的贡献获得更大数额的报酬。我会离开，你也会离开。

随着储蓄银行的衰落，银行审查员承担了以前由储蓄银行监理局扮演的角色（这种著名的无能监管依然存在，而且信用违约互换发行人美国国际集团金融产品部，发现该局温柔的监督给他们留下可操作的漏洞）。如果有什么不同的话，当英、美两国的抵押贷款借贷重点转移到银行时，监管力度加强了，监管机构比那些二三十年前的监管机构更加强大。如果支持住房贷款的股权资本不足，这是因为该行业的重组导致股份化横财和不明智的多元化浪费了大量资本。

住房金融危机的根本原因在于住房金融部门结构的变化。中介链的延长、二级市场活动的增长，并没有提高资本配置的效率。资本配置情况反而更加糟糕。放款人和借款人之间的纽带弱化了，从而导致低质量的承保和对拖欠抵押贷款的管理不善。放款人损失了金钱，借款人失去了家园。对放款人的资本要求设置不善促进了证券化和表外业务。监管机构把监督义务给予了评级机构，但这些机构没有监督的能力，也缺乏进行有效监督的动力。

美国住房市场的“故事”充分说明了全球金融系统出现了问题，也说明了如何才能纠正这些问题。出现问题的原因有两个：一是金融创新引起的行业结构性变化（特别是证券化），二是金融机构取消了对多元化的限制。采取这些措施的初衷是善意的，但在实践中被证明是有害的。从事房地产行业的个人以及公司的动机发生了变化，这些变化使得问题更加严重。这些动机促进了交易量的增长，却不利于建立良好的长期商业合作关系。

评判任何一种住房金融体系的成功或失败的标准是，我们是否拥有我们需要的住房；住房是否建在人们需要的地方；房屋是否满足住在里面的人的需求。要回答“我们是否被供给了住房”这个问题，需要一本书的篇幅来进行讨论，这不是本书要解决的问题。

然而，“我们有住房了吗”并不是一个大多数现在从事住房金融工作的人会想到的问题，这才是本书探讨的内容。一些相关人士，如莫兹罗，甚至在他们为自己建造豪宅时也在口头上声称他们在为全国人民提供住房。但是大多数住房抵押担保证券交易的从业人员对住房行业知之甚少，也对此没有丝毫兴趣。他们唯一能预感到的是房价一直呈走高的趋势。当住房金融属于美国储蓄银行、英国住房互助会以及德国建房储蓄银行等机构的职责范围时，这些机构的经营者知道他们的任务是帮助满足他们为之服务的社区居民的住房需求。在其他资本配置领域中，资本配置的焦点从中介目的转移至中介过程的倾向十分明显。

房地产和基础设施

“萨默斯国务卿，您的演讲非常精彩，我表示完全赞同。只有一件事我想请教一下：如果油漆从教室的墙上剥落，学生们如何相信您？……因为任何一家银行的油漆都不会剥落。”

——一位匿名老师与拉里·萨默斯的交谈，2014 年 4 月 14 日《赫芬顿邮报》报道

商铺、写字楼和仓库是商业（投资）房地产的主要形式。其他非住

房建筑物包括工厂、学校和医院。大多数商业房地产属于私人持有或占用，但政府占用了相当大的办公空间，公共机构在健康和教育中发挥了很大的作用。基础设施包括公路和桥梁，机场和铁路线，管道和下水道、电话线、电力电缆等。一直以来，大部分基础设施归属于政府，由政府直接管理。但现在很大一部分基础设施属于私人“拥有”，虽然这种“所有权”本质上是一张按照监管机构制定的条款经营基础设施的许可证。

房地产和基础设施是长期资产，能够在一段较长的时间内为投资者提供相对可预测的、稳定的回报。企业必须经受竞争压力，科技的飞速变革可能会给企业带来许多困扰，也有可能使之受益。企业的权益具有一定的风险性，他们贷出去的款项可能无法得到偿还。但商店和办公室、工厂和仓库、桥梁和下水道、学校和医院，总是存在的，是必不可少的。人口会转移，购物区域会走入时尚，也会走出时尚，新技术改变了办公空间的设计。不过，以上变化主要是循序渐进发生的。

这两大类资产都受益于特定的、相关的专业知识。许多房地产经纪人既知道如何管理房产，也知道如何向投资者提供获取财务回报的建设性意见。建筑师、测量师和建筑商具有丰富的建筑经验。基础设施更具特殊性，但顾问们具有管理世界各地项目的能力，而且许多工程师都非常了解如何开发和使用基础设施资产。

房地产和基础设施是居民的长期储蓄，特别是退休金的“自然家园”。在金融化之前，基础设施主要通过这种方式获得资金，保险公司认购政府债券，并代表长期储蓄者购买养老金。一些商业房地产曾经，现在仍然由这些机构通过建筑物的直接所有权获得资金。但金融化改变了这些结构，使其变得更加复杂。机构投资者投入的直接投资在整体意义上有所下降，许多公用事业的私有化、各种公私合作方式的采纳，基本上改变了基础设施的融资过程。

利用杠杆能够改变相对稳定的房地产收益模式，将投资收益的总体收益率分解为债务和权益两个部分。这种利用杠杆的方式一直是融资性房地产开发和购买的常用手段。由于房地产债券借贷蒙受重大损失的概率不大，而且作为回报的收益率更高，这是一种经典的紧随前车行驶结构。由于房地产借贷在景气时期似乎给投资者提供了增强型回报，且没有明显的损失风险，因此每当经济增长速度加快、房价上涨时，竞争激烈的模仿就纷纷出现了。银行和其他放款人看到他们的竞争对手“偷取”了巨额金钱，赚取了高额利润，于是降低了放款标准。按照传统观点，房地产一直会增值的，而且事实上从长远来看，这种观点往往是正确的。但在金融领域，时间跨度缩短了：我会离开，你也会离开。

杠杆房地产交易的股权成分具有很高的波动性。上行的幅度也许很大。下行限于股权投资损失，其他的损失则由债权人承担。经济环境良好时，几乎每个利用高杠杆股权在房地产市场赌博的人都赚了钱，而且像所有的赌徒一样，他们认为自己的成功证明了他们技能高超。在全球金融危机爆发前夕，很多人说服自己相信：他们能从房价上涨中赚取收益充分证明了他们具有良好的经济头脑。亚马逊书店列出了大量关于“如何利用房价上涨发财致富”的书目。即使在危机已然爆发并导致严重后果之后，一些这样的书籍仍然在印刷出版。

投机性房地产创造了巨额的财富，也造成了巨大的损失。2008 年，在《星期日泰晤士报》的“富豪榜”上，肖恩 · 奎恩被列为爱尔兰最富有的人，名列“世界最富 200 人”榜首，其拥有的财产高达 40 亿欧元。然而，2011 年他却宣布破产了。房地产股权投资者，以及为他们提供贷款的机构，是赢者诅咒的潜在受害者。房地产是非系统的，购入商铺或办公室大楼的股权投资者击败了其他同样消息灵通的投资者。为购买融资的金融机构同样削弱了其他贷方为交易融资的特权。对于曾借贷给奎恩近 30 亿欧元的盎格鲁爱尔兰银行而言，赢者诅咒的确成了诅咒。银行的首席执行官肖恩 · 菲茨帕特里克“轻轻松松”超越了弗雷德 · 古德温，成为全世界最失败的银行家。爱尔兰政府拥有的爱尔兰银行现在正在经历着清盘。

商业房地产的价值是相互关联的，与经济条件和许多其他资产的价值有着紧密联系。其盛衰的可能性是显而易见的，而且这种可能性每隔一段时间就会变成现实。适度规模的应用杠杆过程可以使投资者汇集并分散商业地产投资中固有的中度风险。现实情况是，把房地产风险打包使得商业房地产成为巨大的、经常性的经济不稳定根源。

大多数基础设施都是由政府或其机构建立的。也有例外：铁路、美国的电话网络，甚至一些地铁线路都是由私人公司建造和运营的。由于历年来的政治干预、缺乏盈利性、绩效不足、战时破坏等，到 1950 年，大部分私人投资的基础设施转化成了公有制。用于公共基础设施建设的资金是政府总借款的一部分，尽管国有企业和其他代理机构有时能够用自己的账户借款。这种借款往往由政府提供明确的担保，甚至即使不是由政府担保，也会被认定为政府担保。

1979 年玛格丽特 · 撒切尔执掌英国政府后，通过采纳出售国有企业、外包公共服务、建立政府和社会资本合作模式、利用私人融资计划为基础设施投资融资等措施，对政府控制的基础设施进行了重组。英国率先进行这些改革，随后其他国家纷纷效仿。当一大批英国律师、会计师和其他顾问为其他国家提供各种建议时，这些复杂的金融交易专业技能成为英国的一个出口行业。

无论过去还是现在，这些私有化措施的背后都有着各种各样混乱不堪的动机。虽然一些国家（比如法国）在这方面做得比其他国家（比如英国）更好，一般来说，国有企业往往管理不善。私有化，或许更重要的是新机制的创建，使原来的国有行业如航空公司、电力公司等既大幅提高了效率又节约了大笔开支。在这样的机制中，企业获得了更多的经营管理自主权，日常事务的政治干预也大为减少。私有化和外包削弱了公共部门工会的影响。这些部门经常享受着丰厚的薪酬，具有良好的工作条件，人员配备也很强，因而阻碍了工作实践中的发展意愿。在某些行业，私有化已跟上了更具竞争力的市场结构的步伐。

管理大型基础设施工程的公共部门往往工作效率低，大幅超支，且逾期严重。以波士顿“大挖掘”（波士顿中部93号州际公路5.6公里的隧道）为例，该项目原计划耗资28亿美元，在7年内完工。但实际耗费为146亿美元，耗时15年才完工。英格兰东北部的哈特尔普尔核电站从1968年建造，1983年才开始（有限的）商业运营，要达到其额定功率还需要10年。新苏格兰议会大厦的建造最终花费了4.14亿英镑，而其最初的预算是4000万英镑。然而重大项目管理不善的状况并不局限于公共部门：英吉利海峡隧道的造价是其规划额的2倍。

公共基础设施管理急需改善，然而这种需求却和越来越复杂的融资机制结合在一起。消除公共部门资产负债表的债务从一开始就是私有化的目标之一。英国政府1984年出售了英国电信公司51%的股份，其原因就是希望推进一项大规模的数字交换容量的投资项目，同时能把报表上的公共借款的额度控制在政府目标范围之内。

会计操纵是在铤而走险。表外融资是安然公司欺诈事件的中心环节。为了便于进入欧元区，高盛操纵了一笔复杂交易，帮助希腊政府掩盖其日益增长的债务和赤字问题。银行采用的主要手段就是所谓的“结构性投资工具”，借助这些工具，2008年前那几年，各银行隐瞒了它们的风险敞口规模。

议会广场一角的那栋丑陋不堪的标志性建筑是英国财政部所在之处，是向一家私人公司财政部合伙公司租借的。这是一家高杠杆公司，不从事其他经营活动。该“特殊目的机构”隶属于一个财团，由博维斯（建筑公司）、斯坦诺普及柴尔斯菲尔德（房地产公司）、切斯特顿（房地产经纪人）和汉布罗斯银行共同创建。这笔钱是在一场“资金竞争”中借贷的，与政府的借贷年利率相比，其溢价高出1.63%。这一切是为了什么？

这种做法会产生潜在的效率收益：通过竞争挑选的私人企业很可能对翻新工程提供更有效的项目管理，也可能在大楼投入使用后提高对基础设施的管理。但是英国政府能够比任何私营部门借款人更容易、更优惠地以更低的利率借款。在一份合同中，没有要求对方必须把施工、基础设施及融资结合在一起（和“财政部合伙公司”签订的合同以及绝大部分类似的交易都是如此），也没有列出这种做法会带来的诸多弊端。特别是，巨额成本迫使政府不得不进行长远安排，而安排的详细内容又是预先设定的，往往是无效的。未来必然会出现某些变化，而且很难预料会发生什么样的变化，到那时再修改合同将付出昂贵的代价。

在对伦敦地铁系统进行现代化改建的项目中，公私合作关系的复杂性和灵活性达到了近乎荒谬的程度。与各承包商进行的谈判产生了长达数千页的文件，支付给律师和顾问的费用高达数百万英镑。据说合同按照地铁司机的要求规定其上厕所时间的长短。可以预见的是，当两家主要公司中之一的 Metronet 因为合同变更引起的付款分歧而倒闭时，这些安排很快就泡汤了。Metronet 之所以能够四处借款，是因为有一家美国债券保险公司为其借款做了担保，前提是每笔款项的 95% 均由当地交通运输管理局（伦敦交通局）支付。可见，英国政府一直是真正的借款人。这一切都是为了什么？

这些融资机制目的之一是掩盖公共部门的债务水平。我们不清楚的是，想要蒙蔽谁呢？也许是政治对手吧，但是，所有的政府部门一直在耍这种花招。如此容易看穿的鬼把戏能蒙蔽所有的债券交易员和评级机构吗？也许吧。或者这么做的目的是使政客和官员能够自欺欺人罢了。

在任何情况下，因为这样的安排，全世界的纳税人付出的净成本可能会高达数十亿美元。平心而论，绝大部分多付的钱用于提高我们的养老金及其他长期储蓄的回报率。但私营金融业从中刮取了很大一部分金钱。为政府及其机构筹集长期融资本来是一个极为简单的问题，但私营金融业的兴趣在于继续将其复杂化。

纵观近期的公共基础设施发展史，有必要尝试掌握更多的规划和管理大型项目方面的专业技能。因为财务、法律及会计利益驱使，这些项目的财务安排变得越来越复杂，而这种复杂性是完全没有必要的。和以前相比，英国、法国、德国和美国等国家目前可以获得更便宜的贷款。

这些市场条件给我们提供了前所未有的机会，我们应该重新粉刷学校和银行墙上的油漆了，也应该更加广泛地更新摇摇欲坠的公共基础设施。这种情况在英、美两国尤为明显。然而，两国政府并没有按照非常有利的条款进行借贷，反而正在积极回购长期债务，并以紧缩的名义削减资本开支。公共财政依靠昂贵的短期资产负债表外融资支撑着。我将在第九章进一步阐述这个不利局面。

为什么大公司不需要资金时也会借钱

银行是一个可以借钱给你的地方，但你要证明你不需要这笔钱。

——鲍勃·霍普

劳埃德·布莱克费恩解释说，他公司所从事的工作是“帮助公司筹集资金，从而帮助它们发展”。这种说法有两个错误。事实上，“帮助公司筹集资金，从而帮助它们发展”并不是高盛公司的重要业务。在过去 5 年，通过承保和发行新债务和股权为企业募集资金的合计占比不足公司净营收的 10%。高盛公司的利润主要来源于股票二级市场交易以及固定收益、汇率和大宗商品交易。

另一个错误在于，认为那些作为高盛典型客户的公司是通过提高外部资本增长的。虽然各大公司利用伦敦和纽约证券交易所等资本市场募集资金，企图以此扩大自己的业务，但是多年以来，这种想法没能变成现实。

埃克森美孚公司一直是美国盈利最多的公司，也是最大的私人投资公司。为了开发新能源，把石油产品推向市场，公司每年必须在勘探开发和基础设施建设中投入巨额资金。2013 年埃克森美孚公司投资了 200 亿美元。这一数字本身是美国所有公司总投资的重要组成部分。埃克森美孚公司从其内部资源筹集到了所有资金。2013 年，埃克森美孚公司斥资 160 亿美元回购自己的股票，而且向公司的股东支付了 110 亿美元的股息。该公司的短期和长期债务水平实际上几乎没有变化。公司根本没有筹集到新的净资本。

2013 年也不例外。在 2013 年前的 5 年，包括 2013 年，该公司的经营活动产生近 2500 亿美元的现金，大约相当于公司投资的 2 倍。埃克森美孚公司也没有在这 5 年筹集到任何新的资本。相反，公司花了 1000 亿美元回购其此前发布的证券。

石油勘探、生产和销售是资本密集型活动。许多现代公司只需要很少的资本。苹果公司的股票市值，即公司股票的总市值，超过 7000 亿美元。虽然该公司拥有大量的现金余额，目前约为 1500 亿美元，但它几乎没有其他有形资产。公司的制造采用外包模式。苹果公司投入 50 亿美元的预算成本正在库比蒂诺建造新总部大楼，这将是公司的主要实物资产。苹果公司目前占用该镇多种房地产，其中一些为公司所有，其他的为租借。伦敦摄政街的苹果英国旗舰店由女王和挪威主权财富基金共同持有。因此，苹果公司经营性资产仅占公司业务估值的 3% 左右。

苹果股票于 1980 年在纳斯达克上市，当时公司从投资者募集了 1 亿美元。甚至在那时，公司发行股票的目的也不是为了获得资金以发展业务。与大多数科技公司上市一样，苹果公司把公司推向市场的原因是想给公司的早期投资者和员工一个实现其价值的机会。苹果公司的 40 人一天之内成了（股票形式的）百万富翁，史蒂夫 · 乔布斯的财富估计超过 2 亿美元。曾给乔布斯和他的搭档史蒂夫 · 沃兹尼亚克投资 80000 美元，帮助他们开始生产计算机的迈克 · 马库拉同样一夜暴富。股票市场绝不是一种把钱投入公司的方法，而是一种把钱从公司套取出来的手段。

对于像马库拉这样的早期投资者来说，给他们提供一个实现投资回报的机会是极其重要的。使其所持股票能够具有一定的价值对于乔布斯及其同事和接班人来说是一种激励。一旦一家企业成熟起来，长期机构投资者将花钱购买公司赢得的利润流份额。因为有了这种机会，马库拉这样的天使投资者以及乔布斯这样的企业家才能够把他们付出的努力货币化。这种实现投资回报的机会有着非常重要的经济功能。但是股票市场的最初发展并不是为了实现这一功能，而且要实现这些功能所需要的交易量不大。

首批在现代市场上市的公司是铁路公司及啤酒厂这样的的企业，这些企业要完成每个特定的项目都需要大量资本。修建一条铁路的造价高昂，而且一旦完工，只能用于运行火车。啤酒厂则只能酿造啤酒，没有任何其他用途。早期的公用事业和制造业公司以积少成多的方式从个体户手中筹集了大量的资金。

无论商业界还是金融界，都和以前不一样了。如今，大多数营业场所都是有着多种用途的写字楼、商铺或仓库。在这些大楼里从事经营活动的公司不需要、通常也没有对大楼的所有权。正如苹果公司一样，对这些企业来说，最重要的资产在很大程度上是无形的：公司的品牌和声誉，为其工作的人的技能和能力。如果要扩大规模，铁路公司、汽车制造商和啤酒厂需要额外的资金建设新厂，而如苹果或谷歌等新型公司通常从其成立之初就成了赚钱机器，而非用钱大户。脸书网极不寻常地在首次公开募股中筹集到 160 亿美元的新资金，公司在招股说明书中强调，公司对如何使用这笔钱没有想法。

持股的性质发生了变化。公司的外部股东已不再是需要公共市场以实现流动性、确保所持股票合理价格的分散私人个体。股份现在集中在大型机构，并被专业的资产管理者操控。这个问题我将在第七章描述。金融化的悖论之一在于，交易量呈指数增长时，对活跃的股票市场需求却减少了。

在各大公司主宰的经济结构中，资本对投资项目的配置不是由投资者或金融机构所决定的。无论是股东还是投资银行都没有能力确定埃克森美孚公司资本支出计划的规模和内容。决定投资多少，投资给谁，由公司自己决定：这正是经过专业培训和精心挑选的公司高层管理人员的本职工作。

通过支持或不支持现任管理层的方式，股票市场在资本配置中起着间接作用，也更大范围地衡量着经营管理和企业战略的效率。如果埃克森美孚公司投资计划的结果不符合公司业务的长期需求，那么公司的管理层应该感受到来自公司外部的压力，甚至有最终被解雇的风险。通常情况下，对股权投资而言，所谓管理职责，即指知情投资者对管理层进行的监督，不属于附带权利，而是必须履行的最重要的现代化角色。我将在第七章进一步讨论所有权的问题。

一般来说，大公司发行债券不是因为他们需要投资资金，用于投资目的的债务在很大程度上仅限于公共基础设施。2012年，埃克森美孚公司和其他少数同样强大的公司必须支付的债券利率实际上低于美国政府获得的利率。商业票据是一种短期融资工具，最初为资助海上货运而创建，后来用于资助存货和在制品，现在得到了广泛的应用。在欧洲，各大公司更多地依赖银行债务，而较少依赖可交易的债务性证券。但是贷款证券化模糊了两者之间的区别。

为什么各大公司在其并不需要资金时也会借钱？公司财务主管过去是为公司支付所有账单的人，他享有很高的地位。在19世纪80年代之前，财务主管的目标是成为一位靠自己本事获得成功的金融家，他通过在信贷市场和外汇市场建立头寸，充分利用利率和到期差异为公司盈利。这是哈利法克斯银行决定追随的途径，虽然有些姗姗来迟。在埃克森美孚这样的公司里，财务部实际上是集团公司的银行事务部。该公司的石油资产建立的强大资产负债表意味着公司的信用评级超过了任何一家银行。

2013年，苹果公司在债券发行中筹集了170亿美元。公司这么做的目的并非要投资研发新产品或发展公司业务，而是要支付股票持有人股息。苹果公司现金充裕，但大部分现金在海外。如果把现金从国外撤回美国，公司必须支付税费。对于许多其他公司而言，相对于股权，债务的税收政策更加优惠，这种状况推动了金融工程的发展。大多数大型跨国公司都有着极其复杂的企业和财务结构。这些机制布局主要是针对避税或监管套利而设置的，只有少数专家能了解其中的玄机。高盛公司发行的大部分证券并没有“帮助公司成长”，而是体现了苹果公司进行着的这类金融工程。

回到伯勒和希利亚尔提出的问题了：这种资本市场活动与公司业务有何关系呢？它与钻取石油或销售 iPad 之间有何联系呢？两者之间没有什么联系。公司几乎不需要任何资本市场活动以满足其投资需求，公司的潜在现金创造能力完全能够为其投资需求提供足够的资金。如今，各大公司利用资本市场的主要目的就是为了规避税收和监管套利，并由公司的财务主管借用他人的钱进行具体操作。

资助中小企业

“商业信用不是主要依靠金钱或房地产吗？”

“不是，先生。最重要的是人格……因为一个我不信任的人，即使他拥有世界上所有的债券，也不能从我这里拿走一分钱。”

——约翰·皮尔庞特·摩根，1912 年 12 月 19 日在华盛顿特区众议院银行和货币委员会（普约委员会）上的证词

在现代经济体中，大公司利用经营业务创造的现金进行金融投资。中小企业的增长需要资本。创业之初，他们必须租借和装修房屋、购买大批材料、安装厂房和设备。资产的可替代性增强，公司的资本密集性降低了。商业性质的变化既与新建企业也与老牌中小企业密切相关。为成长的中小企业进行资助的主要要求是弥补新建公司在产品概念形成和研发以及建立市场地位时遭受的经营亏损。

对于小型企业而言，获得资金从来就不是一件容易的事。放款银行要求企业提供担保，房地产是最受银行欢迎的抵押品。公司的资产可用作抵押品，但通常银行会要求公司建立者用自己的住房做抵押担保。相对于需要资金进行新产品研发和市场试销的新建公司而言，银行融资过去是现在仍然是更加适合需要购买工厂和装修房屋的老牌公司。

随着金融化步伐的加快，传统的银行经理退休或被解雇了，企业贷款操作从银行分行转移到区域分理处。更加专业的企业规划分析代替了在高尔夫球俱乐部酒吧获取的信息。魔球现象，即统计方法替代直觉和传统智慧的现象，在医学等领域取得了丰硕成果。冷静的数字分析往往比那些只强调经验价值的人的传统智慧更为可靠。

正如约翰·皮尔庞特·摩根所认可的那样，为小型企业融资不仅是数字判断的问题。一家新建企业的成功或失败很大程度上取决于经营者的人格和能力，而这一点难以用计算机进行评估。引起变化的最重要根源在于银行的优先事项发生了转变。传统银行吸收散户存款，再把这些资金借贷给企业，而借贷给政府和个人的比例较小。今天的金融集团保留了这些机构的名字，如巴克莱银行、花旗银行、德意志银行等。传统的银行业功能，特别是对中小企业的支持，只占这些现代金融集团经营业务的一小部分。

由于银行不大重视投资中小企业的资金业务，风险资本就成了小型初创公司主要的融资渠道，率先开展这种业务的是一些富人和一些富有想象力的资产管理者。早期对信息技术的投资，如马库拉对苹果公司的支持，获得了巨大成功。如果他保留自己的股份，这足以使他成为世界上最富有的人。继马库拉之后，红杉资本等专业风险投资公司纷纷向苹果公司投资。看到这些丰厚的回报率，20 世纪 90 年代，许多机构投资者都拨出专款专门用于非上市的投资。

这样做的结果却是，曾经的风险资本变成了私募股权。风险资本原本是为创业期和早期阶段的企业设置的，如 20 世纪 70 年代的苹果公司。私募股权投资的重点是从大公司买断现有企业的股权，或利用额外杠杆再次资助老牌企业。针对需要仔细监控的小规模投资的高额收费现在被用于大规模配置到金融工程的资金。该行业偏离了初衷，为中介机构创造了更多的收入，但创造的经济价值却降低了。

苹果和许多其他转型的新兴公司，创建于被称为硅谷的加利福尼亚业一片狭小的区域。一些公司（如脸书网）在其成立之初就搬到那里。然而，其他新建企业（如亚马逊和微软）的总部设在西雅图或西海岸的其他地方。

硅谷出现的新兴企业主要集中于信息技术和生物技术研究。这些行业得益于战后美国政府对基础研究的大量投资。一系列机构负责为这类研究提供资金，包括美国国家科学基金会、美国国家卫生研究院、美国国防部下属各机构等。由此（意外）产生的多元化途径卓有成效。似乎是在综合考虑了太平洋战争的战后情况和当地的宜人天气后，才选择此地作为开展这些研究活动的地点。当然靠近斯坦福大学这所研究型名牌大学也是一个很重要的因素，许多成功的企业家均是斯坦福大学的校友。

一些早期企业的成功把这样一批人聚集在了一起：他们既拥有可观的个人财富，又富有将新技术应用于新建企业的经验。这些人支持新兴的初创企业。马库拉 32 岁时从英特尔退休，当时他已是亿万富翁了。另一个英特尔的老将约翰 · 杜尔，是亚马逊和谷歌的早期支持者。彼得 · 泰尔，贝宝（Paypal）的创始人之一，是脸书网的第一个外部投资者。

以上这些活动以及其他企业金融家得到了小型金融咨询公司的帮助(比如“四骑士”：亚历克斯 · 布朗、汉博奎斯特、蒙哥马利证券和罗伯森 · 斯蒂芬斯）。这些小型金融咨询公司为机构投资者创立了加盟天使投资的通道。既然这些资金资助了企业创业时遭受的亏损，那么所涉及的融资必然会采取股权形式，并且最初既没有投资银行也没有零售银行参与其中。

20 世纪 90 年代，当新的经济泡沫膨胀时，为了把硅谷的各家公司推上股票市场，各投资银行都在积极寻求授权。摩根士丹利公司的“互联网女皇”玛丽 · 米克尔就是其中的先驱者。另一位杰出人物是瑞士信贷第一波士顿银行的弗兰克 · 奎特隆。2000 年，新经济泡沫破灭，不久奎特隆在法庭上耗费了大量时间，远远超过他在投资者报告中投入的时间。“四骑士”被银行并购，其业务归入了银行的其他部门。

直到此时，硅谷仍然过着自己的生活，甚至在华尔街的兴趣从高技术转移到抵押担保证券后，硅谷仍然生机盎然。新的风险投资公司取代了“四骑士”。不断涌现的新建企业主要集中在信息技术和生物技术，但硅谷模式扩展到了其他领域。贝宝的另一位联合创始人埃隆·马斯克创办了创新电动汽车制造公司：特斯拉汽车公司。

任何人都不应该因为大众对硅谷的痴迷就认为所有成功的中小企业都在加利福尼亚。商业作家赫尔曼·西蒙已确定2000家他所谓的“隐形冠军”公司。这些公司具有以下特征：规模不大（年收入低于40亿美元），在世界利基市场占据主导地位。它们的大部分产品销往其他工业企业，而大多数读者从未想过购买它们的产品。这类公司的典型代表包括在观赏鱼鱼食领域称雄世界的企业——总部设在美国弗吉尼亚州布莱克斯堡的Tetra；位于意大利米兰西北部雷内特市的Saes，该公司占据85%的钡吸气剂（一种有助于保持真空的化学反应材料）世界市场份额；在医用光源领域居于全球领先地位的日本企业——滨松光子学株式会社等。一般来说，在这些企业经营的领域，客户更加重视的是产品的质量而非价格。

虽然在美国、意大利和日本等国家也有这样的利基生产商，但2/3的“隐形冠军”来自德国、瑞士和奥地利的德语区。这些“隐形冠军”是德国中小企业的明星，它们构成了德国制造业出口方面巨大优势的基础。德国的人均出口额是美国的4倍，中国的10多倍。中小型企业主要是家族企业。同上市公司一样，“隐形冠军”企业几乎不需要外部资本，它们通常能从内部资源筹备到远远超过其投资需求的现金，但都是一次性初创企业，在创业初需要融资。

公开上市交易的股票市场在欧洲大陆的影响比英语国家更为有限。德国公司的股票市值约为国民收入的40%，而英国和美国的股票市值约为国民收入的100%。德国的商业融资主要通过其独特的银行体系提供。德国的银行体系由三个系统组成，这三大系统在国内的规模大致相似。全球金融集团（其中德意志银行是全球规模最大的银行）和其他国家类似的金融集团在结构和经营行为方面颇为相似。储蓄银行归属于市政府和地方政府。在储蓄银行系统中，各省属州银行在创建之初实际上原本是本省储蓄银行在当地的中心银行，但后来银行的经营活动越来越多样化，逐渐变成了商业性国际化银行。以地方性互助组织为基础的合作社是构成德国银行体系的第三大系统。

金融化的影响波及了德国。我将在下一章更加详细地讨论德意志银行向全球扩张的野心。2003 年 7 月的信贷扩张对各州银行造成了极大的破坏。德国有许多像弗雷德 · 古德温这样的人，他们是成功的省级银行家，有着非常宏大的个人愿景。德国的银行系统成了证券化和各档美国次级抵押贷款创造的证券的主要倾销地。北莱茵—威斯特法伦州的西德意志银行，是全球金融危机中损失最惨重的欧洲银行之一，联邦政府接管了德国第二大银行——德国商业银行。然而，合作社和储蓄银行基本上毫发无损。德国中小型企业得到的贷款约有 2/3 是由合作社和储蓄银行提供的，而且它们愿意提供长期债务融资，这种债务融资及融资条款是英、美国家小企业几乎无法得到的。

在整个金融化过程中，各全球性投资银行一直在想方设法推进德国的债务和股权资本市场的发展，而且欧盟委员会支持它们实现这一目标。德国银行业的分散性特性及其低水平的资本市场活动经常遭到批判甚至嘲笑。然而，德国的银行体系资助了欧洲甚至全世界最有效率的中小企业。

“单一的欧洲资本市场”“资本市场联盟”，这些词语有着相当大的吸引力，尤其是如果你不太考虑它们可能实际上意味着什么。《1964 年罗马条约》宣布：“禁止对成员国之间以及成员国与第三国之间的资本流动进行任何限制。”金融化改革及其支持金融化改革的知识界和政界游说集团花费 50 年的时间重新诠释了这一要求，即力争实现以下目标：推动证券二级市场的发展，使其超越欧洲传统的、直接的、基于人际关系的投资资金中介渠道。相对于美国企业而言，德国企业的市值比率较低，大部分相关探讨认为这正是问题存在的明显体现。

也许要求在德国进行高水平的资本市场活动是一个自找麻烦的解决方案。被称为“欧洲的纳斯达克”的“新市场”成立于 1997 年。该市场于 2002 年关闭，当时大多数在该市场上市的欧洲信息技术公司已毫无价值。总部设在柏林的Rocket Internet孵化和资助了许多新兴市场的科技初创公司，其首席执行官奥利弗·桑威尔界定了美国和德国中小企业活动的本质区别："企业家有两大类——创业企业家和执行企业家，也许我们更多地属于执行企业家。"中小企业对上市兴趣不大。这些企业一直沿用着家族式经营模式，专业的管理人员接替创始人和他们的家庭成员继续用相同的模式经营着这些企业，这种结构非常适合德国的监事会和执行董事会之间的分工。

这种模式甚至延伸到了更大型的公司。宝马之所以今天依然存在，就是因为赫伯特·科万特——公司最主要的世袭股东之一，在1959年拒绝把濒临倒闭的企业并入奔驰公司，而是更换了该企业的管理层以改进其产品范围。这个单打独斗的家族及其家族基金会获取了高达数十亿欧元的利润。正如本书第一章指出的那样，这种高度集中化的所有权和管理结构以及所有家族控制的中小型企业获得的巨大成功造成这样一种后果：相对于其他欧洲大陆国家而言，在德国，收入不平等、财富分配不均的情况尤为突出。

在德国，各银行普遍持有德国公司的股权。与高水平交易活动国家的风险投资家和私人股本投资者不同，德国银行愿意保留这些股份几十年。在英国和美国，成功的中型企业往往通过收购发展壮大或它们本身就是被收购的。但这种"掏空"中型企业的规模分配在德国还没有发生。

帕罗奥图和德国工业中心地带之间的差距远不止两者在地理意义上的距离，但这两个地方的企业提供了成功小企业融资的两个主要范式。硅谷是世界各国政府曾试图效仿的模式，但这种效仿几乎没有获取成功。因为硅谷同时具有以下特定优势：国家对核心研究和高素质人才培养富有创意的支持，动态的、完全不受老牌大型企业及传统融资机制影响的私营部门创新和进取心。这些缺一不可的特定优势没有在其他地方得到有效模仿。在以色列一个高技术创业部门的发展中，也许我们可以找到与硅谷模式最为接近的效仿者：该部门主要关注（但不限于）电子技术。其取得的成就似乎在很大程度上依赖于私人关系以及从以色列国防部队获取的专业技能。

欧洲的德语区、加利福尼亚以及特拉维夫之间的环境有着天壤之别，这表明，如何培育中小企业并为其提供必要的融资，没有一个单一的成功范式。这些工业团体——德国中小企业、美国“硅谷”、以色列电子产业群，都在全球竞争中获得了巨大效益，但它们都是特定的历史、文化和环境的产物，这些条件在其他地方或许是不可复制的。

不过，这些工业团体有着一些共同特征：政府、具有创新意识的金融家和具有相关产业经验的富人都发挥了积极作用；地理位置上的集中以及私人关系网也很重要。在复杂的融资工具中找到解决大多数问题的方法，这是一种错误的看法。认为证券化是中小企业融资的一种有用的方法，则是基于这种错误看法的错觉。为中小企业提供的资金支持无法通过计算机进行有效评估。金融集团的发展是以牺牲地方重点机构为代价的，但这些机构对于德国的中小型企业来说仍然是极其重要的，在硅谷的发展中同样起着非常关键的作用。

也许政府的最初作用是促进新的金融机构的建立，旨在为中小企业提供贷款和股权融资，并提出有助于中小企业成长的建议。这样的发展还应结合对不注重股票市场的资产管理者的创意简报。我会在第七章进一步讨论这些问题。

在资本配置的整个过程中，投资专业技能已经被金融中介机制专业技能所取代。金融中介活动需要更高的智力水平，解答复杂数学难题的能力，而非高尔夫球俱乐部酒吧上轻松的交谈技巧。在住房领域，不再需要了解当地的房地产和居民情况，取而代之的是建模及证券化产品设计。在证券市场领域，是否了解公司已不重要，如今获取最大回报率的是那些设计和实施复杂交易算法的人。银行专注于小型企业贷款，风险资本投资者的注意力转移到了老牌企业的再融资。通过这些手段，金融化创造了这样一个世界：人们彼此交谈，互相交易，在自己创造的现实中操作，为真正的（也许大多是无用的）技能慷慨地奖励自己，但和那些才华不如他们的前辈相比，他们没有更好地满足实体经济的真正需求。

第六章

存款渠道

家庭财富

如果我们能支配我们的财富，我们将富有而自由；如果我们的财富支配了我们，我们就成了真正的穷光蛋。

——埃德蒙·伯克，《论弑君和平信札》（1796）

资本和财富是两个十分难以捉摸的概念。上一章阐述了两种衡量国家资本的方法：居民财富的累加和实物资产的评估。本章将论述资本的中介渠道，即居民储蓄被转为国家实物资产的途径。这些渠道曾经十分清晰而直接，如今却变得复杂而壅塞了。

某些居民财富与实物资产有着非常直接的关系。大多数居民拥有自己的住房，一些小企业主拥有自己的办公室、商店和其他可交易资产。某些统计机构在进行实物资产价值计算时计入了汽车等家庭耐用品。家庭之间也互相借贷，这种借贷主要是通过中间人进行的。小心谨慎的人用自己的储蓄资助抵押贷款，或者借款给那些必须偿还信用卡债务的人。然而，从总体趋势来说，这些个人之间的交易逐渐取消了。

直接拥有的资产只占个人财富的一半左右。大多数个人储蓄是通过中介处理的。居民们把他们的钱委托给公司、金融机构和政府，而这些机构或部门则代表他们持有这些资产。国家所有的实物资产都是由某个人或某个机构合法持有的。如果资产的所有权属于某个机构，在原则上，我们通常可以顺着中介链找到其末端，最后找出这个机构背后的个体和家庭受益人。所有的资产和债权机构都代表着别人的钱财。

如果在金融化出现之前我已经在撰写本书，解释清楚居民储蓄如何通过中介渠道转化为实物资产就简单多了。通过银行和储蓄机构的运作，存款渠道把必须随时偿还或在短期内清偿的储蓄金直接引入购房和商业贷款融资。投资渠道为企业提供股权、发展及房地产购买融资。基础设施主要由政府或政府机构建设。政府或政府机构通过发行债券为基础设施建设融资，这些证券则由银行和投资者直接持有。简而言之，简单的中介、储户和投资者链条可以明确他们的储蓄所资助的资产类型，且往往能明确他们资助的具体项目。

现在，中介渠道越来越长，越来越复杂。渠道内外存在许多障碍、改道、弯路和岔路，还有征收通行费的中介人。但国民实物资产的总价值和国民居民财富的总价值一定是相吻合的，如图 6 所示。平均来说，每个家庭拥有 10 万至 20 万美元的财富。住房自有率偏低的德国家庭拥有的平均财富趋向于此范围的最低水平（10 万美元），而美国家庭拥有的平均财富趋向于此范围的最高水平（20 万美元）。当然，这些平均值掩盖了每个国家不同家庭之间的巨大差异：比尔 · 盖茨的财富高达 800 亿美元，是平均水平的 50 万倍，而其他人也许只能解决温饱问题。

由于历史及中介机构的差异，美国和欧洲有着显著不同的储蓄文化。在英国、法国和德国，房屋投资（即抵押贷款净额）占到家庭财富的 40%；在美国，这个比例较低。这在一定程度上反映了美国的房价及利息抵税额度处于较低的水平，同时相对于房地产价值而言，抵押债务额度却偏高。这是全球金融危机爆发之前随意放贷遗留下来的后果。只有在美国，个人直接持有的证券在家庭资产中占据了很大的比例；在其他三个国家，大部分长期储蓄都是通过中介机构渠道处理的。

在美国投资渠道中的长期储蓄产品是存款渠道资产的近 10 倍，而在德国这两个数字几乎是相等的，英国和法国介于两者之间。美国的消费债务要比其他地方高得多：英国家庭的债务要比美国少得多，而法国和德国的消费债务水平可以忽略不计。在德国和法国，养老金似乎没有在英国和美国那么重要，但这只是误导。欧洲大陆国家的养老保险金规定比盎格鲁·撒克逊国家的养老保险金规定更加慷慨，但这样的规定在很大程度上没有资金储备，即用目前的国民收入缴付，而且，如同下文将要说明的那样，只有拥有资金储备的养老金承诺才被列入报告的家庭财富数据中。

中介机构建立中介渠道，但它们不能创造财富。因此，我们必须解释为什么实物资产和家庭财富总价值只能大致相等。原因可以分为三大类。最根本的原因在于金融化的直接影响——金融化创建了广泛的金融债权关系，而金融债权的价值只是大致对应于支撑它们的实物资产。第二大原因是政府资产和负债的特殊地位。第三大原因是资本流动的全球化。下面我将就以上原因逐一展开评述。

半个世纪前，对一家公司进行准确估值的关键在于仔细审查其实物资产的基本价值。这种做法是沃伦·巴菲特的导师本·格雷厄姆建立他的投资策略的基础。但是，正如巴菲特所洞悉的那样，证券估值现在必须采用不同的方式。这种转变的原因部分在于现代企业的本质改变了（如苹果公司）；部分原因在于为了现代金融家和他们追随者的利益故意使问题复杂化了（如安然公司）。

在上一章，我描述了苹果公司股票价值反映的并非其经营性资产微不足道的价值——能吸引本·格雷厄姆的账面价值是对其未来利润的预期。这种预期是公司的活动和业务记录创造的一种真正的资产，即使它是一种价值不确定的资产。然而，苹果公司的未来客户不需要承担任何相应的责任，也许他们本不应该承担这样的责任，因为只有他们高兴这样做时，才会购买该公司的产品。苹果公司作为一家公司的价值和其实物资产的价值之间的差异可能被量化为一种“无形资产”，即“苹果品牌”的价值。这种推理本质上是循环的。“苹果品牌”就等同于公司，等同于公司的产品和业务。“品牌价值”只是一个计算出来的，使公司的股票市场价值和其资产的账面价值相同的数字。

图 6：截至 2012 年年底按资产类别分类的家庭财富

(按人均 5000 美元购买力平价)

	英国	美国	德国	法国
住房财富 (房地产价值小于房贷)	63.7*	32.7*	43.7	51.0
现金及存款	25.2	16.9	30.6	23.8
长期储蓄 保险和养老金 直接持有的证券	64.0 52.9 11.1	159.2 64.2 95.0	38.6 27.6 11.0	44.0 28.8 15.2
合计	159.2	208.8	112.9	118.8
人口 (百万)	63.7	313.9	81.9	63.5
家庭财富总值 (万亿美元，按购买力平价)	9.74	65.54	9.25	7.54
实物资产总值 (万亿美元，按购买力平价)	9.29	45.32	10.95	8.34

* 包含土地

来源：经济合作与发展组织，作者计算。

要使苹果公司股票的价值远远超过格雷厄姆的账面价值，就要认识到，现代经济依赖的是设计和思路，而不是体力活动。苹果公司持续盈利的预期似乎有着良好的基础，但预期必定有一定的主观性。据称，人们对安然公司的市值抱有同样的想法：预期公司能从能源合同中获得未来收益，并对其从住房抵押贷款证券可能获取的投资回报持乐观评估。基于未来信念的金融债权估值给盗用、间接贪污提供了机遇，而且这种可流通的债权量越大，可能被盗用、间接贪污的量也越大。安然公司金融债权价值的虚假债权通过抬高安然公司股价被转化成了家庭财富。

抬高的股价被用于股票投资组合的估值、养老基金及持有安然股票的投资公司。如果官方统计人员曾经要求麦道夫公司的客户们宣布他们的财富，这些受害者报告的将是麦道夫发给他们的声明中的金额。金融债权的价值上升时，居民的金融资产也随之增长。只有时间会告诉我们这些证券价格的变动是否代表了实物资产的实际价值也在上涨，是意味着有着良好基础的对未来利润的预期，抑或如安然公司及麦道夫证券公司一样的盗用和间接贪污。

在全球金融危机爆发前的几年，许多人都在批评公共和私人债务的增长。这种批判，虽然不是与问题毫不相关，却没有触及问题的核心。金融化在薄弱的实物资产基础上创建了一幢庞大的金融债权大厦，这就是没有解决的衍生工具风险值远远超过了全世界资产总值的原因。就总的情形来说，这些金融债权能否抵销，但它们的存在把所有持有这些债券的个人置于了市场风险（指债券市场价值的变化）和信用风险（指交易对方无力支付）的双重风险之下。这些风险远远超过了头寸的净值。成为一个百万富翁就意味着享受舒适的财务状况。如果在拥有 1 亿美元资产的同时，却有着 9900 万美元的债务，那就完全另当别论了。如果那 1 亿美元的价值还存有不确定性，或者赢家诅咒及其他盗用和间接贪污机制导致了估值偏高，问题就更糟糕了。

还有其他因素也造成了金融债权和实物资产的非等值性。大多数金融债权原则上是与其他人承担的责任相匹配的，但有时谁来承担这些责任则不明确。特别是当金融债权的债权方为政府债务，或者是为了维护养老保险权益时，情况就是如此，而以上两种情况都属于大额度债权。必须如期缴纳用以偿还公共债务及支付国家养老金的税收，这是未来纳税人的责任。但是，那些最终必须履行这些责任的纳税人并不把这种责任视作其必须偿还的债务，而且许多债务人还根本没有出生。

各机构、家庭当然把其持有的政府债券作为一种资产，但无论是在家庭预算或是在官方统计数据中，如何看待养老金权利都是不确定的。某人65岁，每年可以领取1万美元的养老金，持有目前价值15万至20万美元的金融资产。如果在支付过程中养老金涨了，也许反映了通货膨胀，养老金权益的价值也将大大增加。但人们不一定会这么认为。

官方统计人员也不这么认为。大多数家庭财富调查只计入了与金融资产相匹配的养老金权益。因此，如果你有属于你自己的个人养老金，其价值将被计入家庭持有财富中。如果你参加了拥有投资支持的信托基金的公司养老金计划，你在基金承担的份额也将被计入报告的家庭财富数据中，即使你可能从来没有花工夫考虑过它的价值。但是，从未来税收中融资的国家养老金价值没有被计入家庭财富。报告的家庭财富数据不计入将来由雇主为你缴纳养老保险金、没有资金储蓄的养老保险承诺，而这恰恰是法国及德国养老金保险规定的主要机制。

未来的纳税人往往并不把政府债务视作自己应尽的责任，因此人们也不把国有资产作为个人财富的一部分。作为个人和家庭，我们从公路网、国家美术馆摄影展和国家公园分享并获得了种种利益。但当我们被问及我们多么富有时，我们不会报告这种利益。政府资产属于每一个人，人人都应当承担相应的责任，没有谁例外。

我们生活在一个全球化资本的世界里。海外债务在政府债务所占的比例越来越大，特别是美国，这种情况尤为突出。跨国公司无处不在。一方面一部分国内资产属于外国人，另一方面有些居民直接或间接拥有海外资产。大国家和大公司一样，本质上属于内部自我融资。2012年，海外居民、企业和政府拥有的英国资产价值比英国居民、企业和政府拥有的海外资产的价值多1600多亿英镑。虽然1600亿英镑是个大数目，但这个数字表明10.47万亿英镑的海外资产和10.63万亿英镑的海外负债之间的差额并不算大。

大部分国家有着巨额的外国资产和外债，两者的总体规模大致相同

（见图 7）。收支盈余保持持续性平衡的德国拥有的海外资产多于其海外负债，而美国的情况截然相反。一些富裕的小国家（如瑞士和卢森堡），以及石油资源丰富的海湾国家，相对于其国土面积而言，拥有巨额海外资产净值。贫困国家大多欠着外债：这些国家的政府都借了外债，而且经常大举借债，它们的大部分业务为外商独资。东欧地区的国家也是这种情形。

图 7：2012 年年底海外资产和负债（占国民总财富的百分比）

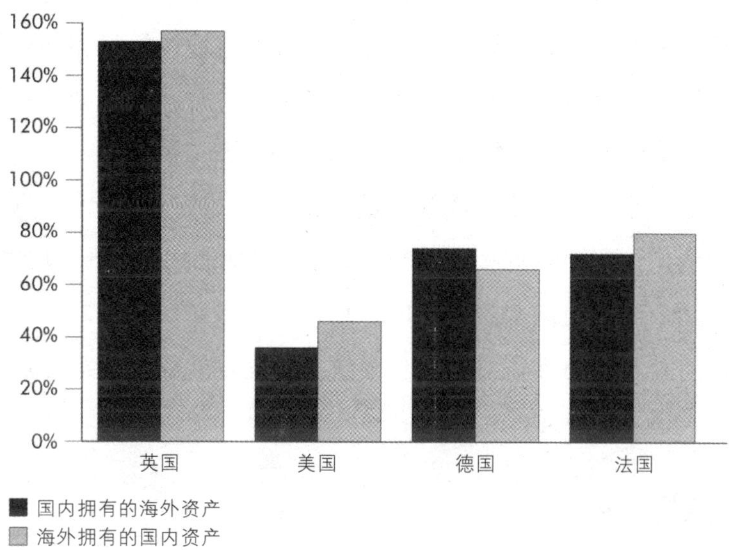

来源：经济合作与发展组织，作者计算。

这些国际资本流动带来了许多好处，这些好处不仅是购买阳光灿烂的别墅及外国公司股份的机遇。在很大程度上，英国的金融业依靠资助穿越非洲的铁路、横跨尼罗河的水坝以及为世界贸易增长融资才得以发展。今天，英国公司在墨西哥湾钻探石油、在非洲拥有自己的电话网络、在中国制造药品，而英国的汽车工业因为把所有权转让给日本（和印度）恢复了生机。

全球资本流动和平衡的近期发展是金融化的直接产物。2000 年至

2008年，英国的海外资产和负债增长了近4倍。无论资产总额还是负债总额，两者都取决于金融机构之间互欠款项的额度。正是因为全球化的这一特征，雷曼公司的崩溃即刻就成了一个全球性问题，而非仅仅涉及美国的问题。

要理顺实物资产和金融债权的关系是非常复杂的，我已经对其中的复杂性进行了部分描述，这些复杂性由于金融化的发展呈量级递增。所有这些复杂性都无法掩盖这样一个真相：国家资产是居民储蓄的产品。

因为中介渠道的作用，不同国家的不同储蓄做法没有对资金的最终配置产生相应的后果。在法国和德国，中介普遍通过银行和保险公司直接进行，这是一种准则。基础资本存量的相似性意味着：无论在哪里，资金最终都被引入了抵押贷款、商务和政府融资、房地产开发。在德国，存款渠道是一个非常重要的商务渠道。在美国，通过证券市场进行的中介融资更为广泛，而且许多活动都是通过债券和股权得到资助的。英国的情况往往介于以上两个国家之间。接下来，本章将重点讲解存款渠道以及与之有着千丝万缕联系的支付系统是如何运转的，而第七章将详细阐述投资渠道是如何运行的。

支付体系的发展

金钱的代价太昂贵。

——拉尔夫·沃尔多·爱默生，《生活的准则》（1860）

有报道称，美联储主席艾伦·格林斯潘的前任、高大干练的保罗·沃尔克近年来推出唯一有用的金融创新就是自动取款机。沃克尔很质疑令那些在杰克逊霍尔庆贺的人兴奋不已的金融批发市场的发展。从普通客户的角度看，零售金融服务的创新最为重要。我们每个人每天都在使用的支付系统才是商务活动和居民所需要的主要金融服务。

最初的支付系统依赖于交换的物量单位。贵金属，特别是黄金，非常适合担负这个任务。我们的祖先了解到，他们可以进行黄金信贷交易，而根本无须动用黄金。后来，他们逐渐意识到，对于这个过程交易而言，黄金并不是必不可少的。这些概念的发现促进了信贷的发展，同时导致了欺诈和不稳定性。所以政府先是规范，最终垄断了纸币的发行。美国1971年放弃金本位制后，纸币和贵金属之间最后一丝联系也不复存在了。因此，几个世纪以来，历史上出现过两种主要的支付、接收付款的方式：交换代金券和转让信用证。

政府及政府机构发行的硬币或纸币用于小额的日常交易。较大额度的支付则依赖于借贷双方在银行或其他金融机构账本记录的账目。非接触式支付卡和手机银行应用程序只是这些古老做法的最新表现形式。

如同电力网、电信网、供水系统一样，支付系统也是一种支持社会和商业活动的公用事业网络。我们每天都在使用着这些网络。如果它们陷入瘫痪状态，即使只有几小时，商业活动亦会戛然而止，社会生活将被全然打乱。我们只能坐在家里等待相关部门恢复正常服务。

也许我们不应该夸大这种效果。1970年，爱尔兰银行的员工举行罢工，关闭了爱尔兰的支付系统。客户无法从其账户取钱，支票也没有办法清算。这场怪诞的实验性罢工得出了以下教训：罢工似乎并没有产生多大影响。商务活动在持续。爱尔兰的酒吧利用信用体系进行经营。1970年的爱尔兰不是一个特别发达的经济体，但也不是落后的原始社会。也许因为小，爱尔兰是一个具有社会同质化的国家，人与人之间有着高度的相互信任，这一点起了作用。在任何情况下，通过冻结支付系统进行的罢工对爱尔兰经济产生的影响远远低于2008年全球金融危机期间爱尔兰银行体系崩塌对其产生的影响。

大多数公用事业网络天然属于垄断行业。正是由于其具有必要性和垄断性两个同时并存的特征，因此必须对公用事业进行密切监管。国有或市属公有制一直以来都是传统的公用事业监管机制。20世纪80年代开始一个变革进程，可以通过竞争进入许多公用事业网络了，并且许多公用事业本身也被转化成了私有制监管。这种全新的监管机制始于英国，但被其他许多国家效仿。巧合的是，一场重大的反垄断诉求导致了美国电话电报公司的解体。该公司几乎统治了美国电信一个世纪。新的公用事业监管制度给具有创新产品的竞争对手公司提供了进入这些网络的机遇。如果没有这次摧毁垄断巨头的国家行动，给我们带来互联网和智能手机的电信改革可能永远不会发生。这些垄断巨头既有私人企业也有国有企业。

运输、电信和其他公用事业的物理网络是由工程师规划的。网络的弹性和鲁棒性从一开始就是设计的目标。支付系统以更随意的方式演变着，也经历了更长的时间。演变到只有设计可言时，这样的设计是金融家和管理人员的拿手好戏。这种在历史演变过程的差异——不仅在支付系统的发展，而且在整个金融系统的演变中，是金融网络一再证明远远不如其他基础设施网络稳定的主要原因。纳西姆·塔勒布曾经解释了系统的脆弱性如何创造了盈利机会，因此这种不稳定性正是许多市场参与者的利益之所在。我将在第十章继续讨论这些制度设计方面的问题。

在英国及大多数欧洲国家，支付系统由一个银行组成的财团控制着。我们开支票、通过互联网或利用自动转账系统进行电子支付时，我们的支付将和我们的开户行所支付的所有其他款项一起被汇总在一个清算系统中，并抵销该银行从其他银行收到的付款总额。银行间的收支净额将计入其在央行的存款余额或从中扣除，央行是银行的银行。只有极少数享有特权的大公司才直接持有中央银行的账户。我们之所以可以从自动取款机上提取政府发行的纸币，是因为我们开户的地方银行从其在央行的存款中提取了现金，而央行负责纸币的发行。

英格兰银行是英国的央行。在美国，各银行持有它们经营地区的联邦储备银行的存款。蒂莫西·盖特纳担任行长的纽约银行是这些机构中最重要的一家。在联邦储备委员会的监督下，美国国家联邦储备系统对该机构全权负责。联邦储备委员会主席由总统直接任命，是央行总行的行长。同样地，在欧元区，一家在西班牙从事运营业务的银行既持有西班牙银行的存款，同时也持有欧洲央行的存款。

联邦储备系统和欧元区的运作有着极其重要的区别。如果有人在堪萨斯从纽约的一个卖家手里购买了商品，货款将从买方的账户内扣除，堪萨斯联邦储备银行将款项转入纽约联邦储备银行，再转入卖家在纽约的账户。在欧洲，则不需要任何中间环节。联邦储备系统不允许其成员大额度永久性透支；欧洲央行却允许。德国被拖欠的债务款项高达 5000 亿欧元。这个数额大致等于系统内未清债务的总额，其中近 2000 亿欧元来自西班牙和意大利，1000 亿欧元来自希腊。这种被拖欠的债务——摊到每个德国人头上大约 6000 欧元，被成功地从德国转移到了地中海俱乐部。要想弄清楚谁来偿还这些债务是一件极其困难的事情。负责管理欧元区各国央行之间债务的 Target2 系统内存在的未清余额是欧洲货币体系的一颗定时炸弹。

个人和企业（包括欧元区内部支付）的国际支付依靠一个总部设在布鲁塞尔的清算系统进行。该系统被称为 SWIFT(环球同业银行金融电信协会)，但如同大多数普通用户发现的那样，它并不迅捷（swift）。由于欧元区的形成，欧盟委员会和议会对收费施加了下行压力。但他们在优先发展现代化和提高效率方面不太成功。令人惊讶的是，自从采纳统一货币以来，欧元区的跨境国际收支的日常运作还是按原来的方式进行着，似乎没有多大变化。

在和结算系统同时运行的实时支付机制中，资金可以被立即贷记或借记。这是处理高价值交易时所采用的方法。读者可能会用这种方法购买房屋。虽然实时处理只占交易量的一小部分，但从价值角度来看，却占了绝大部分比例。大多数高价值交易处理的是金融机构相互之间进行的交易。

支付系统是金融服务行业的核心，大多数银行界的工作人员都在从事支付服务工作。这项工作在银行界既得不到重视，也没有多高的声望。一般来说，企业之间的竞争会促进创新和变化，但银行通过改善其支付系统几乎不能取得任何竞争优势，因为客户的体验更多的来自于整个系统而非任何单个银行的效率。因此各银行提升支付速度的积极性不高。

增量式发展了几十年，大多数银行的内部系统已经“吱吱作响”了。在原有的基础上添砖加瓦比从头设计更为容易，而且在短期内遭遇颠覆性破坏的可能性也比较小。银行界头脑的兴趣已经转移到其他领域，银行往往把新技术作为降低成本的手段，而非更有效地满足客户需求的机遇。虽然美国是全球批发金融市场的金融创新中心，但其在零售银行业方面的创新却非常落后。英国在这方面做得更好一些，但也没有好到哪里去。巴克莱银行前首席执行官马丁 · 泰勒这样描述支付系统的状态：“典型大银行的系统架构，尤其是通过合并和收购增长的大银行的系统架构，已经背离其原设计师所设想的帕拉第奥式别墅，蜕变成了一幢恐怖的哥特式房子，全是炮塔、破碎的玻璃和凹凸不平的石块路。”在无法阻止交易文化在银行兴起时，马丁 · 泰勒于 1998 年选择了辞职。

正如沃克尔所承认的那样，自动取款机对我们的日常理财产生了巨大影响。互联网亦是如此。现在越来越多的人通过家用电脑和移动设备管理他们的财务状况。然而银行客户似乎对信息技术提供的服务表现出来的热情远不如其他用户，如音乐爱好者、社交网络用户、电子书读者、网上购物者等。

这些其他行业的经验提供了一条重要的解释线索。在音乐、社交媒体和书籍等领域，如果遭遇垄断巨头为了保持和控制现有经营模式而进行的抵制（这种抵制往往以失败告终），新生力量就会发起对这个行业的颠覆破坏。先是纳普斯特公司，然后是苹果公司挤走了那些老牌的唱片公司；YouTube、脸书网和推特把报纸推向了衰落；亚马逊先后重新定义了图书销售和图书生产的模式。但机构复杂性和官僚主义惰性，再加上监管，阻止了货币传导发生这种颠覆性的变革。

如同音乐、社交媒体和书籍等领域一样，重大创新是新系统发展的结果，绝不是旧系统演变的产物。塑料支付卡不仅对自动取款机很重要，而且对付款方式的改革也很关键。美国银行首创的信用卡，替代了原来基于商场的信用卡。顾客不再就信用证条款和限制等与商场进行单独协商，他们从银行获得了信贷额度，并且能够在多家商场使用这种额度。这些商店将支付给银行一定的费用，以获得其客户和他们的消费能力。

尽管最初遇到了几次挫折，但是后来的事实证明信用卡的概念是成功的，并渐渐被其他银行采纳。信用卡发行者形成了网络，商家就能够处理几个不同供应商的信用卡。这样的安排至少给银行带来了更大的优势，银行能够与商家达成关于收取商家费用的双方协议。Visa 和万事达卡两个主要网络，用这种方式分别出现在以美国银行和花旗银行为首的财团。

信用卡崛起之时碰巧是电子处理技术的发展之际。作为这一历史偶然的产物，信用卡就成了一种能够完全进入电子化支付系统的简单方式。这种支付方式不同于，并且在许多方面更优于银行采纳的传统支付系统。处理信用卡支付的业务主要是外包给技术公司，第一数据公司是其中最大的外包技术公司。然而，原有银行依然维持着其作为网络把关人的地位。

在信用卡最先得到推广的美、英两国，一张信用卡有着两种在很大程度上不尽相同的功能：既为消费信贷提供一种滚动设施，同时也是一种电子支付机制。事实证明这种双重性能够创造非常丰厚的利润，尤其是对率先开展信用卡业务的银行而言，如美国的美国银行和花旗银行，欧洲的巴克莱银行。这些银行仍然是信用卡发行大户。信用卡提供的高成本借贷得到了广泛使用。而信用卡的使用者往往是那些没有任何借款意图，以及那些能获得更加便宜信贷的人。

银行一直在放缓对借记卡的推广。借记卡把电子支付系统和客户的当前账户融为一体。无论以哪种形式，钞票也好、支票也好或银行报表也好，我们都不再需要使用纸质文件了。交通智能卡的使用促进了非接触式支付方式的推广，我们可以很容易地看到由此产生的在时间和人员配备上的节省，以及排队的减少。通过手机进行转账的方式在某些贫困国家尤为重要（如著名的肯尼亚 M-PESA 支付平台）。在这些国家，移动电话网络是效率最高的，也许也是唯一有效的国家基础设施。贝宝，这个最大的互联网支付系统的所有权属于在线拍卖网站 eBay。

不难想象，一个没有纸币和硬币的世界会是什么样的。你可以刷预制卡进行小额支付，而较大额度的支付可以直接在两个账户间电子转账。在斯堪的纳维亚、荷兰、日本，已经没有人使用支票了。或许更值得注意的是，拥有庞大金融部门的国家，如英国和美国等，似乎放缓了对支付系统的创新。银行显而易见并没有怎么考虑这种变化会对他们的客户产生什么样的影响，因此在英国消灭纸币使用的计划失败了。

革命终究会到来的。体制惯性可以减缓技术的变化，但很少能完全阻止它的发生。完全非实物化的付款方式基本上剥夺了政府和老牌银行机构的传统控制机制：货币发行的垄断权及查看实际记录的权力。信用卡的发明意味着支付时不一定需要持有现金或存款，只要有一份能证明预期的未来资源足以处理当前交易的证书即可，这是一个可能会导致钱币彻底消失的变化，如同我们都已经知道的那样。

从某种意义上来说，比特币的推广者想象力还不够丰富。这种被大肆宣传的数字货币实际上就是一种奇怪的混合物，既体现了推广者的远见卓识，又具有一定的欺诈性。推广者只是想在电子世界复制一种已在物质世界长期存在的商品——货币而已。更大的问题在于货币是否还有存在的必要性，正如我们知道的那样。

几个世纪以来，凭借其与支付的联系，存款渠道在金融体系一直占据核心地位，但从现在开始的50年，也许20年以后，这种情况将不可能继续存在。支付系统进行颠覆性创新的的条件已然成熟，到目前为止，颠覆者，如贝宝、Square以及刚加入的苹果支付等，依然宁愿躲在低效的原有银行所建立的高收费结构保护伞下。这种谨慎的对寡头垄断利润的分享不会无止境地持续下去，支付系统将很快成为一种廉价的、有别于存款渠道的实用工具。

无论是在体制还是知识层面上，支付革新为更加广泛的变革铺平道路。我们对货币和银行的认识将发生根本性改变。的确，“控制货币供应”的观念已经被一些宽松许多的概念所取代，那就是“影响资产的成熟度”。

我将在第九章描述，今天的利率政策更多的是针对银行的补贴规模，而非借款方和放款方之间的相互交易条款。监管机构和原有银行将会抵制这些变化，并将成功一段时间，但是他们终究会失败。

渐趋复杂的存款渠道

与拥有一家银行相比，抢劫银行根本不算犯罪。

——贝尔托·布莱希特，《快乐的结局》（1929）

存款渠道服务于两个目的：促进支付系统；充当借款人和短期储蓄者之间的中介渠道。几乎没有人想拿出凭通知随时偿还的贷款，但很多人想存入能够随时提取的存款。因此，中介机构提供流动性的能力是至关重要的。存款渠道依靠的是流动性错觉，这是一种只要没有太多人同时利用，就可以生存下去的错觉。

错觉总是脆弱的。相信各大型金融机构总能履行他们责任的信念为它们之间巨额投机交易的增长提供了支持，如同在导读中描述的那样。全球金融危机来袭时，国际金融体系无法提供它所预测的流动性，出现几次问题后，各国政府代替国际金融体系提供了这种流动性。一场缺乏官方支持的注定要失败的尝试，一场意欲积累足以支持这些交易活动规模的资本储备及流动性的尝试，使得如今的存款通道已不再畅通，尤其在欧洲。

图 8 总结了通过存款渠道的资金流量。每个国家的存款总额与该国一年的国民收入大致相同。美国和三个欧洲国家之间的差异比实际情况更为明显。在美国，货币市场基金（指有效存款）总额约为 4 万亿美元，而且这些货币市场基金持有的主要是由银行或准银行发行的短期证券，而这些准银行是苹果公司或埃克森美孚公司等大公司财务部门进行的业务。这种美国例外论是以上这种总趋势的一个方面，因为相对于欧洲而言，在美国，中介更多的是通过证券市场进行的。存款人多是居民储蓄和交易的余额，虽然企业持有的短期现金也很重要。

图 8：2014 年年中通过存款渠道的资金流量，当地货币（万亿）

	英国（英镑）	美国（美元）	法国（欧元）	德国（欧元）
个人储蓄	1.09	8.74	1.23	1.89
非金融业务存款	0.39	1.04	0.44	0.45
存款总额	1.46	9.79	1.66	2.34
抵押贷款	1.06	2.78	0.85	1.03
消费信贷和其他 HH 借贷	0.11	1.74	0.24	0.45
商业贷款，	0.23	1.85	0.82	0.80
含商业地产	0.17	1.68	无	无
政府贷款	0.01	0.0	0.22	0.36
非金融业贷款	1.61	8.05	2.17	2.74
金融业贷款	5.53	8.93*	5.82	4.85
总资产/负债	7.13	16.98	8.00	7.59

来源：英国央行（银行账单表 B1.4、C1.1、C1.2），美国联邦储备委员会（美国财政决算表 L.109、L.204、L.205、L.215、L.218），欧洲央行（MFI 在线资产负债表，表 1 和表 2）。

* 如同第七章第三节所解释的那样，这些数据大大低估了衍生风险的规模。根据美国《公认会计原则》估算的衍生风险规模比根据欧洲《国际会计准则》估算的要小很多，因此相对欧洲而言，美国的数据显得太小。

实体经济投放在银行系统的存款与银行系统给实体经济提供的贷款大致相匹配。无论在哪个国家，抵押贷款都是贷款的最大组成部分。在英国，住房抵押贷款占总贷款额度的 2/3 左右，其他国家的比例相对较小。在英国，商业贷款占总贷款额度的比例特别小。有人错误地认为，理财业务是银行业的主要功能。大多数银行贷款是用于购房的住房抵押贷款。除了商业融资之外，贷款余额由商业地产融资和消费信贷组成。

银行还需要保持其在央行的储备，以促进支付系统的银行间转账。实现存款渠道的功能并不是很复杂。梅因沃林上尉也能胜任。

存款渠道的运作现在变得异常复杂。如果梅因沃林上尉还在岗，现在的工作他完全无法胜任。虽然通过存款渠道流动的资金量相当于一年的国民收入，但英国银行的负债（和资产）达到了英国约 4 年的国民收入，法国和德国的负债（和资产）仅仅略低一点儿。在当今的银行资产负债表中占绝对主导地位的因素是金融机构之间的互欠债务。这一切都是为了什么？

第四章所述的发生在哈利法克斯银行会议室的争论过去一直在许多金融机构进行着。只是大多数这样的争论发生的时间更早一些，哈利法克斯银行参加这场特定游戏的时间有些晚。哈利法克斯银行一直在固定利率证券，主要是政府债务中，占有一席之地。使用资产负债表规模和信用评级权力建立一个更大的证券组合和资产负债表也颇具吸引力。哈利法克斯银行承受着竞争压力，因为其他公司一直在报告这个资源所创造的巨额利润。当然，世界上最大的抵押贷款机构是否也在此看到了一线机会呢？

庞大的资产负债表使得交易者和他们的交易对象信心大增。而这种信心是一个巨大优势，同时推动了盗用和间接贪污等欺诈行为的孳生。只有那些拥有大量资源的赌家才可以成功地采纳“秧”这种按损失赌注的双倍进行押注的策略。“紧随前车驾驶”这种偶发灾难性亏损概率比较低的策略能够为那些信用评级足以支持该策略的企业或个人创造源源不断的利润。不可避免的崩溃将导致独立的对冲基金倒闭，实际上，这是它们的宿命。然而大银行能够把其遭受的意外亏损归因于某些异常因素，然后重整旗鼓，从头再来。

在德意志银行的带领下，为了在股票市场获取高额回报，各大银行建立了基于固定收益、货币和大宗商品交易头寸的非常庞大的资产负债表。在德意志银行，为了在股票市场获取高额回报，所以在其资产负债表中，股东权益总额在总资产和总负债所占的比例不到 2%，这就意味着杠杆比率高达 50 比 1。德意志银行可用的风险资本（2012 年，股东权益为 540

亿欧元）不大于最大对冲基金可用的资金。2014 年，文艺复兴科技公司管理的资金为 380 亿美元，保尔森公司管理的资金为 240 亿美元。（股东资金超过 2000 亿美元的摩根大通和花旗银行遥遥领先于其他对冲基金，尽管这些银行，如德意志银行，还从事着许多股票交易之外的其他活动。）由于其提供的抵押品规模以及政府为其债务提供的隐性或显性担保，拥有大量零售存款基础的银行在交易中占据明显的竞争优势。它们的购买活动规模完全不同，随之产生的交易损失导致的潜在后果也完全不同。

然而，这个 50 比 1 的比率实际上大大低估了德意志银行的杠杆效应，因为衍生品交易合同创造杠杆。试想，我获得了一种可以广泛配置的衍生品工具：一份关于该股份差价的合同，而不是购买 100 美元的股份，那么，根据差价合约，我承诺只要合同到期，我就支付给你股份价格和现值 100 美元之间的差额。实际上，这相当于我借了 100 美元购买股份，而且银行的风险管理流程将记录 100 美元敞口。只要股份价格保持在 100 美元左右，账目将用其“公允价格”记录本合同，即“零”。

衍生品风险敞口最大的两家国际性银行是摩根大通和德意志银行。摩根大通的衍生品风险敞口约为 70 万亿美元，德意志银行的衍生品风险敞口为 55 万亿欧元。这些数据分别相当于美国所有资产总价值的 1.5 倍，德国国民收入的 20 倍。这些银行资产负债表的数字要低得多。德意志银行对外宣布其衍生品投资额为 7680 亿欧元，这虽然不是个小数目，但只是银行风险敞口的一小部分。德意志银行的财务状况见图 9。

这些数字的荒谬性也许解释了为什么沃伦·巴菲特把衍生品称为“大规模杀伤性武器”。在冲向“防空洞”之前，读者应该放心的是，摩根大通或德意志银行实际上损失数万亿欧元或美元的可能性极小。许多风险敞口大部分或完全被对冲了，也就是说，它们所代表的头寸会和其他头寸相互抵销。虽然欧元或美元可能会猛跌，但不至于一钱不值。这些银行使用的风险模型旨在把实际的风险敞口限制在市场风险范围之内。因此即使这些模型承受不了其承受的重量，它们也不会完全没有价值。

图 9：2012 年德意志银行资产负债表（十亿欧元）

衍生品风险敞口	55605	
衍生品价值	+797	-756
总体资产负债表	资产 2012	负债 1958
贷款业务	贷款 397	存款 577
德国总资产	8600	
德国国内生产总值	2500	

来源：2012 年德意志银行年报。

监管资本要求本应包含对信用风险的监督管理。对全球金融危机的回应之一即要求更多的衍生品合约通过交易所进行清算。其目的是使交易方的资产与负债相互抵销。这项措施旨在减少银行的这种风险，代价是在交易所内产生新的风险。无论对冲达到多大程度、风险模型多么先进及监管的影响有多大，风险模型的活动规模仍然令人窒息。55 万亿欧元的千分之一为 550 亿欧元，这个数额的损失足以毁灭任何银行。

德意志银行采用欧洲会计准则《国际会计准则》编制主要账户。在美国《公认会计原则》下，衍生品几乎完全从美国银行的资产负债表中消失了。不知疲倦的国际互换与衍生品协会（波茨先生为该协会提供法律咨询）自然认为美国《公认会计原则》更好，并提供了采纳以上两种系统进行的各大银行的比较数据。根据年度决算报告的资产负债表规模判断，最大的五家西方银行都是欧洲银行，以法国的巴黎银行为首。如果采用《国际会计准则》，排在前两位的是美国银行和摩根大通。

我猜测大多数读者，当然包括我，面对这些数字，都会觉得不知所措。55000 亿欧元是一个超越理解的数字，超越政治家的理解，超越监管者的理解，更重要的是，超越德意志银行经营者的理解。德意志银行日常经营活动的规模（5770 亿欧元存款，3970 亿欧元贷款），本身就非同寻常，但相对于银行总的金融风险敞口而言，却显得微不足道，只有它的1%。英国和美国政府对其银行系统的支持金额（约为3万亿英镑和23万亿美元），足以购买两国所有非房产资产，但却远低于这些银行系统潜在的债务规模。

这座高耸入云的资产负债危塔与德意志银行的核心业务（管理存款渠道，筹集5770亿欧元的存款以及向客户提供3970亿欧元贷款），有多大联系呢？答案是：没有多大联系。只有一点很关键：这5770亿欧元存款的存在，如果再有德国政府撑腰，那些与德意志银行签订合同的客户便有了签订合同的信心。

哈利法克斯银行决定跨入更为激进的固定利率证券交易界并随后进入货币交易领域后，银行意识到，它不得不支付更高的工资水平和红利，以争夺“人才”（这字眼如鲠在喉，但被广泛用来描述那些富有经验的交易员）。银行不仅要与其他银行，还要与独立的对冲基金争夺“人才”。这意味着高工资、高红利文化。事实证明这些创新无异于“癌症”，在此后短短10年内就扩散到整个曾经健康的银行机构并将之彻底摧毁。

引起全球金融危机的主因在于，在存款渠道顶部设置了一个复杂的、几乎晦涩难懂的从事固定收益、货币和大宗商品交易活动的超级结构，甚至这些机构的高管都难以理解。2008年，当突然认识到交易对手风险的规模如此之大时，超级结构轰然倒塌了，它的崩溃对存款渠道造成了毁灭性的威胁。通过存款渠道这一机制，支付才得以促进，短期储蓄转向购房者和企业。

政府必然进行干预，只有一种可能的途径减少直接损害，那就是有效地担保所有交易对手风险。这并不是一种恰当的长期对策。恰当的长期对策应该是存款渠道和银行交易活动之间创建一道防火墙。这是英国的维克斯委员会及利卡宁委员会为欧盟提供的建议，也是沃尔克法则的潜在意图。值得尊敬的央行行长保罗·沃尔克成功地敦促奥巴马总统采纳了这一方案。当然，这一对策遭到了各银行的强烈抵制。本书将在第十章就如何对存款渠道进行隔离保护展开更为详细的讨论。

第七章

投资渠道

存量资金的管理

你从未真正拥有一块百达翡丽。你只是替下一代照看它而已。

——豪华手表百达翡丽的广告

企业和家庭使用存款渠道，以方便他们进行日常交易。如果他们必须确保在用钱时能得到足额的现金，他们也使用存款渠道进行短期储蓄。长期储户选择带有一定风险的投资渠道，希望以此获得更高的回报率。长投资期和更大的风险容忍度是匹配的：时间尺度延展得越长，平均来说获得更高回报的投资策略就更有可能变成现实。

正如我在第五章所描述的那样，投资渠道的功能包括寻找和管理两个方面。通过寻找过程，资本经由投资渠道配置到商业、投资、房地产和基础设施等各种长期使用的领域。即使没有投资，没有折旧，也没有资本存量替代，仍然需要有培育和维持现有资产存量的管理功能。

虽然很多关于金融的描写给你留下一种不同的印象，但你并不是通过持有公司的股票直接或间接地为企业投资提供资金。正如我在前面章节所解释过的，绝大多数规模大到足以在证券交易所上市的公司都是自筹资金的。长期投资者和埃克森美孚公司之间的关系就是一种管理关系。

埃克森美孚公司是标准石油公司的主要继承者。约翰·洛克菲勒于一个半世纪前创立了标准石油公司。控制公司的管理者和持有公司股票的储户，就像百达翡丽的佩戴者一样，都是“替下一代照看它而已”。虽然有许多其他相似的公司，但埃克森美孚公司是一个寿命较长的公司。斯堪的纳维亚的资源公司斯道拉恩索公司声称，公司起源于瑞典国王马格努斯在 1347 年颁发的特许状。托马斯·爱迪生创立的通用电气公司和维尔纳·冯·西门子在柏林创立的西门子公司都是拥有 100 多年历史的重要工业联合大企业。或许现代公司的寿命会更短一些。试想一下，100 年后，谷歌或脸书还能像今天这样引人注意吗？或许它们会走上普尔曼汽车公司或东印度公司的道路？企业的发展可以通过老牌公司开发新的业务活动进行，如通用电气或西门子所做的那样；也可以通过建立新公司进行。但无论企业发展采用哪种形式，都需要为下一代照看好企业部门的资产。

公司是能够长期存在的，但大多数产品不是。我们吃的面包是今天烘烤的。我们不能储存电流、理发或在公园的散步。我们使用的电子设备和软件在短短几年内，甚至几个月内过时。然而，我们必须随着时间的推移转移我们的收入和消费，或者把它们留给下一代。我们年轻或年老时，我们消费的比我们能挣到的多。我们需要一些机制，可以随着时间的推移来转移我们的财富，而证券交易就是这样的一种机制，我将在第九章描述所有证券交易的种类。我们可以趁现在认购一份埃克森美孚公司的业务或石油储备股票，然后在年老时将其出售，而且我们可以在不干扰埃克森美孚公司投资计划的情况下做到这一点。我们可以创造像苹果公司股票那样的金融资产，以未来盈利为基础，以类似的方式交易，产生类似的效果。通过这种方式，像现在一样，我们可以送给史蒂夫·乔布斯一份苹果公司未来的收益，以此感谢他的努力。

传统上，在投资渠道占主导地位的机构有投资银行，它们寻找那些需要资本的企业和个人；财务顾问，包括股票经纪人和银行经理；保险代理人，他们代表个人储户提供寻找（新机遇）和管理（持续性引导）

功能；投资机构代表，主要是保险公司、养老金基金和其他一些募集基金，它们通过投资渠道聚集并投放大量款项来从事管理工作。这种结构的元素依然存在，但金融化也带来了重大的变化。

投资银行曾在寻找功能方面发挥了主要作用，即进行投资选择。投资银行会把自己的一些资金投放在这些活动中，分担风险并利用他们的声誉吸引别人的资金。这样的声誉只有在奉行长期关系（与公司和投资者之间的长期关系）为准则的时代才具有很大的价值。现代投资银行是围绕着交易额和交易活动组织的机构，它们现在的主要目标是得到交易的“委托”，然后“将其处理好”。

像杰夫·斯基林和罗伯特·麦克斯韦尔这样的骗子都是各大投资银行积极拉拢的对象。摩根大通集团，其同名创始人曾明确把“人品”作为银行业的根基，但为了终止证券交易委员会调查他在安然公司欺诈行为中的作用支付了1.6亿美元，又用20亿美元解决了与World.Com债券保险相关的诉讼案。

即使在金融化时代之前，投资银行直接打交道的也都是非富即贵。储户通常通过金融顾问进入投资渠道。许多人，过去和现在一样，对自己管理财务事务的能力缺乏信心，这通常是有理由的。因此他们寻找一种信托关系：与个人金融顾问的私人关系，金融顾问很可能是当地的银行经理；或者与某个受人尊敬的组织的机构关系，如苏格兰寡妇基金。节俭的居民想要存储小额金钱时，人寿保险公司是最主要的中介机构。更富裕的人根据股票经纪人的建议认购股票，他们有机会接触募集基金，这是投资公司提供的托管中介工具。

正如第一章所解释的原因，银行分行不再是谨慎投资者的天然避风港湾。那些现存的银行大楼看起来就像商铺，它们的确就是商铺。令人畏惧但值得信赖的银行经理的位置已被态度更加友好的销售人员所取代。他们的报酬来自佣金，并被销售目标驱动。由此员工产生的压力导致提供个人金融服务的严重滥用：尤其是，（在英国）给借款人大量销售毫无价值的支付保护保险，（在美国）用极低的利率向几乎没有偿还能力的人推销抵押贷款。

态度十分友好、（午餐后）饮用大量酒的个人股票经纪人基本上见不到了。经纪自营商的崛起意味着大多数股票经纪公司被吸纳进了金融集团。一些独立的股票经纪人幸存下来，他们努力为私人个体提供一系列的咨询服务，与为零售银行更富裕的客户提供服务的“财富管理”服务机构进行着竞争。“只执行”经纪人允许个人买卖股票而不收取咨询费（如果有利益的话）。

一直以来，传统中介机构一方面为储户需求服务，另一方面为资本用户需求服务。通过投资渠道，这些中介机构已将它们的工作重心从提供建议转向了提供销售。与其他地方的情况一样，投资渠道这种代理与交易商角色的合并也是金融化的一个关键特征。受信任的金融顾问与推销人员的角色并存，但客户们必须知道哪个是哪个，如果供应商自己都不清楚角色的本质，那么这种区分就会尤其困难。客户觉得难以区分好的建议和自我感兴趣的建议。如果客户不能分辨这两种建议之间的差异，那么，存在利益冲突的建议往往会挤走没有利益冲突的建议，因为有利益冲突的建议更加有利可图。

即使顾问的动机纯洁如雪，个性化和独立的高质量财务建议也不能提供给大众化市场。在其他零售领域，由于成本压力，令人愉快的销售人员取代了技术熟练而知识丰富的顾问。除了最富有的人之外，几乎所有人都是从各种货架或货柜上挑选自己想要的杂货和服装；除了最基本的法律建议之外，几乎所有法律建议的标价都超出了普通人的承受范围；个性化的医疗帮助是可用的，但主要是由公共费用支付，而其成本占用了国民收入很大的且越来越大的份额。

技术可能会来拯救。现在的一台计算机比一个训练有素的“财务顾问”能更有效地确立客户的需求。因为计算机的逻辑已设定在程序中，因此其建议的偏见能够被识别出来。相对于具有更多特殊要求的购买行为，如家务和服装等，不同的人对金融需求的变化要少得多。

正如我在第一章所描述的，投资渠道最早的中介机构是投资公司和人寿保险公司，这些机构至今仍在发挥着重要作用。保险公司（和经常与他们合作的各银行）是欧洲大陆中介机构的主要工具。在英国和美国，投资公司发挥着更大的作用。在 20 世纪，养老基金成为投资渠道的重要组成部分。

养老基金和保险公司，即使规模很小，都有自己的投资办公室，偶尔会进行交易，他们的决定在很大程度上基于友好的股票经纪人提供的对公司的研究。这些股票经纪人既对资金的投资人员很友好，也对他们所审查事务所在的公司很友好。因为这些经纪人被吸纳进了投资银行，所以机构和销售之间的冲突在此很明显。分析师所做的“研究”成果成了银行其他部门的产品广告。美林资产管理集团的分析师亨利 · 布罗吉特热情洋溢地推荐他自认为是“一坨狗屎”的股票。这种行为之所以显得不正常，只是因为他在电子邮箱非常不明智地表达了自己的真实意见，并由此产生了第十章指出的结果。

专业资产管理公司，如美国富达投资集团，发展了自己的研究能力。受雇于这些资产管理机构的“买方”分析师开始取代为证券发行机构工作的“卖方”分析师。布罗吉特等分析师在新经济泡沫期间的活动被揭露出来后，这一发展的步伐加快了，也更具紧迫性。

保险公司和养老基金越来越多地将他们的投资管理外包给了专门的资产管理公司。规模较大的一些机构建立了独立的资产管理部门，该部门从其他的中介机构或直接从储户身上寻求业务。投资公司将投资决策委托给资产管理公司（大多数投资公司现在由资产管理公司赞助）。金融化导致了大量资产管理公司的出现。

拉里 · 芬克是 20 世纪 80 年代证券化热潮的先驱人物之一，在一次巨额亏损交易之后被第一波士顿银行开除。芬克此前曾“紧随前车驾驶”，但“撞车”了。意识到这种现象，他领悟到：“我们建造了这台巨大的机器，正在赚很多钱，直到报废为止。我们不知道为什么我们赚了这么多钱。我们没有任何的风险工具来理解这种风险。”随后，芬克走上了另外一条不同的职业道路。通过主动的收购策略，他创建的资产管理公司贝莱德集团到今天已经发展成一个控制着 4 万亿美元资产的大公司。

今天，全球最大的十家资产管理公司的总资产约为 20 万亿美元。这些公司大多数都是美国公司，包括先锋、道富、富达投资、纽约梅隆，以及规模最大的贝莱德和摩根大通的资产管理部。其余四家分别是法国及德国最大的保险公司和银行资产管理部门。法国最大的保险公司为安盛公司，最大的银行为法国巴黎银行；德国最大的保险公司为安联集团公司，最大的银行为德意志银行。虽然所有的国际资产管理公司在伦敦都设有分公司，但总部设在英国的资产管理业的发展相对滞后，其中处于领先地位的是英国法通保险公司和英国保诚集团资产管理部门。

芬克有时被描述为金融领域最强大的人，但大多数人从来没有听说过他。贝莱德集团管理着所有机构中规模最大的资本池，超过任何一家银行。如果说今天的资产管理公司看起来不像金融集团那么强大的话，那是因为它们基本上只做代理而非主体。资产管理者是否在法律意义上是代理机构，这是一个复杂的问题，至少在英国和美国如此，因为它们很多公司签订的合同都在规避这种责任。无论担负着什么样的正式责任，大多数资产管理者基本上都在行使着代理职责。与综合性金融集团大部分部门相比，今天的资产管理业的表现告诉我们：它们能够更多地意识到自己是在管理着别人的钱财。

从传统意义来看，人寿保险公司、养老基金和投资公司是作为托管中介机构在运作，因为在存款渠道，储户的财务利益和索赔申诉针对的都是中介机构而非标的资产的直接股份。精算师会确定保险公司赔付的款项；基金受托人设定养老金的水平；投资者持有投资公司的股份。储户会时不时地获知中介机构所选择资产的进展情况。

但托管中介一直对欺诈和滥用行为敞开着大门。即时在 19 世纪，并非所有中介机构都配得上像苏格兰寡妇基金那么令人尊重。狄更斯在他的小说《马丁·翟述伟》（1843—1844 年）中，借助盎格鲁孟加拉无息贷款公司和人寿保险公司的庞氏骗局骗子蒙塔古·蒂格和舍维·斯莱姆，用漫画的手法对这些机构进行了辛辣的讽刺。在美国，骗子诱导小说的同名主人公投资被宣传为伊甸园的沼泽地。在 20 世纪 20 年代的佛罗里达州土地热潮中，现实生活的发展情形与小说描述的故事情节几近相同。

主要为了发起人的利益而创建的投资公司，在 1929 年华尔街崩盘之前的美国股市泡沫中发挥了重要作用。在加尔布雷思介绍“盗用”概念的文章中，有一章的标题颇具讽刺意味地用了“高盛，我们的信任所在”，以此强调了高盛集团在推广注定失败的投资公司方面所扮演的角色。其结果是投资信托（一种封闭式基金）实际上在美国消亡了。美国养老基金的欺诈和失败在 1974 年导致了更为严格的监管、限制和相互保险。英国是在 1991 年引入了类似的规定，当时张扬的罗伯特·麦克斯韦尔之死暴露了他盗窃养老金资产的事实。

因此，托管中介在很大程度上让位给了透明中介。储户对标的证券有直接股份或者合法所有权，并且可以定期或者也许每天确定股份的价值。透明中介机构不承担任何投资风险，因而不需要资本担保投资风险。从托管中介到透明中介的转变是监管压力、偏重交易的思想立场和储户信任丧失等共同作用的结果。

资产管理者提供的透明化中介现在获得了一系列期望和监管的支持。如今，汇集型零售投资基金的主导工具是共同基金（美式说法）、单位信托基金（英式说法）或开放式投资公司（欧式说法）。共同基金、单位信托基金和开放式基金投资公司受到了投资组合和信息披露方面的诸多限制。

保险公司管理条例（特别是欧盟的《偿付能力指令 II》）产生的效果越来越相似。支出款项曾经是精算师利用专业判断能力来确定的，但如今通常的做法是将经过适当计算的标的资产份额贷记给保险客户。养老金越来越取决于“固定缴款”计划，即养老金领取者所获得的回报率取决于他选择的养老金投资的额度。养老基金的投资自由度在逐步削弱。随之而来的是这样一种文化：信息披露和定期问责的压力越来越大。

这些变化在英国和美国最为明显；在法国和德国，虽然透明化投资基金（开放式投资公司）日益重要，而且养老金基本上得不到资金资助，但是传统的长期保险合同仍然很常见。如果储户想每天都知道他们的基金价值，那就至少需要有个可以每天评估资产价值的市场出现。这一需求实质上将投资对象限制在其市场价值可以很容易计算且收益可以很快实现的那些证券类型上。

因此，通过中介机构进行的投资大多投放在国际化公司的上市股票中。图 10 显示了长期投资者可以投资的资产“宇宙”，总计大约 1250 亿英镑。如此一来，约占全世界所有资产约一半的价值都能够以这样的方式进行处理。这些数字不包括金融机构发行的证券，这些证券大部分都是金融业内部进行的“旋转木马”式交易的一部分；但包括了金融机构持有的政府债务，这在政府债务总额占据了很大的份额。投资渠道的透明化、流动性中介对大型国际公司的股票有着巨大的偏重。这种偏重能否为储户很好地服务是我们接下来将要考虑的问题。

贵在行动

> 我们获得报酬靠的不是行动，而是正确。
>
> ——沃伦·巴菲特，1998 年致伯克希尔·哈撒韦公司股东的信

投资渠道的经济功能包括为新的储蓄寻找良好的投资；通过管理确保资产的有效管理；做好这些事情的同时，帮助居民在他们人生的不同阶段进行财富转移并将其转移给下一代。然而，这些并不是受雇于投资渠道的大部分人员所做的事情。大部分人员重新安排与现有资产相关的

金融债权，最重要的是，他们进行交易——在他们彼此之间，用他人的钱进行交易。

投资银行和其他发起者推出金融工程的目标是最大限度地提高与某些特定实物资产相关的金融债权的价值。无论活动是否增加了潜在的实物资产——企业、房地产或基础设施的价值，或者无论交易是否只是代表着金融债权的重新配置，这样都会获得同样的回报。后一种做法，即通过以高出其价值的价格出售这些金融债券，极有可能招致赢者诅咒，但通常更为容易。同样的实物资产，如果能以任何金融形式出售的话，就能够吸引到最高的价格。

收费结构造成了不当的激励机制。向公司提供的金融咨询主要是通过交易费用和佣金收取报酬。这样的安排在以银行和公司间长期关系为准则的时期效果相当好。那时，银行家愿意耐心等待偶尔（大笔）的费用，并

图 10：投资渠道：全球可投资总资产（2013 年，万亿美元）

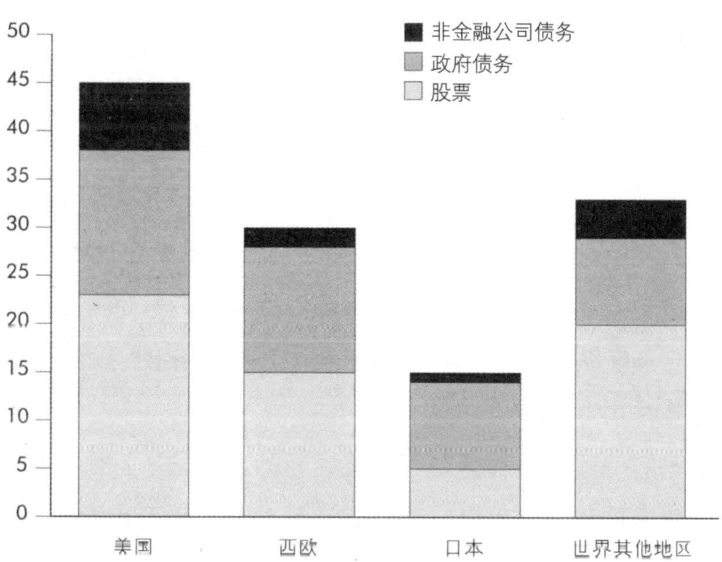

来源：麦肯锡全球研究所。

不愿为了短期利润而牺牲商业关系。但在一种“我会离开，你也会离开”的文化中，银行与公司之间保持联系的目的不是为了维持意欲了解情况的对话，而是敦促客户做交易。公司高管头脑中已然形成的贵在行动得到了强化。

罗伯特·甘皮奥可笑的联邦百货公司背后的投资银行家是布鲁斯·沃瑟斯坦，《福布斯》在其2009年去世（据报道留下价值22亿美元的资产）后称其为“华尔街近期历史上最有天赋的交易能手”。20年前，同一家杂志曾将沃瑟斯坦描述为“拼命加价的布鲁斯”，因他总能采取“心理欺凌”说服公司客户支付达成交易所需要的一切费用。《门口的野蛮人》一书中对沃瑟斯坦在雷诺—纳贝斯克交易中所起作用的描写证实了这种方法。

从整体来看，在的确需要外部策略咨询的情况下，如果公司向那些没有设置促进交易的强大激励机制的资源寻求策略咨询的话，企业和非金融经济体都能得到更好的服务。传统上，充当这个角色的是精品投资银行，如拉扎德投资银行。实行具体操作的是那些充满传奇色彩的企业高管的心腹人物，如安德烈·迈耶和费利克斯·罗哈廷。但金融化时代使得交易压力越来越大。在克林顿总统任命罗哈廷为驻法国大使之后，拉扎德银行继任者的重任落在“拼命加价的布鲁斯”身上，而且非他莫属。

投资银行以及跟随它们沾光的律师和会计在“完成交易”方面获得的财务利益，只是基于交易佣金在整个金融业造成贵在行动的方式之一，但也许是最令人震惊的一种方式。沃伦·巴菲特因其自身原因发出的活动警告是一条难以遵循的建议，尤其在面对不断变化的、不断显示最新“消息”的屏幕时尤为如此。

金融业的每一个人都需要不断接收新的“消息”，你看：他们目不转睛地盯着屏幕和黑莓手机。金融业的每一个人都不断承受来自那些付费人的压力，就像企业高管一样。与其说企业的季度盈利公告是财务报表，不如说它们是管理市场预期过程的结果，而资产管理者每月的业绩回报率是接近于零的“信噪比”。今天，投资渠道参与者的短期特征并不是因为储户或投资对象的需要引起的。恰恰相反，这样的结果是在中介过程中贵在行动造成的，得到了透明化和流动性监管要求的大力推进，并因为投资顾问的使用以及对基准的追求而更加严重。

资产管理者的职责与其他中介机构的职责有所不同，因为资产管理者的报酬不是根据他们所进行的交易，而是根据他们所管理的基金价值按比例计算的。他们的激励机制与投资渠道其他参与者的激励机制有所不同，但不一定更符合客户利益或没有对行动的偏重。通过优异的长期绩效，你可能会增加现有基金的价值。但是，通过优异的短期绩效，或许能更容易也更快捷地吸引其他管理者的基金。这都和 α 相关。

资本资产定价模型以 α 和 β 作为其关键参数（只有在专门需要时才会探索其他希腊字母）。β 与“市场”的回报率相关，而 α 则是风险调整后优于市场基准的绩效。资产管理者在努力击败根据所有人的平均绩效而制定的指数同时，定期向他们的投资者报告。然而，想要与平均水平偏离太多是要冒风险的，因为事实上，风险管理人员和监管机构通常将风险定义为跟踪误差，即绩效与基准的偏差。

由于任何带有显著差异的投资组合都必然经历一些业绩不佳的时期，规避这种可能性的需求就导致了“主动管理型指数投资”，即创建表面上被主动管理着但实际结果接近市场平均水平的投资组合。因为基金经理专注于其竞争对手不断变化的预期，而不是公司的基本财富，资产管理者的交易额已经增加了。正如交易员沉迷于自我指涉的选美比赛一样，资产管理者关注更多的是彼此预测对方不断变化的预期而不是理解他们所投资证券的属性，于是他们因对共同基准的共同追求而被捆绑在了一起。

总体来说，对 α 的追求必然是徒劳的，而且在大部分个案中也是徒劳的。平均来看，主动型基金管理者的业绩表现低于他们的基准，这个差额反映了他们收取的费用，由于这些管理者现在管理着大部分的控股资产，因此这一结果几乎是不可避免的。收取更高费用的管理者往往比收取更低费用的业绩表现更差，不仅是因为他们的收费问题，而且因为更高的费用往往与更高的交易额和由此产生的更高交易成本有关。散户投资者的情况因为对买卖时机的不良判断而更加糟糕。共同基金投资者获得的回报率低于他们所投资基金获得的回报率，因为他们往往认购流行的、标价过高的股票，而卖出那些不流行的、标价过低的股票。

对于储蓄者而言，他们为这个令人失望的结果付出了昂贵的代价。中介链太长了，而这种长度又增加了成本。公司和储户之间有登记公司、保管公司、代理人、资产管理人、基金公司基金经理、投资顾问、养老基金受托人、保险公司、各种平台和独立财务顾问等。交易发生时，高频交易者、交易所和投资银行都要从中提成。这些中介机构都有自己的成本和商业模式。他们的商业目标并不是市场的最终用户，即那些投资了资金的储户和股份公司。中介链最薄弱的环节有多强，它的力量和伦理完整性就有多强。

被动投资管理的兴起是对这种投资链过度成本和相互冲突的目标所做出的回应。约翰·博格尔于 1975 年创立的先锋集团是继贝莱德和安联之后最大的资产管理公司。博格尔是一名虔诚的被动投资推广者。他的论点是，既然业绩表现持续性地优于股市指数的机会是渺茫的，那么，复制该指数就是一个简单而廉价的投资策略。被动投资的规模稳步增长，贝莱德、先锋集团和道富环球的大部分活动都是指数基金管理，这种活动现在可以委托给计算机进行处理。被动投资有着显著的规模经济效应，而这些大型垄断公司从它们的规模获得了竞争优势。

中介总成本包括管理费、行政管理费、保管和监管成本费、中介报酬费、交易佣金费、买价与卖价之间的价差等。如果你直接投资一个指数基金，你可以将这些年成本降低 25 至 50 个基点（金融业将万分之一描述为一个“基点”）。这是使用投资渠道的最低成本。如果你更喜欢涉及某种“包装”的主动型管理基金，即通过某个平台操作能带来理财咨询好处的基金，那你要付出的成本可能是此数额的 10 倍；而如果你采用银行的“财富管理”服务，你面临的情况也差不多甚至更糟糕。如果所有股份的价值约为 50 万亿美元，一个基点就是 50 亿美元，所以中介费用一方面极大地减少了个人储蓄，另一方面又支付了豪华轿车和私人飞机的费用。

今天，低风险长期投资（如英国、德国或美国政府的指数债券）的实际回报率几乎为零。预期的风险溢价，即股票收益率超过无风险利率的数额，不太可能超过 3 至 4 个百分点。扣除各项收费之后，投资渠道的许多用户现在都不太可能通过自己的存款赚取任何真正的回报。这是一个典型的金融系统，其宗旨是为了满足金融市场参与者的需求，而不是为了满足金融用户的需求。

本书不是一本关于个人投资策略的书。我以前写过这样一本书，在此我顺便向大家做一些推荐。我在那本书里讲过，建议读者做自己的医生或律师的书是一本不负责任的书，但是建议某人做自己的投资顾问（如果需要的话，可以借助一本书的帮助）是比较合理的建议。获得更好投资回报的最好的、当然也是风险最低的方式就是尽可能地少向金融业支付服务费和管理费。

今天，无论是存款渠道还是投资渠道，都没有为最自信和最节俭的储蓄者提供任何获取实际投资回报的光明前景。这样的结果在政治上或经济上都不太可能具有可持续性。

资产管理者的角色

投资应该像观察青草生长或者等待油漆变干的过程。

——保罗·萨缪尔森

现代投资银行已经从寻找、创造和发现新的投资机遇转向用别人的钱为自己高级职员的利益进行交易。保险公司和养老基金退出了投资管理的管理职能，转而开始提供行政服务了。曾经被财务顾问占据的位置让给了销售人员，或者做得更好的电脑。因此，描述这些转变就像画漫画一样，不过只是有一点点像而已。投资渠道传统部门的纷纷退出为资产管理者的崛起留下了空间。

若要有效地填补这些空间，资产管理者必须建立并展示其寻找和管理投资机会的技能。他们必须掌握所需的专业技能，以履行投资渠道的职能：主动管理者需要在企业、房地产和基础设施等领域寻找新的投资机遇；被动管理者必须有效管理，或者对他们用别人的钱投资其中的企业、房地产和基础设施的管理进行监督。这两种类型的管理者都必须帮助居民和国家管理财富并实现在人们不同的人生阶段以及两代人之间的转移。只有恢复金融系统实际上已经消失的储户与投资公司之间的信任关系，资产管理者才能够有效地履行寻找和管理投资机遇的职能。在有效达成这些目标之前，他们还有一段非常漫长的路要走。

正如我在第五章所描述过的，股票市场的形成是为了帮助行业中某些特定投资从广泛分散的小额投资者群体中募集资金。但在投资渠道，大多数中介业务都是通过大型资产管理公司进行的；在为企业提供新的投资资金方面，证券市场发挥的作用是微不足道的。是时候提出这样的问题了：消耗如此多的资源并受到诸多关注的股票市场是否仍然发挥着重要的经济功能？资产管理行业的集中意味着资产管理者和储户之间的直接关系，以及资产管理者与投资基金公司或其他用户之间的直接关系，不仅可能而且应该提供更高质量的寻找和管理服务。

对股票市场的强调意味着，今天大部分资产管理者的活动既不涉及寻找也不涉及管理。许多基金经理几乎既不了解业务也不了解企业，对企业领域的潜在投资机会更是一无所知。这些管理人员既没有时间也没有能力对其客户资金投资的企业所使用的策略进行监督。这些中介机构的专业技能在于“追逐 α”，其方式是尽力彼此预测对方不断变化的预期，而非了解标的资产的性质。

将工作分包给专业人员，能够在一定程度上解决资产管理者缺乏相关技能的问题。许多私募股权投资公司确实需要特定的专业知识，主要是信息技术知识。新的专业贷款机构已经形成了，如抵押贷款分销商和信用卡供应商等。这些机构发现，如果要为它们的活动提供资金，通过存款渠道转移的傻钱比通过投资渠道找到的资金成本费更低。

私人股本基金表现好时，可以非常非常好；但私人股本基金表现不好时，是非常可怕的。私人股本投资者可以参与公司的业务，并接受大型投资所必需的并且适合许多储蓄者需求的长期投资。大多数私人股本公司并不是这么做的。有些读者会分享我在“私募基金酒店”的经历。这里的早餐价格过高，油漆表面早已磨损，这一切表明，这里的管理优先考虑的是赚取当前利润而非吸引未来顾客。这种令人失望的客户体验是某种交易造成的独特结果。在这样的交易中，私募股权的投资经理购买资产，再把资产借贷出去，暂时推高收益，并在一个相对较短的时间内把资产放回股票市场。对透明化和流动性的要求令资产管理者必须做出快速退出的承诺，这种情况使得问题更为严重，尽管私募股权参与二级市场的增长使这一问题得到了局部缓解。

基础设施建设基金具有类似哲基尔／海德的双重特征。有些基金已经开始开发寻找和管理基础设施项目方面真正的专业技能。其他此类基金却沦为金融工程的工具，通过政府或困惑的投资者促进资产负债表外融资，利用医院和道路虚有其表的图片进行着复杂交易。

在上市公司领域，寻找功能价值较小，因为这些企业已经确立了自己的定位，其投资选择由专业管理人员进行，而这些投资的资金来源于公司的经营性现金流。投资经理在上市领域的关键作用是管理，因为在上市公司的“主动”投资中，同样可以看到：要么非常好，要么非常不好。在最理想的情况下，在策略飘浮不定或者管理不足以应对企业所面临的挑战时，主动行动是来自于大股东干预。这种情况曾出现过，有效地迫使经营不善的荷兰银行将自己挂牌出售，但却没有或者没能有效地促使苏格兰皇家银行将其买下来。

有时“主动的”只是对高交易量活动的描述，“主动行动”只是金融工程的需求。有人声称，企业的总价值总是大于或小于其各组成部分的价值总和，而引入更高层次的杠杆作用，可以提高股东的价值。后一种活动也是无用的，当然这是从整体经济的角度来看，甚至对那些用自己的钱去促进交易的人来说也经常如此。然而，贵在行动依然是强有力的行为驱动力。

然而，建设性的主动行动是管理工作的核心。即使规模最大的资产管理者也不可能成为对成千上万家公司了若指掌的股东。管理的职责是确保有效的管理，但不涉及，更不要求监督承担大型公司每天经营决策任务的管理人。管理的确必须确保有能力的管理人继任高级管理人的角色，确保企业的经营战略得到适当的发展并接受严格的审查，并防止高管以牺牲其他股东为代价为自己谋利（这是金融化影响赋予管理的一个全新的职责）。

虽然持有控股超过其自身可以有效监管（本身就是存在问题的指标）的小型投资中介可能需要使用代理服务，但管理工作涉及的远不只是在方框里打钩这种代理服务，打钩已成为公司治理的一个不可或缺的组成部分。然而，有效管理与投资管理是融为一体的，因为不存在糟糕的企业拥有良好的治理这样的事情。

要免除中介机构在投资渠道的责任，资产管理者应该用更少的股票保持更为专注、集中的投资组合。资产管理者的活动和投资组合应该有着不同的风格或专业领域。这种主动管理通常会（但并不总是）支持目前的管理层。不然的话，投资经理为什么选择了这些股票？目前，参与公司业务受到了监管规则和法律禁止的限制，这是当前过分重视流动性和透明化的产物。我将在下一章回到规则的恶意影响这个主题。

被动管理也许应该简单地定义为，高层次的交易活动所代表“主动行动”的反面，而不是对指数的机械复制。被动管理颇具说服力的理论基础是，主动管理不值得其所消耗的成本；储蓄者寻求被动基金的动机是为了确保获得更好的货币价值，而不是为了最大限度地减少跟踪误差，跟踪误差是为基金经理而不是为投资者设置的风险衡量指标。认购和持有经过深思熟虑后选定股票的被动型基金达到了与指数基金一样的目标，可能还更有效，并且规避了伦敦证券交易所存在的一个很明显的问题：声誉可疑的公司寻求上市的目的是迫使被动基金持有人认购它们的股票。

应该有更多的托管中介组织。透明化和流动性在乍看之下似乎是一件好事，因而当然可以预防欺诈，而且监管规定当然一直是出于好意的。但是，正如我强调的那样，对透明化的要求是信任度过低环境的产物。区别苏格兰寡妇基金和盎格鲁孟加拉无息贷款与保险公司最有效的方法，事实上也是唯一有效的方法，就是参考企业和企业经营者的声誉，详细告诉储蓄者这些公司正在做什么是一种非常不完善的替代方法，因为储蓄者既没有时间也没有专业知识去吸收这些信息。

同时，达到透明化和流动性要求必须付出高昂的成本。不只是管理成本，还有强加在投入公司业务和投资组合构成等方面的限制所产生的成本。具有同样目标和管理者的（管理型）封闭式基金和（透明化）开放式投资基金产生的收益之间的比较可以强有力地说明透明化和流动性的高成本，该比较结果说明封闭式基金具有压倒性优势。历史上最成功的投资基金是伯克希尔·哈撒韦公司，即沃伦·巴菲特的封闭式基金公司，也是典型的托管中介。

但托管中介需要信任。能否通过提升资产管理者的声誉恢复对投资渠道的信任？它们能否在投资者中得到储户曾经对银行的那种信任（而且必须说服储户再次相信银行）？现在，像贝莱德集团等大型资产管理公司基本上只与机构打交道，如养老基金和保险公司等。它们业务的一个重要部分，并且正在增长的部分，是如何直接吸引公众。

不同的业务结构可能会促进彼此间的信任。互助关系的传统吸引力，也是它曾经在金融业发挥重要作用的原因之一，就是不存在任何的利益冲突。如果组织没有自己的利润目标，那它们将更容易意识到应该对别人的钱财负责任。但是，在银行业或保险业恢复一个重要的互助组织的可能性不大，因为没有现实的手段可以为这些行业互助组织募集安全的规模化运行所需的足够资金。资产管理则不一样，因为它不属于资本密集型行业。致力于养老金的新组织，如加拿大、丹麦、荷兰的大型养老金计划和英国国家职业储蓄信托（NEST）等，或许能发挥更为广泛的作用。几个最成功的美国资产管理者，如富达和先锋等，都不是上市公司，这些公司的高管似乎特别致力于维护企业的长期声誉。

如同存款渠道一样，投资渠道目前没有满足企业和居民的需要。存款渠道因为金融业内部的过量交易而被堵塞。投资渠道太长，漏洞太多。在这两种情况下，我们都需要简单化，建立短而简单的中介链。在存款渠道，这意味着把交易赌场与存款和贷款功能分隔开。在投资渠道，必须提升资产管理者在实体经济中寻找和管理有形资产和无形资产而不是金融资产的技能。狭义的储蓄银行和资产管理者占主导地位的金融业为在金融业重建信任、降低成本和加强金融稳定性提供了可能性。

PART III: POLICY

金融政策

第三部分

几乎没有别的行业像金融业一样吸引如此众多的政府和公众关注。金融监管未能满足公众的需求和期望，并遭到了业界深深的怨恨和强烈的抵制。第八章将对以下问题进行阐释：为什么金融监管同时具有极大的广泛性和侵入性，却在很大程度上受制于行业利益，而且基本上不能有效实现公共政策的目标呢？第九章将探究经济政策与金融之间的多重互动：金融既是经济政策的工具，又是影响经济政策的主要因素，金融引起的社会和经济后果在很大程度上是恶性的。这两章给我们提出的启示是，政府参与金融业的行为太多，而不是太少；金融化的弊端在很大程度上是由于对公共政策的错误理解造成的。第十章将阐述一个旨在限制国家干预并使之富有成效的改革方案。其目标应该是解决结构和激励机制方面存在的问题，而非加强监督与控制。

第八章

金融监管

金融监管的起源

从文化角度看，金融服务机构由以下基本假设统领：以金钱为目标、以数字为答案、以技术为中介。用技术取代人、金钱取代判断、只擅长赚钱的人取代领导力，这些做法的影响没有得到应有的认识。

——《萨尔茨评论：巴克莱银行商业行为的独立审查报告》

（2013 年 4 月 3 日），第 184 页

金融监管曾一度依赖基于相互尊重、非正式的且经常是不成文的结构。控制伦敦金融城商业的那些人形成了一个社会同质体，他们接受过同样的公立学校教育，往往都在牛津剑桥或者军队里待过。华尔街的职员大部分是具有常春藤联盟背景的美国主流白人上层人士。无论在伦敦金融城还是纽约华尔街，这些“蓝血”或“白鞋”公司与由罗斯柴尔德家族和拉扎德家族等著名的犹太家族控制的企业进行着激烈的竞争。

这些公司通过代理关系开展业务。他们期望与客户保持多年的长期联系，进行大量的交易并开展许多活动。这些共同的期望推动了诚实的计划和信息交流。这种表面上的利益共同体在批发和零售层面都是真实存在的，也就是说，在公司与投资银行之间以及个人与零售银行或经纪人之间都是真实存在的。以功能分离为特点的产业结构促进了这些关系

的发展：银行、经纪人和专家各司其职，并对这种关系的性质有着同样清晰的认知。

然而，这种建立在人际关系基础上的合作模式无法杜绝客户滥用和系统性不稳定。我们今天所谓的内幕交易或市场操纵等活动在当时非常普遍，对企业和个人客户都存在连环诈骗和频繁利用的情况。时不时地就有重要机构倒闭或濒临倒闭。互惠互利的实践、鲁棒结构以及得到广泛认可的共同价值观限制了不当行为，控制了风险并促进了全行业的合作，从而有利于对危机的管理。关于期望参与者应该具有什么样的行为方式，几乎没有明确的规则，但有一个详尽的框架。

在美国，金融业的信任度一直较低，1933 年是该行业发展的一个分水岭。佩科拉听证会充分说明了金融业的滥用和无能是大萧条的主要原因。银行纷纷倒闭；金融中介为其客户提供的证券一文不值。新政权的主要目标是保障银行存款的安全、确保机构个体的未来倒闭不会导致整个金融体系的崩溃并防止对投资者的欺诈。

相对非正式的制度在英国延续了 50 年。随着金融化进程的推进，贸易文化主导下的价值观的侵蚀和金融集团的崛起打破了公司内部和公司之间的信托执行机制。结果，这些庞大且实力雄厚的集团的成长给监管机构带来无力承受的负担。

英国和美国习惯法管辖权允许双方享有高度自由，可以用自己选择的任何形式签订合同。这与欧洲大陆的情况形成了鲜明的对比，欧洲大陆以更规范的民法法典为先。因此，英国和美国成了新金融工具和复杂的或特殊的商业行为首选地。英国和美国之所以在全球金融业占据主导地位，是其法律和语言优势相互促进的结果，并得到了伦敦的帝国历史和美国的工业霸权地位的强力支持。

普通的商业法典孕育了普通的商业实践。现代德国在反纳粹暴政过程中接受了社会市场经济，但对欧洲大陆的许多商务人士而言，合作共谋仍然比竞争更为自然。在这些国家，银行业像大多数其他金融活动一样，一直或明或暗地组成企业联盟。在价格与有限的非价格竞争之间几乎没有什么差异。

这种背景和理念的差异产生了一个重要结果：欧洲大陆的监管机构和各国政府都比他们的英国同行更愿意纵容隐瞒以银行体系为代表的全球金融危机所造成的灾难规模。今天，欧洲有许多“僵尸银行”——基本上没有债务偿还能力的机构，但却如它们所希望的那样，多年来一直依靠央行，通过经营交易来摆脱困境。法国和德国的政治言论尤其反对金融化，而且事实上，反对整个市场经济。这些国家政策的社团主义倾向意味着在其他任何地方都没有大力推行的金融改革在此更加无望，而且造成了德意志银行的矛盾，既令人恐惧地脆弱，又令人放心地稳定。

全球化和精英体制，以及更具个人主义和尊重法制的文化的兴起，侵蚀并同质化了源于文化和历史的传统的、民族的并且往往是隐性的布局。后来，从 20 世纪 80 年代以来，随着金融集团的出现，金融行业的正式结构发生了某种变化。综合效应从根本上改变了金融行业的监管性质。这种改变有一个奇怪特征，那就是所谓的消除管制的过程实际上导致了财政部门监管范围和负担的大幅增加。这种现象在英国最引人注目，在其他也很明显。

无论过去还是现在，金融监管主要由两个部分组成：银行监管与证券市场监管。接下来我将依次对它们进行详细阐述。

《巴塞尔协议》

莱茵河在我的身下流淌，而且，就像时间的长河，在历史的废墟中流过。

——亨利·朗费罗，《海皮里昂》（1839）

银行监管是国家事务，反映了不同司法管辖区不同的发展历史。由于对州际银行业的限制，美国的银行业结构非常分散。英国的零售银行系统却十分集中，商业银行与投资银行明确隔离。综合银行盛行于法国和德国。然而，20 世纪 80 年代以来，银行监管的主要影响是试图通过《巴塞尔协议》达成国际性的统一结构。

像人们常说的那样，造成或加重全球金融危机的罪魁祸首是国际金融体系结构存在的薄弱环节。这种看法有一定的真实性。资本市场全球化限制了任何单一国家监管机构采取行动的能力。为了促进各国监管机构之间的合作，各国政府进行了许多尝试。欧盟一直是关注的焦点，其他全球性机制包括八国集团、20 国集团经济峰会、国际货币基金组织和世界银行年会等。飞机的头等舱经常坐满了从事金融监管的各国官员，他们正前往风景宜人的地方参加国际会议。

但这种合作更多的是夸夸其谈而并非实质性行动，而且倾听固定模式的演讲和商谈平淡无奇的公报细节耗费了太多时间。许多参加这些活动的监管机构和政治家都将之作为一个为各自国家金融服务业谋取利益的机会。周围的酒店住满了那些鼓励他们这样做的游说者。在全球协调最广泛的银行业，这种协调产生的效果却百害而无一利；国际协议推行的监管模式不仅未能阻止，反而主动地促成了全球金融危机。

监管国际化源自 20 世纪 80 年代美国和英国银行对来自日本竞争的怨恨。在那之前，日本的金融机构一直是非常激进的放贷银行，它们的宽松激发了国内股票和土地价格的不断飙升。根据资产负债表的规模，1988 年世界排名前十的银行有 7 家是日本银行。这一事实被诠释为日本金融体系实力雄厚的标志；而事后看来，这其实是一个表示其十分薄弱的指标。我在第六章解释了为什么大型资产负债表表明的是银行机构的脆弱性而非弹性。今天，如果按资产规模排名，排在世界前十一的银行有 4 家在中国，对这种发展的适当诠释再次显得模棱两可。

国际清算银行被选作对付来自日本臆想的竞争威胁的工具，该机构的总部设在巴塞尔，一座位于瑞士莱茵河畔小小的历史名城。国际清算银行成立于第一次世界大战之后，原本是为了管理德国赔款问题成立的。

银行扮演的这一角色到1933年显然已经停止了。此后，该银行在第二次世界大战期间帮助纳粹分子转移偷盗的黄金。因此，1944年布雷顿首脑会议决定废弃国际清算银行。但是，废弃的公共机构都是顽强的，国际清算银行继续脆弱地存在着。20世纪80年代，它被选作银行监管的国际协调工具。第一份《巴塞尔协议》于1988年签署。

银行业"不公平"的日本竞争问题以可预见的方式得到了解决，但这是通过认识客观现实而非执行监管得以解决的。20世纪90年代初，日本房地产和证券价格泡沫破灭，许多日本银行失去了债务偿还能力，在日本银行纵容下苦苦挣扎了几年（欧洲后来复制了这种方式）。但是，《巴塞尔协议》仍然成了各国和全球性银行监管的主要决定因素，直到今天依然履行着这一职责。在它成立的最初20年，世界经历了自大萧条以来最严重，也许是有史以来最严重的银行倒闭事件。

随后，对最初的《巴塞尔协议》进行了进一步的详细说明，并在此基础形成了《巴塞尔协议Ⅱ》，到2007—2008年金融危机威胁其进程时，协议的部分内容已经得以实施。巴塞尔体制有三大"支柱"：资本要求、监管和披露。披露反映了这样一种信念：如果有人提供了足够的相关信息，公众和市场将对管理不善的银行施加适当的制裁。在现实中，银行的财务报表是不透明的，而且这种不透明性在《巴塞尔协议》存续期间逐渐增强。政府的担保介入进一步削弱了信息披露的自律效应。

资本要求和监管因而成了巴塞尔进程有效性的关键因素。监管指在银行和监管机构之间进行秘密讨论的过程。因为公众对这一过程几乎一无所知，所以我们只能通过监控结果来评估监管质量，但这些结果并不是那么鼓舞人心。

资本要求的基本规则是，银行必须持有股权资本（即企业在被迫破产前可能丧失的金钱），相当于其资产的8%。按照任何一家公司适用的标准来看，这一数字都是比较低的。正如我们在第六章曾指出的，对于贷款给股权资本只占其总资产8%的非金融企业，银行是很犹豫的。

近年以来，实际数字要低得多。第六章所述的德意志银行资产负债表提供了一些基本的现实信息。银行可以将一些债务当作资本处理，而且资产计算会受到风险权重方案的制约。非金融企业贷款的风险权重通常是 100%，被认为更加安全的抵押贷款风险权重则是 50%，政府债券和其他银行贷款被认为没有任何风险。如此一来，资本对资产的实际比率可能远远低于 8%。

风险权重的本质鼓励银行接受每个风险类别中风险较高且收益更多的贷款。在美国各城市，附加在一位本地医生的贷款价值比率为 60% 的抵押贷款的风险权重，与附加在没有收入、没有工作、没有资产的人的无存款贷款风险权重，没有任何区别。

风险权重机制同样激励了监管套利。一个抵押贷款组合可能会被转移到另外一家银行。在这种情况下，出于监管目的，这些抵押贷款就可能会被归入银行贷款类别。在《巴塞尔协议》签订之后，证券化发展非常迅猛。金融机构通过证券化彼此出售它们发起的贷款。通过建立在监管范围之外运行的资产负债表外投资工具，银行能降低对它们的资本要求。

基于监管套利目的创建的各种工具：首先是回购协议和抵押支持证券，然后很快扩展到了信用违约互换、资产负债表外投资工具和其他种种，不一而足。这些工具对于金融化而言都是至关重要的。对监管的错误认知造成了原本是监管应该解决的问题，这个问题又导致更多监管措施的出台，以便处理新出现的各种问题。

在金融化进程中发展起来的套利机制不仅限于减轻监管负担的各种方法。在第四章，我描述了四种主要类型：《巴塞尔协议》（以及此前和此后的金融监管机制）促进的监管套利；旨在吹捧企业或政府账户的会计套利；旨在获取更有利的税收待遇的财政套利以及旨在利用全世界不同国家不同监管、会计或财政规则的管辖权套利。

所有这些策略都有着共同的根本目的，即通过设计具有不同的监管、会计或财政形式但具有相似的商业效应的交易来取得金融优势。这些套利活动通常会产生负面的经济价值：发起这些交易的企业（以及促成这些交易的代理人）所获得的收益会被（通常是不知名的）其他行为人（最常见的是公众纳税人）的损失所抵销，甚至还不足以抵销。

应对套利最有效的方法是确保用同样的方式处理具有相似经济效应的交易，这一点被当作监管目标（也是会计标准和财政政策的一个目的）而得到广泛的接受。但是，现代金融界的复杂性使得这一理想难以实现。许多监管机构似乎坚持认为，应该用更复杂的规则消除或者好好解决套利问题，但这种想法不过是一种错觉罢了。在税收政策领域，旨在打击财政套利的收入税立法 200 多年了，仍然没有消灭逃税现象，反而造成了税收法典的超级复杂性。

大体上来看，有两种解决方法可供采纳。一是授予监管机构更多的自由裁量权，以便于他们贯彻相关规则的精神而非文字内容。监管的钟摆总是固定在“基于原则”和“基于规则”之间来回。通常情况下（尤其是在诉讼更少的欧洲），人人都希望能避免详细规定的复杂性，但在随后的实践中，公司却要求得到更明确的指导，想知道它们被允许做些什么（通常意欲最大化地利用这种许可），然后规则手册上又会增加更多的页面。这种自由裁量权在税收政策上是最不能接受的，因为根据监管人员的想法而不是客观规则来评估纳税人应该支付多少税款，这种做法显然是最不受欢迎的。即使是税收政策领域，鉴于以往特别复杂的方案所带来的艰苦经历，许多政府已经引进了一般反避税条款，以打击没有真正商业目的交易。

另一种打击监管套利的方法是通过限制监管套利的范围来制定相关的原则和规则。虽然几乎没有什么概念能完全明确地阐述某个定义，但是销售是一个比收入更为容易衡量的概念，杠杆率是一个比风险权重资本更为简单的度量标准。在有效管理的利益面前，潜在目标总是一定要妥协的。

债务与股本之间的界线是金融体系最严重的，也是存在时间非常久远的监管套利来源。确实，金融领域的每个人都熟悉用债务取代股本能够获得税收优势的原则，因此，这已经被视为商业生活存在事实而非金融套利的实例。这种做法对财政制度的成本和复杂性、对政府征集税收的能力、对金融稳定性等造成的各种不良后果不计其数，并已得到广泛讨论，各种消除或减少此类扭曲现象的提案也已出台。然而，债务和股本之间的税收差异所造成的不良影响已被归入了跨国公司普遍性存在的企业逃税这一更加宽泛的问题中。这一活动既是造成金融化的原因也是金融化引起的结果，而且现在已经不受控制。令人沮丧的是，各国政客以一种大家熟知的虚伪方式一面谴责这些逃税活动，同时却又推行一些从其他国家吸引税收的措施，并偏爱那些他们支持其利益的公司。

与金融业和非金融企业的金融活动相关的税收政策的无效率造成了扭曲，这一问题在其他地方得到了广泛的讨论。本章关注的焦点是对银行监管，但银行监管机构从其他领域或行业的监管套利经验中几乎没有学到什么东西。《巴塞尔协议》进程通过一本惯例手册寻求对银行活动和曝光的控制，并增加了更为复杂的规则，以应对每一项监管套利实例，以及全球金融危机爆发之前和期间发生的监管全面失败。

这种方法注定遭遇失败，究其原因，冯·米塞斯和哈耶克等批评家进行过最为透彻的解释：作为计划者或监管者，高层永远不可能得到足够的当地信息，因此无法准确预测下属单位的需求或机遇。虽然难免沮丧，协议还是出台了更多的规则和目标。结果总是越来越复杂，但基本上不会越来越有效。

证券监管

> 1984年是美国证券交易委员会成立50周年。50年前，在大萧条最低谷时，全美的证券市场一片萎靡。时至今日，它们成为全世界有史以来最优秀的资本市场，是最广泛、最活跃、最有效，也是最公平的资本市场。
>
> ——约翰·沙德（主席），1984年美国证券交易委员会年度报告

证券监管的现代框架起源于20世纪30年代的罗斯福新政。那时，

政府推行了一个综合性的框架，以应对大萧条之前的金融积弊。美国当时开发并在随后几十年逐步完善的机构框架及基本理念对世界各地的证券监管机构的思维方式有着深远的影响。1933 年美国立法成立了美国证券交易委员会，其主要目标是为了提高公众获得信息的质量和数量。照此推论，证券交易应该只能在这样的信息基础之上进行。

这一观点从表面上看充满吸引力，但从根本上来说则难免缺陷。这种思想框架通常借用体育比赛的“公平”来进行描述：“公平的竞争环境”是确保所有选手能够在同等条件下进行竞争的基础。为了实现公平，应该向每个人，包括公司主管、投资银行家或者以家用电脑进行日常交易的交易员，提供一个标准的信息模版。市场参与者能够且只能够在此信息基础上进行交易。没有任何交易者可以获得比别人更多的信息，交易者能否获取成功只能取决于其解读信息的技能，或者预测他人将如何解读信息。

当然，这种“公平的竞争环境”是不可能实现的，也从来没有实现过。即使能够实现，也不会是大家所想要的那种“公平的竞争环境”。然而，就像赌场上的监管人员一样，美国和欧洲的证券市场监管者通常将“市场完整性”描述为自己的监管目标；他们关注的焦点在于市场的有效运行，从狭义的技术层面来看，他们关注的是过程而不是结果。强调市场参与者的先占观念而非市场使用者的利益已经深深植根于当前的思维方式中。在欧盟内部，证券市场的核心规则是《反市场滥用指令》和《金融工具市场指令》。这就意味着，他们关注的不是客户滥用（如果这样的话，可能就会要求出台《反客户滥用指令》），而是“市场”滥用。

流动性、价格发现和透明化是大西洋两岸监管对话的“咒语”。对流动性的追求往往只意味着把促进交易活动视为监管的终极目标：交易之所以如此受欢迎，是因为交易能促进交易。“价格发现”这一术语压根就没有任何显而易见的意义。它是从凯恩斯选美竞赛所体现的自我指涉世界衍生出来的。实体经济需要从证券市场获得的服务是“价值发现”，即对以企业的潜在收益和现金流为基础进行交易的证券潜在价值的估值。

就经济层面而言，经济证券市场目的是满足公司和储户的需求。金融中介促进有效资本配置的效率取决于市场参与者可获得的信息质量。无论是在原则上还是在实际操作中，如果监管的主要目的在于通过确保没有任何交易者具有信息优势的手段来促进交易的话，这样的监管确实阻碍了有效的资本配置。在彼此信任的环境中，有效信息和有效监控能得到最佳实现，或者只有在这样的环境中才能实现。为了确保信息传输的诚实可信，并且与用户的需求直接相关，这种信任关系通常必不可少，但也许只有这种关系还远远不够。

在抵押贷款市场，交易活动和销售活动取代了分行经理与借款人之间、分行经理与总部之间、抵押借贷公司与其投资者之间的诚信关系。其结果是降低了在这些关系之间传递的信息质量。要为普通散户投资者的长期利益提供最佳服务，必须确保把投资决策建立在最佳信息的基础之上，但是“最佳信息”与大多数数据截然不同。这种情况导致证券监管对“透明化”的重视。尽管把透明化当作监管目标本身没有多少可挑剔之处，但对透明化的要求导致了这样一种结果：向用户提供越来越多几乎没有或根本没有任何价值的数据材料。

解决信息不对称的方法并不总在于提供更多的信息，尤其是“信息”大部分内容都只是一些“杂音”或样本文件，即放进每一份报告的标准文件。一方面，公司理直气壮地抱怨用户要求它们提供的数据量越来越多；另一方面，会计信息的使用者觉得这些数据的相关性越来越小。认为所有投资者都能获得或者应该能获得同样的企业信息，这一想法纯属幻想。要将这一幻想变成现实的尝试引发了一系列更多的监管措施，这些新的监管措施抑制了公司和其投资者之间的接触，并阻碍了有助于评估证券基本价值的真实信息的收集。借用美国计算机科学家克利福德·斯托尔的名言来说，就是，“数据不等于信息，信息不等于知识，知识不等于理解，理解不等于智慧”。

在明确的金融犯罪中，20 世纪 70 年代雷 · 德克斯揭发的股权融资公司诈骗丑闻是最奇异的案例之一。股权融资公司是一家腐败的保险公司，案发后，公司高管锒铛入狱。此前未能发现并调查该诈骗案的美国证券交易委员会，随后指控德克斯涉嫌内幕交易。该案提交到了最高司法层，美国最高法院肯定了明显的一点，即该公司曝光的犯罪中，公众利益高于在公司股票毫无价值的情况下维护有序市场的公众利益。根据遵循欧盟指令的英国法律，德克斯很可能是有罪的。可见监管的工作重心已经从保护客户转向了保护市场。

这种监管方法产生的效果是，削弱并最终根除通过秘密活动生成信息的尝试，并将信息限制在监管法规规定的范围之内。但是，为普通散户投资者的长期利益，尤其是为那些接受资产管理公司服务的大部分投资者的长期利益提供最好服务的方式，不是要在他们和市场专业人员建立信息“公平的竞争环境”，而是要确保投资决策是建立在最佳信息的基础之上。

消费者在购买汽车或找医生看病时并不想淹没在一堆技术性信息中。他们的目的是希望获得产品或建议，他们依靠产品或建议提供者的声誉来确保自己的要求能够，或者尽量能够得到满足。金融服务是不一样的，因为金融服务提供者的声誉已经恶化到了消费者对之不再抱有任何信心的程度了。为用户需求提供服务的监管工作的重心应该是金融机构的诚信而非市场的完整性。

对于金融市场的自我先占观念，鲜有像本节开头引用的沙德先生表达自我祝贺的话语那般清晰的表达方式。他认为，监管要获得成功的关键措施在于鼓舞市场参与者的士气，这一方法比“活动”和“公平”更重要。也许他应该担任的职务是一群足球观众的啦啦队长，而不是监督市场参与者的监管人员。但那是在 1984 年，是的，那是在 1984 年！那时金融化才刚刚开始。

监管行业

如果这个国家任何一家大公司打算雇用以此方式开拓自己市场的冒险家，为了牟取更多的私利而促成普通法的通过，那么，每一个具有道德意识的正直人都会本能地把这些沉浸在腐败与就业中的雇主和雇员当作无耻之徒进行强烈谴责。如果这样的实例数量众多、对外公开并得到公众容忍，那么，它们将被视为衡量公众道德腐败和时代堕落的标尺。如果这样的话，我们不需要先知精神就能预知近在咫尺的后果。

——美国最高法院，1874 年特里斯特与蔡尔德案

监管的复杂性促进了合规和风险管理方面专业领域的发展。尽管表面上看，合规和风险管理的控制权被授予了各个下属部门，各部门的功能更加专业化，但实际上，风险经理通常并没有受到多大的尊重。风险管理人员不是利润获得者，因为大部分交易员将他们视为赚取利润的绊脚石。坚持公司的管理程序应该符合相关规定要求的合规官的地位甚至更低。

这样一来，风险管理与合规脱离了执行管理层和交易，因此，金融监管成为一个独立的行业。金融监管行业由以下人员组成：金融服务公司内部的合规和风险管理人员、监管机构的工作人员，以及在他们之间进行协调工作的咨询师和律师等。金融监管行业还雇用了试图对立法和监管条例内容施加影响的游说者。游说者拥有自己的特殊语言，这些语言充斥着大量缩略语，大部分缩略语连其他金融界专业人员都无法理解。

监管行业及其监管体制的规模和复杂性意味着，只有具有广泛从业经验的人才能行使监管职能。这种经验必然会对监管者的观点产生决定性影响。作为美联储主席和美国财政部部长，蒂莫西·盖特纳对于他所面临的问题以及更加广阔的工作背景似乎一无所知。但他确实具有相当

丰富的金融行业和金融监管知识，也有着良好的人脉资源。政治家的确要依靠他或者像他这样的人，这是可以理解的，或者也是不可避免的。指望银行家解决他们自己制造的混乱问题似乎是荒唐的。但是，除此之外，又能怎么办呢?

金融业在游说上的花费比其他任何行业都要多。在美国，2012—2014 年竞选周期的总花费高达 80 亿美元，竞选捐款花费了另外的 4 亿美元。华盛顿大约有 2000 名注册金融业游说者，也就是说每位国会议员大约有 4 名游说者。这一数字还不包括那些没有注册的游说者，参议院多数党前领袖汤姆·达施勒和众议院多数党前领袖纽特·金里奇（他们现在分别担任一家大型法律公司和房地美公司的“政策顾问”）都没有注册。招募曾经著名的政治家担任游说者是近几年发展的，但发展的速度非同寻常。厄尔·艾德礼和哈里·杜鲁门离职后居然从事着有偿游说，或者对使用他们的通信录收取高额费用，这是不可想象的。

布鲁塞尔有 1250 名注册金融业游说者。据报告，花在游说上的年度总费用大约是 1 亿欧元。据估计，如果加上没有注册的游说，这两个数都将各增加 25%。2011 年，英国金融业在游说上花费了 9200 万英镑（由于英国金融业的规模是欧洲最大的，这里的计算可能存在一些重复）。我们不妨在此做个比较，美国证券交易委员会的总预算大约是 13 亿美元，而英国金融服务监管局的总预算是 4.5 亿英镑。

监管机构被这些游说活动及其造成的政治压力摧残得苦不堪言。然而，监管机构，尤其是中央银行的高级岗位还是博得了极高的声誉和公众的尊敬。这些岗位往往能够招募到杰出的人才充实金融监管机构，尽管按照金融行业的标准来看，他们获得的财务报酬基本上是不合理的。美国联邦储备委员会主席珍妮特·耶伦的薪水是摩根大通银行首席执行官杰米·戴蒙工资的 1%，但是，根据《福布斯》杂志的排名，这份工作使她成了全世界排名第二的最有影响力女性。（排名第一的是德国总理安格拉·默克尔，她的收入与耶伦女士的收入差不多。）

然而，监管机构那些级别较低的岗位就远没有那么大的吸引力了。虽然不像主席的薪水那样低得不成比例，但按金融业的标准衡量，他们的薪水不算高（即使相对于其他公共部门的员工们来说，他们算是收入颇丰的）。这些岗位享有的地位较低，工作本身也不是特别有趣。如果“打钩”是他们被要求从事的也是他们完全能胜任的工作，将他们蔑称为“打钩的”，是不公平的。在所有接受监管的机构中，那些展示了监管工作能力的人都可能得到该行业各公司提供的颇有吸引力的工作。监管机构很难招到并留住高素质的员工，它们基本上没能做到这点。

很难吸引到能干的员工意味着，金融监管机构的负责人的愿望，或者任命他们的政治家的愿望，没有转化为实际执行日常监管工作的人的活动。

监管人员不能轻易质疑一个经营不善的金融服务企业（如雷曼兄弟银行和苏格兰皇家银行）的基本战略。这些企业的内部人员，包括苏格兰皇家银行董事会真正杰出的人物（雷曼兄弟的杰出人物都是富尔德的朋友）在内，没有谁愿意质疑迪克·富尔德或者弗雷德·古德温。就与权贵们接触的机会而言，即使是监管机构的负责人也远不如大公司的高级管理人员，不为别的，只因为后者手中握着大把的钞票，能够非常慷慨地馈赠给他人。请回想一下戈登·布朗对富尔德和雷曼兄弟热情洋溢的赞美之词（见第一章），再请注意一下古德温和他（当时）的妻子在英国首相乡村别墅契克斯欢度周末时受到的热情款待，即使他的银行当时正滑向破产的边缘。雷曼兄弟银行和苏格兰皇家银行的经营者都是令人讨厌、霸道且具有良好政治关系的人，这并非偶然，因为这些特征通常都会指向个人成功，但同时也会指向企业失败。

现在，请把你自己放在某监管机构初级人员的位置上，且对这些机构的风险控制持保留态度。即使你觉得自己有能力提出批评，而且有足够的勇气说出自己的疑问，你的行为或许得不到机构那些一心往上爬的人的充分重视。他们更喜欢平静或者更富成就感前瞻性的生活。

正在为他们的工作奋斗的工人往往会尽力做好他们能做的事情，这可能与他们必须做的事情有所不同。关注总体上运行良好的金融服务业管理程序上的一些小缺陷是容易的，因为监管检查总是能够找出一些不完整的客户文件或记录保存中的疏漏。明确指出此类管理缺陷通常会引起一些温和的反应：相关公司会很尴尬，并提出采取补救行动的建议。这不会对接受监管的企业高管造成任何威胁，他们完全可以将问题归咎于下属的操作失误。在监管机构中，上级领导会对员工的警惕性大加赞扬。

卡门·塞加拉正在发起一场诉讼，指控纽约联邦储备银行（蒂莫西·盖特纳任该行行长，直到出任财政部部长）对她的不公正解雇。她被要求对高盛集团一系列事件之后的有关利益冲突方面的政策进行评判。这些事件包括“神奇的法布”的算盘交易（见第二章）和埃尔帕索与金德摩根之间的交易（见第四章）等。她公布了一些录音带，内容显示，美联储不愿意惹高盛集团生气，并且指示她淡化对高盛集团的批评。“有时候，”她声称有人告诉她，“最安静的银行监察员才最受重视。”

虽然不能作为申辩的理由，但这解释了监管机构似乎给合法经营强加了无穷无尽的琐碎限制的原因。像美国证券交易委员会一样，尽管有哈里·马科波洛斯提供的详细档案资料，监管机构还是没能识破，更无法理解欺诈者伯纳德·麦道夫。面对类似的监管惯性，揭露新经济泡沫时期的渎职行为，这一艰巨使命落到了热情洋溢的纽约州首席检察长艾略特·斯皮策肩上。

纽约地方法院一直是惩治华尔街不法行为的主要平台，法院的地区检察官罗伯特·摩根索和法官杰德·拉可夫一直坚决反对银行的渎职行为。

监管机构应该重新审视高盛集团的风险管理策略，这一想法简直是荒谬的。大家普遍认为高盛集团拥有金融领域最好的风险管理系统，也是业内报酬最高的公司之一。实际上，高盛集团的模型或管理结构连市场崩溃的早期阶段（如戴维·维尼亚指出的 25 个标准差事件）都不足以对付。对于信息和资源都远远少于高盛集团的监管机构来说，又有什么希望能够更有效地做好这份工作呢？在制定规则时，对于监管能够实现什么目标持务实态度，这一点是极其重要的。

“在方向盘上睡着了”

（州际商务委员会）对铁路非常有用。它可以满足民众要求政府监管铁路的呼声，与此同时，监管几乎完全是名义上的。此外，委员会延续时间越长，越会倾向于站在行业和铁路公司的角度解决问题。

——格罗弗·克利夫兰政府司法部部长理查德·奥尔尼，
1892 年致伯灵顿铁路公司总裁查尔斯·帕金斯的信，
引自 J.M. 史密斯和 P.L. 墨菲《自由与正义》（1958），纽约克诺普夫出版社

假如我偏离航向，迟到两天才回来。他们会问我：“您这段时间哪里去了，船长？”我该怎么说呢？转了个圈，避避坏天气，我会说。那一定糟糕透了，他们会说。我不知道，我说，不过我避开了。

——麦回尔船长，约瑟夫·康拉德，《台风》（1902）

不可避免的是，自 2007—2008 年金融危机以来，金融服务监管和监管机构一直饱受非议。监管机构“在方向盘上睡着了”。对 2007—2008 年事件的修正主义报告称，该行业的失败与欺诈，就像公众受误导所相信的那样，不是管理无能和个人欺骗引起的结果。企业倒闭是政府所犯一系列错误导致的后果，包括对住房自有率的不明智激励、宽松的货币政策和监管不力等。

虽然这种说法从根本上说是极其荒谬的，但也有一定的真实性，因为的确存在严重的政策错误。1999 年，金融衍生工具被排除在美国监管的范围之外，现在，大家普遍认为这一做法是错误的。此外，金融业结构的改变，即从合作伙伴关系转变为有限责任公司，有效地将部分风险管理责任从金融公司转移到了监管机构。

《巴塞尔协议》的资本充足率计算取代了银行自己实施的审慎风险管理。在对这场危机进行的修正主义解释中，各银行的确指责了监管机构未能对它们施加更高的要求。银行还指出一点：银行高管承受着来自交易员和股东的压力，因此将其资产负债表扩大至监管允许的范围。监管规定的资本及行为最低标准被诠释成了最高标准，或许这种说法有些夸张的成分，但也没有十分离谱。

如果我们将政策错误看作金融危机问题的根源，那就说明我们既不懂经济学也不懂政治学。或许不对信用违约互换进行监管是错误的，但是，如果有了这样的监管存在的话，监管机构又能做得了什么呢？毕竟，因被这些工具所拖累倒闭的银行本身也是受到监管的机构。

几乎在每个发达国家都可以观察到这样的监管失效。如此多的监管机构几乎同时但又彼此毫无关联地“在方向盘上睡着了”，这简直是令人难以置信的。这种休眠状态一定有更为系统的根本原因。从政治角度来说，英、美两国的政策制定者对金融服务业的约束几乎没有什么胃口，反而通常持反对态度。因此，即使监管机构倾向于采取先发行动，并且知道要实施哪些措施，也不会得到应有的政治支持。这样一来，监管机构很少或根本没有动机采取任何行动。如果船主不允许船长移动船舵，那么他无论是在方向盘上睡着了还是在桥上清醒着，都几乎没有意义。这样的话，他还不如回到自己的小隔间去呢。

任何监管机构的先发行动都面临着麦回尔船长的困境。缺乏想象力的苏格兰船长并不是“在方向盘上睡着了”。经过深思熟虑后，他做了这样的决定：无论前面会有什么危险在等待他，他的最佳做法就是全速前进。预防措施的成本和后果真实存在，也是可衡量的。如果预防措施能够奏效，成功避免的破坏性事件造成的成本以及这些事件的本质都将存在于假设之中。公众赞美的不是那些躲过了风暴的谨慎船长，而是像麦回尔船长这样通过战斗渡过难关的英勇水手。

有些监管人员基本上是安插的人，由金融业及其政治朋友安置在此，代表行业的利益并实施名义上的监督。其他人则是诚实而忠诚的公仆，然而，他们一直都很清楚行业的政治影响。“低干涉监管”不是由于监管员的懒惰造成的，而是通过政治途径传达的金融产业需求的产物。请请把戈登·布朗的说过的话（见第一章和第九章）与西奥多·罗斯福（见第一章）和富兰克林·罗斯福（见卷首语）说过的话比较一下，就明白了。

在北欧和北美，几乎没有证据表明监管机构或政治、金融和商业高层存在明显的腐败行为。这些地方的监管机制更为微妙。监管人员采用那些接受他们监管人的心态进行监管。监管人员依赖于这个行业，不仅是为了获得他们所要使用的大部分信息，也是为了获得解释这些信息的框架。此外，行业信息来自于那些掌握良好资源的消息人士和游说者，这是因为公共利益在一般情况下往往资金匮乏。如果你的工作是对交易员进行监管，你自然会听到他们的顾虑。如此一来，监管人员的目标就是要杜绝市场滥用行为并促进金融工具有效市场的形成。如果一个人能与有权有势的富人结盟，他的生活就更舒适，而受到监管的人总是比监管他们的人更富裕，实际上也更有权势。

对于离职的政治家和监管人员而言，金融是一个非常有价值的就业来源。对于在公共部门担任过最高职位的人来说，光是巡回演讲就足以确保他们过上舒适的退休生活了。对于那些所做贡献不太值得注意但颇具影响力的人来说，报酬丰厚的非执行董事和顾问角色颇为诱人，因为他们有着良好的人际关系网，又了解内情，这些都是极具价值的。虽然少数政客通过抨击某些既得利益者建立了成功的事业，但更多的政客则因为屈从于资金雄厚的集团的发展而享受着舒适的生活。

在电影《监守自盗》中，查尔斯·弗格森采访了众多著名人物，包括在全球金融危机爆发前许多事件中发挥过重要作用的经济学家。弗格森给观众描绘了这样一种腐败情景：人们所说的是有人付费让他们说的。然而，这种描述太肤浅了。在北美和北欧，在公共部门任职的人很少会因为大量现金的诱导而改变自己的思想，那些通常因可靠盟友或强有力游说者而改变的人也不会因为金钱而改变。

有效率的游说者会接近倾向于支持其立场的人，而游说团提供的协助会强化这一立场。那些从竞选支持获益的政客更有可能获胜，如果他们真的获胜了，往往不会对其支持者的权益持怀疑态度。在学术界，金融利益提供给个人和机构的援助有助于建立一种专业共识，这一共识将主导期刊的编辑政策、研究委员会的资金发放流程、评审咨询委员会的决定以及未来的学生教育等。

或许可以将这一过程描述为“心智俘获”，即使他们是谨慎而诚实的监管人员、政治家和学者，还是很容易受到它的冲击。在监管重点由强调机构的法律责任转变成促进抽象化的市场完整性这一过程中，心智俘获表现得非常明显。正因为如此，一组模型开始主宰金融经济学的专业研究，而这些模型对于实际正在发生的事情提供了一种误导性的解释。正如杰克逊霍尔座谈会所揭露的那样，那些向决策者提供建议的人都被这样的理论蒙蔽了，看不到其真正的破坏性本质。

因此，迫切需要将监管更多地聚焦于消费者的权益，并减少市场过程完整性的监管。2008 年之后，美国实施了新多德—弗兰克监管体制，成立了一个以保护消费者权益为目标的新机构。这一新机构的设计师、争强好胜的伊丽莎白 · 沃伦，希望成为机构的第一任负责人。但是，她的任命遭到了金融服务业及国会代表的否决。在英国，新成立的金融服务监管局负责保护消费者权益，但与维持金融服务业的信心这一法定目标相比，保护消费者权益并非那么重要。但是，公众对监管行业的信心是有效监管应该取得的成果，而不是目的。

“监管俘获”一词通常与芝加哥大学诺贝尔经济学奖得主乔治 · 斯蒂格勒联系在一起，但这一现象的历史却要久远得多。美国铁路监管的推出源于民众的抗议，尤其是来自农业领域的抗议，反对大家普遍认为的过度收费。铁路公司自然反对限制他们自己定价的自由。于是，在格罗弗 · 克利夫兰任命与该行业关系密切的理查德 · 奥尔尼担任司法部部长时，他们希望能够废除或削弱新成立的州际商务委员会。理查德·奥尔尼提出了相反的建议。他建议铁路公司促使委员会为他们的利益服务。这是个非常不错的建议。到 1995 年委员会最终被废除时，大家普遍认为它代表的不是公众权益而是它所监管的公司的利益。

在有关监管俘获情况的研究中，航空业的监管或许得到最广泛的研究。航空安全监管的必要性是不言而喻的，很少有自由主义者愿意看到不安全的飞机在各大城市上空飞越。但安全监督扩展到了对越来越多航空公司运作方面的控制。毕竟，承受财政压力的航空公司可能会节省维修费用。20 世纪 70 年代之前，航空监管机构代表垄断航空公司有效地运行一个垄断组织。航空业就三明治的定义进行了臭名昭著的合作，旨在防止成员公司通过食品质量竞争在管制价格上作弊。

20 世纪 70 年代，美国左右两翼的联盟成功地拆散了这种结构。一方断言，这一过程是一场为大公司牟取利益而运行的骗局；另一方则声称，自由市场的运作能为消费者提供更好的服务。双方的说法都非常有道理。监管历史学家艾尔弗雷德·卡恩被任命为民用航空局主席，在那里，他完成了一个非比寻常的壮举：对他所领导的机构进行了清盘。

随之而来的是廉价航空公司的快速增长，首先在美国，然后迅速扩展到全世界其他地区。很多老牌公司，如泛美航空公司和环球航空公司，纷纷倒闭。也有一些公司成功地适应了这种新的竞争环境，另一些新成立的公司加入竞争行列，然后又退出了。如今，航空监管的重点非常狭隘，专注于安全性及其相关问题，而监管行业发展了所谓的“公正文化”，“公正文化”促进了过失的公开化，也促进了维护集体诚信的集体感与提供优质服务的责任感和竞争意识的共同发展。在公众关注的商业活动的其他领域，比如医学领域，“公正文化”概念正在得到越来越多的认同。而其他行业——最重要的是在金融服务的相关讲述中，我们可以发现很多经验教训，金融业有着其特殊性，这一感知是根深蒂固的；监管俘获在监管行业广泛存在。

当然，监管机构可以而且应该做得更好。但是资金雄厚的行业会利用它们的经济实力施加政治影响，这一点是不可避免的。在这方面，没有哪个行业的资源比金融业更丰富。尽管金融监管被全面俘获——服务于行业内大型成熟企业的利益，这些公司却将监管视作一种成本高昂的负担和发展障碍。两种批评都有道理，这正是监管失效的一种衡量方法。同时具备广泛性和深入性的金融监管仍然受制于它所监督的行业，并且没有能够实现其基本目标。

监管提案需要基于以下认识：这种监管产生的限制，并对监管能实现什么进行现实评估。加强那些不仅没能阻止反而主动促成全球金融危机的政策，无法弥补 2008 年清楚显示出来的监管弱点。

正确应对全球金融危机的最初对策应该是稳定行业现有结构。这恰恰与所需的长效对策相背，而长效对策可以组织倒闭企业的有序清算并管理那些立即崩盘会对实体经济造成严重破坏的不稳定活动。然而，在实践中，目标似乎是为了阻止，并且是不惜一切代价地阻止银行系统各机构的商业性倒闭。盖特纳的回忆录毫无疑问地说明，这是他的主要目标，而欧洲各国政府普遍不愿意承认银行业的亏损规模。

这样的结果代表着几乎每一层面的政策失败。产业结构或行为几乎没有发生任何变化，其结果是，接二连三的危机或多或少都是不可避免的。投入金融系统的巨额公共资金对于促进经济复苏毫无作为，因为这些资金在很大程度仍然保留在金融业内部，或以超额报酬的形式支付给了高级职员。

或许，对于实体经济而言，相对于允许大型机构在 2007—2008 期间倒闭，然后在国家资助下进行金融业重组这样的对策来说，全球金融危机引起的旷日持久的后果更具破坏性。像麦回尔船长一样，我们永远都不会知道我们没有经历过的事情。

第九章

经济政策

大师格林斯潘

历史会裁决艾伦·格林斯潘是让数百万美国人富裕起来的人，还是不忍心告诉他们这一切都是假想出来的人。

——约翰·凯，《市场的真相》（2003）第5—6页

2008年，历史给出了裁决，只是这样的判决结果对艾伦·格林斯潘颇为不利。20年来，格林斯潘一直担任美国联邦储备委员会（央行）的主席。他此间获得的名望在鲍勃·伍德沃德（揭发“水门事件”并将一位总统拉下马的调查记者）为其撰写的圣人般的传记《大师》中有集中体现。很少有人的公众声誉经历过如此快速的逆转。2008年，格林斯潘抱歉地告诉国会：“在我视为定义世界如何运转的关键性功能结构的模型中，我发现了一个缺陷。”

格林斯潘以其令人费解，甚至带有几分神秘色彩的公开言论著称。他的装模作样被认为隐藏着深邃的智慧。他年轻时曾担任安·兰德的助手，后者是一位俄罗斯移民，后来成了极端个人崇拜的创始人和领导人。兰德哲学思想所代表的对国家行动的敌意与格林斯潘作为世界首席金融监管人的身份格格不入，但正是这种怀疑主义吸引了里根领导下的共和党人，因而在1986年任命其担任美国联邦储备委员会主席的职务。

极其巧合的是，格林斯潘被任命为美国联邦储备委员会主席时，决策者将货币主义视作经济原则的兴趣达到了顶峰。在 20 世纪 70 年代十年经济困难期，对凯恩斯财政政策有效性的信心衰退了。英、美两国政治重心向右翼转向发挥了一定的作用。

金钱对人类有着无穷的魅力。世界上有许多学派的货币怪才：任何对经济事务公开评论的人都会定期收到他们的信件。拜金主义深深植根于人类的心灵。但很少有货币经济学家或央行行长跟他人分享这种对金钱的痴迷（因为这个原因，他们常常引起货币怪才们的愤怒）。

金融化时代流行的货币模型与金本位学说很不一样，其必须严格遵守一个预先公布的目标。目标的选择随着时代风尚而变化。20 世纪 80 年代的首选指标为货币供应量增长，然后通货膨胀目标制应运而生。全球金融危机中出现的债务规模导致许多人赞成努力开辟减少债务的路径。在本书写作时，前瞻性指引——一个假想的对未来意图附加条件的声明——即将结束它在阳光下的短暂生命。

致力于实现已宣布目标的策略在知识性和思想性方面颇具吸引力。持右翼政治观点的人为放弃自由裁量权（或者至少出现这样的放弃）而鼓掌，据称这将以最小的政治干预确保经济的稳定性。这一理论的学术辩护宣称其“与政策无关”，还说政府或者央行采取的一些措施总是弄巧成拙，因为这些措施会被私营部门的行动所抵消。有些人真的相信这一点。

伴随金融化而来的货币政策新重点最初导致了利率的大幅增加，以遏制通货膨胀。1980 年，英、美两国的短期利率分别为 17% 和 19%。这些利率挤压了购房者、杠杆化企业和房地产开发商的预算，并打压了资产价格和商业信心。充分就业的设想曾是 20 世纪五六十年代的特色，此时已不复存在。20 世纪 80 年代初采取的措施打破了持续和加速通货膨胀的预期。在接下来的 20 年，利率和通货膨胀稳步下降，而企业利润和资产价格迅速上升。就是在这样的宏观经济背景下，格林斯潘登上了中心舞台。

2 个月内，他的意图经受了考验。在 1987 年 10 月 19 日的“黑色星期一”，美国各大股指一天之内下跌了 20%。在第二天上午股市交易之前，美国联邦储备委员会发布一份声明：“联邦储备委员会将履行其作为国家央行的职责，今日证实，委员会做好准备提供流动性，以支持经济和金融体系。”在格林斯潘看来，“纽约联邦储备银行官员打给纽约市各大银行高级管理人的电话，有助于确保对票据清算所成员的持续信贷供给，从而使它们进行必要的保证金支付”。花旗集团的约翰·里德阐释了这件事情的实际意义：“10 月 20 日，在他接到纽约联邦储备银行行长杰拉德·科里根的电话之后，他的银行对证券公司的贷款从正常水平的 2 亿至 4 亿美元飙升至 14 亿美元。”（1994 年，科里根加盟高盛集团，并于 2007 年担任集团主席。）简单地说，美国联邦储备委员向银行提供了资金，以借贷支持股票的价格。

这些措施达到了预期效果。美国股市在一年内恢复到了崩溃前的水平。美国中央银行支持美国股市的准备措施被称为“格林斯潘对策”，并在 2000 年新经济泡沫破灭后得到了大力实施，尽管不是很有效。2006 年，格林斯潘以 79 岁的高龄从美国联邦储备委员会退休了。他选择这一时机退休是幸运的。就在他退休的第二年，全球金融危机爆发了。

美国联邦储备委员会的声明提到了“国家中央银行的责任”。但这些责任是什么？全球各地的央行都是给人留下以下印象的机构：行长或其他领导人都是受人尊敬的人物，银行配备的工作人员许多都是公共部门能力最强的人，在许多国家，央行是在腐败的海洋还能独善其身的岛屿。央行的职能包括在其经营的国家金融业中充当“啦啦队长”和协调员的角色；监督（这是一个仍然广泛使用的传统术语）或调控其下属银行的各项活动；在经济政策中发挥其应有的作用，这种作用必定会扩展到控制通货膨胀，并可能包含更加广泛的责任。

然而，央行有许多不同的类型。从 20 世纪成立之初，美国联邦储备系统就被设想为一个银行的集体组织而不是一个公共机构。虽然联邦储备委员会的委员由美国总统直接任命，但十二大区域银行，包括强大的纽约联邦储备银行在内，都是银行业利益的代表。在 1946 年进行国有化改革之前，英格兰银行基本上是一个私人机构，由精神失常的蒙塔古 · 诺曼行长执掌了 20 年。然而，法兰西银行实际上一直是法国政府的国有机构。战后的德国央行有着不同的宪法作用：经历国家史上最恶性通胀之后，自发充当德国货币诚信的后卫。法国和德国对央行作用的看法之间的这种冲突，导致了对欧洲央行作用的不同看法。法国和大多数欧元区成员国都希望把欧洲央行作为制定欧洲经济政策的工具。德国决心维持银行的独立性——为德国的坚持提供依据的条款来自《马斯特里赫特条约》，欧洲央行就是根据该条约建立的。

一些央行，如澳大利亚银行和 1998—2012 年的英格兰银行，负责制定货币政策，而不负责对银行业进行监督；对于意大利银行来说，情况却全然相反。英国尝试过将对银行体系的调控与监督移出中央银行权力范围，但这个实验被认为是失败的，这不仅因为在此期间所发生的灾难性事件，也因为金融服务管理局从未获得英格兰银行所获得的尊重（虽然事实上，在金融服务管理局从事日常监督工作的人大多是那些此前或此后在英格兰银行管理下从事监督工作的人）。大多数央行在支付系统运行方面发挥着作用，虽然这一作用的具体情况在每个国家有所不同。

央行的一项传统职责是充当“最后贷款人”。这是一个起源于 19 世纪的概念，由沃尔特 · 白芝浩提出：“最后贷款人”在绝对安全的基础上以惩罚性利率将短期贷款借贷给毫无疑问具有债务清还能力的机构。对于这个职责的现代诠释却全然不同：今天的“最后贷款人”在缺乏安全性的基础上以优惠利率将中长期贷款发放给偿付能力极为可疑的机构。这种支持始于 2007 年，当时欧洲银行系统已在基于美国次级抵押贷款基础上的信用违约互换中遭受了大面积亏损，之后欧洲央行将资金注入了欧洲银行系统。而到 2009 年时，各国政府持有许多金融机构的大量股权，并向几乎所有机构提供贷款。

在全球金融危机爆发之前，央行设定的官方利率与银行间利率（银行之间相互借贷收取的利率）很少有实质性的区别。2008 年发生的一系列事件破坏了对银行间贷款安全性的信心。银行能够筹集外部融资的利率根据其信用价值感知的不同而有着根本性的差异。在这种环境下，央行如果愿意不带信用质量歧视地贷款给银行，并且只贷款给银行，这种意愿就成了向那些受支持机构的单纯性公共补贴，这种情况直到今天依然如此。央行一直在薄弱的安全性基础上以名义利率自由地贷款给商业银行。欧洲央行已被拖欠了 12 万亿欧元的债务，为这些债务做担保的主要是欧元区银行提供的不确定质量的抵押品。第六章所描述的 TARGET2 系统的未清余额所代表的是欧元区央行之间的无担保债务。不良银行业务的一条基本准则是，方便包括借款人、放款人和监控人员在内的每一个人都尽可能长时间地假装可疑贷款有一天会得到偿还。没有人会感谢那些揭露盗用的人。

传统的货币政策包括制定利率以及通过“公开市场业务”（即对政府自己的债务进行交易）供应或减少银行系统的流动性。近期制定的“量化宽松货币政策”涉及央行向金融业购买资产：不仅向各银行购买资产，也不一定仅限于购买政府债券。虽然量化宽松货币政策首先于 20 世纪 90 年代尝试刺激日本经济时收效甚微，但自 2009 年以来，这一政策得到了美国联邦储备委员会和英格兰银行的广泛采用。2007 年，美国联邦储蓄系统的资产负债表总额低于 9000 亿美元，而到 2014 年，这一数字上升了 5 倍，增至近 4.5 万亿美元。而英格兰银行的资产负债表增长到了原来的 10 倍，由 390 亿英镑变成了 3990 亿英镑。英国政府 1.4 万亿英镑的债务是其有史以来的最高位，不过，英格兰银行本身是这一债务迄今为止最大的债务人。

作为一种通过宽松信贷以刺激商业投资和家庭支出的手段，这一政府资助的资产购买政策如同把公共资金注入一条漏水的管道，并希望一部分能够慢慢流到终点。这一政策造成的主要后果是保持了资产的高价格，这实际上是格林斯潘 1987 年所设置政策的延续。究竟该如何解决央行各项行动所造成的未清偿债务呢？如果我们谈论的是其他类型的机构，这些是必须马上解决的问题；但央行系统的优点之一就是似乎完全没必要过问这些不便回答的问题。这些数字的规模是难以理解的，但是央行有权力发行货币，并且可以用印发钞票的方式解决任何问题。

对央行的现代功能提出质疑是合理的。或许，甚至问问是否有必要保留央行和货币政策也是合理的。

对于政府及其明智地把自己从大部分控制价格的业务解脱出来的各机构而言，为了管理银行系统也为了整体管理经济而操纵利率，这种做法是否可取呢？电力是国家基础设施的一个重要元素，每一个家庭和企业都要使用。我们不妨进行这样的设想：政府试图通过控制电力供应和价格来管理经济：限制建设新的发电站和新的线路或提高电力价格来限制电力行业的繁荣，或者以低电价和充足的电力供应来解决电力行业的衰退。

我觉得大多数人的本能反应会和我一样，这种方法是一种极其糟糕的主意，其结果将是电力供应和使用的低效以及经济增长的不稳定。与电力相关的这种直觉难道不同样与金融业相关吗？

我认为答案是肯定的。央行的各项活动，如提高或降低利率或影响信贷和流动资产的供应，都会产生重大的经济影响。这些影响往往集中在建筑等特殊行业以及具有基于短期债务杠杆融资结构的公司。利率上升打击近期买房的购房者；利率下降打击依靠储蓄收入领取养老金的人。向银行系统提供的低成本资金能够提高银行的盈利能力，流动供应的增加往往会推高资产的价格，从而在不同收入群体和代际之间产生显著的分配效应。这些影响很少是有意为之或者大家想要的。认为货币政策是通过无记名投票制定的，与个人无关，这一想法是有缺陷的。

假设电力像金融一样，那么思想实验就不会像看起来那么奇怪。

1996年，加利福尼亚州开启了解除电力产业管制的进程，其核心是创建电力批发市场。市场设计保留了价格上限和供应限制，但鼓励交易员进入市场，一些交易员对加利福尼亚的发电情况或向该州居民提供的电力供应情况几乎不感兴趣。2000年和2001年夏天，因为频繁的停电和电价上涨，加利福尼亚商业生活和社会生活被打乱了。安然公司的交易员因为实施所谓的“死亡之星”和“矮子当道”策略而备受瞩目。

随着太平洋煤气与电力公司（加州最大的电力企业）的倒闭、联邦能源监管机构的干预、安然公司自身（以及许多其他活跃的能源交易机构）出于各种原因的崩溃，这场危机终于在2001年结束了。来自政治左派的批评者将加利福尼亚危机归咎于解除管制。来自政治右派的批评者则辩称这场危机恰恰由于没有完全解除管制引起的。双方的观点在某种程度上都是正确的。复杂的市场、不必要的中介、精心的监管和巧妙的交易策略交织在一起，构成了一种不管用的混合式结构，这种结构虽然能够盈利，但却扰乱了供应。与之相比，无论是旧的集中控制式系统，还是综合的自由市场制度，都能够取得更好的效果。或许这里也有值得金融业学习的经验教训。

维持支付系统的完整性是一个迫切要求，而实现这一要求的主要工具是对存款进行保护。公共资金的使用应限于此目的，官方应对金融机构倒闭的策略应该是解决问题，而不是设法让其恢复。如果一个金融集团吸纳存款，则其存款吸纳功能应在经济上和操作上与其他业务活动相隔离。万一出现可能无法偿还债务的情况，可以由特殊的管理人员临时控制这些功能并且（就像美国联邦存款保险公司所做的那样）管理这些资产，直到将这些存款转移到有清还债务能力并且具备足够流动性的机构。其余的活动应服从破产管理的一般流程，在正常情况，不应涉及任何公共资金。

一直以来，金融公共机构的经营既要提升国家金融服务部门的利益又要对这些部门进行监控。这两种角色往往是相互冲突的，而在不同时期解决这种冲突的方式是不相同的。20 世纪 60 年代，英格兰银行积极而成功地支持了伦敦金融城作为全球金融服务业的发展。在其生命存续期间,迫于政治压力,金融服务管理局通过实施比美国证券交易委员会“更宽松”的监管法规，成功地将许多金融业务从纽约吸引到了伦敦。

在格林斯潘的主持下，美国联邦储备委员会的政策重点是什么，这一点是毫无疑问的，美国联邦储备委员会 1987 年 10 月发表的声明阐明了其不情愿优先考虑监管机构。为了“支持经济和金融系统”，有必要阻止股票价格的下跌。制定经济政策的优先次序必须取决于金融市场的需求。这一点在 25 年后仍然真实地存在着。

金融市场与经济政策

我过去常常想是否有来世，我想转世做总统、教皇或获得 400 场胜利的棒球击球手。但是现在，我想转世经营债券市场。这样就可以恐吓每个人了。

——詹姆斯·卡维尔，克林顿总统政策顾问，1993 年 2 月 25 日《华尔街日报》

卡维尔的关切被很多人认同并不断被提起。据说，20 年后法国总统尼古拉·萨科齐告诉他的助手说，他能否连任取决于法国能否维持其 AAA 信用评级。几周后，穆迪和标准普尔下调了法国的信用评级，萨科齐理所当然地被他的对手打败了。

金融市场及其参与者的政治权利不仅来自游说者的努力，还来自他们手中金钱造成的影响和俘获的程度，尽管这些都是现代政治生活的核心事实。金融市场参与者的政治影响远远延展到了金融市场相关政策的范围之外。其原因究竟何在呢?

“精明的人”是一个原因。投资银行吸引了一代人中大部分特别能干的毕业生，这种情况在英国和美国尤其如此。于是，政策制定者需要外部建议时，他们就应该指望这些机构，这一点不足为奇。现代金融的复杂性意味着，很少有圈外人能帮助解决这种复杂性构成的公共政策问题。

投资银行家的技能和知识都局限于一个狭窄的领域。尽管金融家在提供建议、推动隐瞒公共账户政府开支的方案、证券化对外援助以及提供与公共服务交付有关的债券等展示了才能，但在复杂的融资安排中很少能找到解决政策问题的方案。

投资银行的一些经济学家（那些经常出现在美国全国广播公司财经频道的名嘴）拥有非常丰富的政策专业知识。他们是全球社区的组成部分，包括在财政部、央行和国际组织任职的官员。即使与他们最轻微的接触，那种认为交易员对经济政策的形成拥有睿智见解的观念就会一扫而空。

然而，部长和他们的经济顾问还是会经常问："市场会怎么想？"在财政部部长递交一份预算时，他在关注民意调查的同时，同样关注着"市场"的反应。政策本身取决于市场持有的政策预期。央行行长或财政部部长不想让市场失望，因此他们自己陷入了证券交易的自我指涉世界之中。这是为什么？这种影响的根源是什么，它有什么合理依据？无论萨科齐总统可能察觉到什么，将他赶下台的是法国选民而不是纽约的评级机构或伦敦的债券交易员。

密切关注市场舆论是格林斯潘主义的必然结果。但格林斯潘政策的重点在于股票市场。通过增加资产价格支撑消费者信心成了股票市场要实现的一个重要目标，并且现在依然如此。那么，对债券市场的关注以及卡维尔和萨科齐的顾虑究竟是如何产生的呢？国家财政部和中央银行的员工知道的事情，穆迪和标准普尔那些吓坏了法国总统的分析师更是一无所知，事实上，后者比前者知道的要少得多。与公务员相比，评级机构受制于政治影响的程度要轻得多。大约在法国信用评级下调时，有人提出，评级机构有责任"咨询"他们将要进行评级并提供评级报告的政府，或建立一个能够更好地理解欧洲顾虑的欧洲评级机构。但是，这些旨在扩大政治手段影响的显而易见的企图最终没有取得任何效果。

对评级机构的严肃批评并不是说他们对欧洲政治家的需求一直没有

做出充分的回应，而是说他们过分地关注了投资银行的需求。我们真正需要的是这样的一个系统：评级机构以向投资者所提供的信息价值为基础出售他们的服务。但是，这很难与证券发行人（而不是投资者）支付评级费用的市场相协调，也不可能与监管机构在监管过程中的官方地位相协调。

在下调法国（随后是美国和英国）债券的信用评级时，评级机构仔细审查了各国承担的现有财政义务的规模、政府的预期收支以及国家的整体经济前景。他们在采取行动时似乎把法国、美国和英国政府视为了贸易组织。政府并不是企业。法国或英国政府在可预见的未来存在债券违约的概率实际上是零。如果这些政府在某个遥远的未来违约的话，其原因将是政治动荡，而不是财务困境。2011 年和 2013 年，针对美国债务最高限额的滑稽辩论造成了美国联邦政府债务技术违约的可能性。这样的违约行为可能是政治混乱而非美国经济资源缺乏的产物。

无论如何，借款和债务目标继续影响着经济政策，而且其影响越来越大。1992 年签订的《马斯特里赫特条约》为欧元区的形成奠定了基础，条约对借款和债务目标合作的相关规定进一步加强了这种影响。该条约鼓励各国政府参与监管套利，通过采用那些从严格意义上来说不属于借款范围的措施来实现其金融目标。随之而来的是那场众所周知的在欧洲共同体统计局、泛欧洲统计局和各国政府之间进行的关于会计套利猫捉老鼠的游戏。如果没有这些策略对抗，意大利就不可能履行其作为欧元区成员国应该履行的义务。随后，高盛集团和希腊政府之间旨在协助该国进行经济统计虚假陈述的安排成了臭名昭著的丑闻。

然而，希腊并不是唯一一个采用这些举措的地中海俱乐部国家。事实上，得益于创新性金融业的英国是最先采用资产负债表外金融业务来吹捧其政府报告的国家。1984 年，英国电信公司进行了最重要的私有化改革，其改革的推动力在于，试图使数字交换方面的一个大面积投资计划与遵守官方的借款目标相匹配。自那时起，隐瞒用以满足国家负债的公共借款就成为英国公共报告的常规特征。与此同时，英国的金融机构把这些技术推广到了世界各地。

有人提出了这样的想法：对英国或法国这样违约不可想象的国家，市场应该设置负债水平的最高限额。最先萌生这一想法的是莱因哈特和罗格夫，他们在工作中观察到高水平政府债务与金融危机发生率之间存在很大的相关性。债务不会连续性地占据国内生产总值约 90% 或以上，这一说法一度在欧洲辩论中获得广泛传播，现在已不足采信，而其从莱因哈特和罗格夫的工作中所获得的支持从来没有超出过有限的范围。

“不连续性”这一概念具有一定的潜在合理性。因为总会出现对（私人或公共）借款人信心减少的时候，这时，新的债务，如果能筹集到的话，也只能以十分苛刻的条款才能筹集到；如果不能为现存债务再融资的话，势必会导致债务违约。这种情况可能会发生在你我身上、发生在雷曼兄弟银行身上，甚至发生在希腊政府身上。但是，对于利息成本不超过国民收入 2%—3% 的英国、法国、德国和美国政府而言，说得好听一点，它们离政府债务利息负担在政治或经济上达到无法承受的阈值还是有一定距离的。

尽管“不连续性”在现实中几乎没有什么实质性的意义，在金融市场参与者的心目中可能仍然具有非常强大的影响力。这种信息不对称是一件好事，而并非是什么问题：如果英国政府知道它将来不会债务违约，而债券市场认为它会债务违约，一个可以发行尽可能多的短期债务（货币）的国家就可以在有利条件下使用这种误解为其债务进行再融资，并用随后再次发行的短期债务回购自己的长期债务。

各国政府在量化宽松政策期间一直遵循着这一政策，但却在错误的时间、出于错误的原因并产生了错误的结果。长期利率远没有达到可能违约预期的异常高位，相反，发达经济体的长期利率处于历史上前所未有的最低点。英国、法国、德国和美国政府能够在今天以低利率，甚至是负实际利率预借几十年后的债务。但是，为了维持资产价格和帮助重组银行体系，英国和美国不仅没有发行这样的债务，反而一直在大量回购其长期债务。

对安全的长期资产需求提供了这样一个机遇：可以重建英国和美国摇摇欲坠的基础设施，并以令人难以置信的有利条件投资能源和其他领域的长期项目。但是，在通过支持金融业和满足证券市场交易者对经济政策的看法而获取的利益中，这一机遇已经擦肩而过了。是时候抵制卡维尔所提到的威胁恐吓了。

养老金与代际公平

没有对明星旧梦的追忆，
能弥补晚景的凄凉。

——罗伯特·弗罗斯特，《请早早准备》（1934）

为什么我要关心后代？后代为我做了什么？

——格罗乔·马克斯

公共债务的水平和组成影响着个人不同的人生阶段、家庭以及代际之间的财富分配与转移。公共债务基本上由家庭持有，因此，“我们欠的是我们自己的钱”。但是，更准确地说，是未来纳税人欠了当前纳税人的债务，这是后者单方面强加给前者的承诺。

考虑到债务在当前经济政策审议中发挥的核心作用，我们很容易认为对公共债务的管理是代际财富转移的主要机制。这其实并不是唯一的方式，甚至不是最重要的方式。关注公共债务的规模导致我们看到的是一幅不完整而且扭曲的画面。今天，我们将处理不了的私人债务社会化，这极大地增加了公共债务的规模，因此这幅图画显得尤为扭曲。相对于之前或之后的几代人而言，婴儿潮一代（我也是其中一个）获得了相当大的优势。

之所以可能进行这种转移，是因为各经济体用以实现生命时段之间和代际之间转移的机制非常复杂，而且没有得到完全理解。从整体来看，社会只有通过投资或减少国家实物资产，才有可能及时地将消费重点从一个领域转移到另一领域。例如，建设房屋或其他财产，投资基础设施以及创建并发展企业。小国家可以通过建立海外资产将财富转移到未来。一些国家，如挪威、新加坡和卡塔尔，建立了主权财富基金，这些基金现在在投资渠道中起着非常重要的作用。然而，即使是其中规模最大的基金（挪威7000亿美元的石油基金）比贝莱德基金管理集团管理的4万亿美元基金的规模小得多。现在和未来之间这种财富转移的规模和分布是公共基础设施集体选择和商业投资私人选择的产物。

代际资源的进一步转移是固有的政府支出。大多数国家公共支出的最大项目是医疗保险和教育，其重点对象是老年人和年轻人。随着家庭纽带关系越来越脆弱，而且越来越成为一种潜在的负担，发达国家的人越来越依靠政府向老年人提供的金融支持和实际关怀。随着时间的推移而进行的财富转移是商务人士和政治家的决策、个人选择，以及集体行动的共同产物。但是，决策或评估的过程并没有形成一致性，更没有达成对整体结果的共识。

养老保险是终身财富转移最重要的组成部分，是当今无处不在的国家、雇主和家庭之间的伙伴关系。传统上，这种伙伴关系的每一个成员都必须承担经常被描述为退休保障三大支柱的一项主要责任。老年人受益于一个基本的、国家资助的退休收入（第一支柱），基于就业的、与收入相关的养老金（第二支柱）以及他们自己的自愿储蓄（第三支柱）。然而，近年来，这种原本清晰的分类系统已经变得有些模糊不清了。

国家养老金制度最先在19世纪晚期的德国推出。现在，每一个发达国家都为本国公民提供了第一支柱。根据现存的税收制度，收入低于平均收入水平的人退休时能得到的养老金是他们工作时净收入的60%～80%。因此，处于这一收入等级的人在退休后可以依靠政府的支持。当然，大部分人都是这么做的。

一些国家设立了养老基金，如美国的社会保障信托基金或者英国的国家保险基金，旨在使退休人员确信他们的权益不会被用于其他公共用途。但这些基金都只是名义上的记账操练而已。

关于国家应该采取怎样的机制对第三支柱提供支持，即如何处理老年人自愿进行的私人储蓄，各国政府达成了广泛的共识。财政优惠政策鼓励个人建立享受税收优惠的退休储蓄基金。对于符合这些救济的储蓄通常设有数量上的限制，对于退休前获取累计储蓄的权限也设有限制。资产管理者为获得投资这些基金的机会相互进行着激烈的竞争。

然而，在涉及盈利和就业的第二支柱的设计方面，存在广泛的国际分歧。在英国和美国，通常的做法是由雇主提供并资助这根支柱。即使在 19 世纪，国家、州和市等各级政府一般会向退休职工支付退休养老金。像银行和铁路公司等非常大型的部门也这样做。当时的养老金保障与雇主和雇员的共同终身就业期望有着密切的联系。在第二次世界大战之后，越来越多的部门和公司开始采纳原本是这些公司所特有的养老金计划，因此美国政府建立了信托基金，其目的是确保无论用人单位的命运如何，工人都将获得承诺给他们的福利。有些公共部门的计划是有基金提供资助的。例如，加利福尼亚政府雇员退休系统，即加利福尼亚公共雇员计划，是世界上规模最大的养老基金，其资产为 3000 亿美元。也有许多计划是没有基金提供资助的，或者没有足够的基金资助。在存在养老金局部区域性下降现象的地方（如底特律），这种养老金不足的现象会导致一系列的问题。

当下，我们不应该再抱着这样的设想：家长式的雇主将永远经营着同一家公司，或者忠诚的雇员将在同一个机构工作一辈子。这种情况曾经在政府部门、银行系统或铁路公司很常见。随着法理社会取代礼俗社会，正式监管和披露对养老金计划带来的负担一直在稳步增加。新会计准则要求赞助公司在其主要账户纳入养老保险债务，这样一来，赞助公司的董事会更加看重这些债务的规模和波动性。金融化已经迫使所有企业从更短期的角度去解决问题。

除此之外，还有些更深层次的力量在发挥作用。在整个金融化过程中，一直都存在着对社会证券“危机”的担忧。30 年前，我第一次应邀参加了讨论这种“危机”的会议。正是在参加了几次这样的会议之后，我开始明白这些会议的根本议程。促成这些会议召开的人目的是减少政府在养老保险中的作用，并提升金融业的参与程度。这种压力在美国尤为强烈。尽管乔治 · 布什政府有关社会保障“私有化”的提案在广泛的公众敌意面前无疾而终，评论家仍然在进行着定期计算，得出的结果显示资金没有着落的社会保障信托基金陷入数万亿美元的债务，评论家声称“危机”迫在眉睫。这种辩论有一点颇为令人费解：人口基本面日益恶化的程度的确造成了一个资金问题，即社会保障私有化对于问题的解决几乎不能产生任何作用，但它或许能帮助政治家推卸责任。

尽管如此，社会保障的第一支柱还是经受住了冲击，但第二支柱就没有那么幸运了。大部分私人公司现在已经停止提供固定收益养老金计划。在该计划中，用人单位必须承担与最终薪资相关的养老金。现在，社会保障的第二支柱更大程度上是一种固定缴费养老金计划。根据该计划，雇员和雇主共同缴纳养老基金，基金由资产经理人管理。个人领取养老金的资格取决于他们的具体投资情况。英国正在执行这样的计划，那些没有第二支柱养老金依靠的人必须参与这一计划。雇员必须参加以下两种基金之一：一是由资产经理人管理的核定基金；二是国家资助的全国就业储蓄信托基金。在其他国家，如澳大利亚和加拿大，也有了类似的计划。

固定缴费养老金计划取代了固定收益养老金计划，这意味着从托管中介向透明化中介的重大转变，也意味着风险由雇主向雇员的转移。杰克逊霍尔座谈会与会者祝贺他们自己在金融化过程中取得了风险管理方面的进展。但是，正如我在第二章强调的那样，他们所讨论的风险并不是普通老百姓担心的风险。除了自然灾害性风险（如卡特里娜飓风）之外，普通老百姓承担的金融风险与就业、疾病、死亡和寿命有关。金融化的影响将一些原本由雇主承担的——因而也是集体的——风险转移到了各个家庭身上。对于这种转变，尽管有很多人表示反对，还是有些人表示支持，支持的理由主要与道德风险有关。无论如何，这种转变可能是金融化对老百姓风险管理产生的最重要的影响，即使华尔街或杰克逊霍尔的那些人士持有不同的看法。

养老金领取者现在必须自己管理自己的寿命风险——与平均寿命相比，他们活的时间可能更长，也可能更短。传统上，寿命风险是可以投保的。例如，苏格兰寡妇基金从成立之初就使用了死亡率表。但是，新技术在提高平均寿命的同时，也增强了我们的个人预测能力。这种潜在的可预测性在带来优势的同时也造成了一些问题。通过养老金和保险金融资的长期储蓄金中，风险共担一直是其核心之所在，但是现在，风险共担越来越难操作了。

投资风险已从雇主转移给了雇员。谁都不知道 50 年后的经济状况会是怎样的，因此，经济风险是不可投保的，也是不可分散的。养老金领取者应该要有在退休时参与这种风险的预期，无论好坏，都要为国家的经济生产力承担一份责任。但是，投资回报的波动性比基本经济状况的波动性要大得多。养老金与投资回报之间的联系会使养老金领取者面临额外的不确定性，这种不确定性是金融市场不可预测性的产物。

有什么方法可以减少这种状况或者确保这种情况不出现吗？方案之一是发行政府债券，债券的利息和资本回报随着国内生产总值而变化，这样一来，投资回报将取决于国家的整体经济表现。政府债券是政府借款的恰当工具，因为债务与税收收入紧密相关；同时，政府债款也是退休储蓄金的恰当投资工具。这些投资工具将把经济风险分摊给所有人，不会使老年人面临金融市场造成的乱糟糟的波动性。但是，在缺乏金融创新的情况下，如果想尽量减少在长期储蓄中的风险敞口，个人能采用的最佳方法是使用所有主要国家（包括英国、法国、德国和美国）发行的有价证券。

法国和德国的情况与欧洲大部分地区的情况是一样的。这里的大多数风险仍然是共同管理的，就像是一个扩大的瑞士村庄一样。养老金保障的第二支柱主要由行业组织的雇主群体提供，而且没有得到任何水平的基金资助。因为养老金计划的全行业性以及国家赔偿与监管政策的执行，资金缺位给养老金领取者带来的潜在风险有所降低。

在未来三四十年间，随着老年人在人口总数所占比例的增加，大多数发达国家将面临人口结构上的挑战。然而，增加的预期寿命与健康的期望寿命是相伴随的。由于更多的工人从事体力劳动、总体健康状况恶化而且只有少数人有望延迟退休时间，因此，惯常的退休年龄是固定的。

相对温和地提高特定退休年龄能够将抚养比降低到更加便于管理的比例。个人不会独自选择提高退休年龄，社会团体也不会集体选择提高退休年龄。以法国为例，退休似乎是很多人的主要生活目标，提高退休年龄的建议势必会导致众多工人走上街头抗议。如果这样的话，未来经济增长所创造的很大一部分价值将用于资助持续时间更长的、范围更加广泛的退休养老金。这将体现而且应该体现个人和大家的共同选择。

即使延长的生命是积极健康的，护理成本也会上升。这是因为，更多人可能活到他们的精神或身体能力受损的年龄，而广泛性的护理成本需求是家庭无法预测的意外开支。这就提出了一个组织和资助这种护理的社会问题，也提出了一个管理不确定未来的个人问题。只有将个人保险和社会保险相结合才有可能处理这些问题。

处理生命时段和代际之间的消费转换以及相关的风险管理既需要个体的金融市场活动，也需要政府的公共参与。这种对有效的公私合作伙伴关系的需求普遍存在。既不是完全公有也不是完全私有的志愿机构曾在英国的此类活动中发挥过主要作用，如今在一个规定的监管框架内，仍然在许多欧洲国家发挥着重要作用。风险共担需要强制性和团体组织等元素，以减少道德风险和逆向选择问题。金融化模仿的是劳埃德咖啡店的结构而不是瑞士村的结构，这一过程破坏而不是提高了团体组织共担风险和管理个人及家庭不安全感的能力。

金融化时代的个人主义精神在其他方面影响着随着时间推移发生的财富转移。美国经济学家劳伦斯·克特里考夫创造了“代际核算”的概念，用以描述随着时间的推移而发生的政府财富转移。记者汤姆·布罗考创造了“最伟大的一代”的短语，用以形容我的父母和他们的同时代人，他们成长在大萧条期间，参加了第二次世界大战并且（在欧洲）遭受了战后的艰难困苦。另一位作者可能会说，我们“婴儿潮一代”是“最幸运的一代”，或者就是“最自私的一代”。我们不仅成功地享受着——这或许是我们自己的功劳——一个没有重大武装冲突或者严重经济萧条的时代，而且成功地将我们前辈和我们后代的财富转移到了我们自己的手中。

通过快速的通货膨胀，我们减少了我们欠上辈人的债务。我们给自己承诺将享受慷慨的政府和职业养老金，然后又争辩说，我们无力承担为后代支付这些好处的负担。为了我们自己的当前利益，我们出售了前辈积累的资产，并在未来获取预期收益。我们将国有企业私有化，将高盛集团和哈利法克斯房屋互助协会的商誉货币化。我们让房产和股票的实际价格上涨到了新的高点，迫使我们的孩子从我们这里购买国家的资产，而他们支付的价格比我们原来支付的价格要高得多。更加糟糕的是，我们似乎没有充分注意到国家的基础设施：我们心安理得地享受着购物中心，但却很少建造房子，并且任由运输系统衰败下去。

生活在 20 世纪 80 年代的约翰·凯如果生活在 30 年以后，将无力购买现在所居住的房子，也将因为接受高等教育欠下大量的债务，不得不为自己的退休生活做更多的准备，而且预测到税收负担会不可避免地提高，以满足日益不利的人口结构所带来的成本增长。在杰夫·斯基林为能源合同的资本化举杯庆贺时，他是在庆贺前人的精明以及他自己相对于前人的不精明所带来的双重效益。我将与他一起举杯庆贺。经历金融化时代的我的确是幸运的。

消费者保护

旧货商人不是将他的产品出售给消费者，而是将消费者出售给他的产品。

——威廉 · 巴勒斯，1956 年

每个市场都必须对其消费者提供一定程度的保护。监管不仅保护我们免遭有毒食品的残害，而且尽量限制我们对不健康食品的消费。医生、律师和许多其他的职业都受到资格和行为控制；药品和航空公司的安全都受到密切的监控。大多数情况下，这些监管工作开展得相当不错，给消费者提供了他们所期望的信心，却不会剥夺他们对产品的选择权，也不会给生产者带来过重的负担。但金融服务领域的消费者保护则得不到这么高的评价。对于供应方而言，金融监管是一种沉重的负担；在用户和评论员看来，金融监管依然严重不足。

吸纳存款的银行需要密切监管。它们能够进入支付系统（并且应该是能直接进入支付系统唯一的金融机构）。它们持有老百姓的日常储蓄。虽然银行的负债大多得到政府（或其机构）的明确担保，并可能在实际操作中得到完全担保，纳税人还是必须得到保护以免遭受任何损失。储蓄存款人采纳的自然工具是政府借款及优质房屋贷款（也就是说，限于贷款价值的 80%）。最简单的程序是要求吸纳储户存款的银行至少有 90% 的资产属于政府借款及优质房屋贷款。

在许多国家，存款担保是由国家资助的机构提供的，而这些机构的资金又是通过向金融业征收得来的。如果没有政府的支持，这些担保将是不可信的。冰岛的赔偿计划在其银行业崩溃时也崩溃了，而这些账单回到了冰岛政府手中，然后回到了英国和荷兰（大部分储蓄者居住的地方）。英国的金融服务补偿计划是在英格兰银行的帮助下才得以摆脱财政困境的。

金融的消费者保护提出了一些特别难以解决的难题。许多客户是出于必要性才购买金融服务，而不是出于他们的选择。他们不能从中获得乐趣，而且对这些金融产品的技术性一无所知。相信如果得到基于标准模板的规定信息，金融市场就能有效地运行，并且相信“透明化”是一个被高估的目标，无疑是错误的，这是本书一个多次重复的主题。信息披露是保护消费者权益的最好方法，这一主导金融化时代英国和美国政策制定的概念，也是错误的。

对于骗子和不择手段的律师而言，金融是一个特别有吸引力的领域。有些消费者愚蠢至极：他们既贪婪又轻信，天真地与那些意在窃取其钱财的人密谋。虽然我们会忍不住说，那些陷入骗局的人活该如此，但从政治上来看，这是一种不可能也不希望维护的立场。

监管从来都不是提供消费者保护的主要机制。大体来说，我们相信超市卖给我们的食品是健康的，相信航空公司给我们安排的飞机是安全的，相信医生给我们的建议是真诚的。我们信任他们，不仅因为他们受到了规范的监管，还因为我们认为他们值得我们信任。我们信赖超市、航空公司和医生的声誉，并且知道他们希望吸引重复性的业务，包括来自我们的业务，也包括来自他人的业务。信息不对称的问题——在现代社会早已延伸到金融业以外的其他领域，通常是通过买卖双方的信任关系来处理的。当供应方的声誉和政府监管相辅相成时，就像他们在其他行业所做的那样，消费者保护的监管将会取得最好的效果。良好的监管能够产生这样的效果：良好的声誉是当之无愧的。

然而，在金融领域，大型集团最近开始将不当销售和虚假陈述导致的赔偿视为做生意的常规成本。丑闻不断传来。更糟糕的是，英国银行说服客户花费 200 亿欧元购买很少人需要的贷款违约保险。即使在其大部分业务都受到国家控制之后，英国的两家银行仍然通过每一个法律程序捍卫自己继续这样做的权利。如果每个人都被点名批评了，“点名批评”这一政策就没用了。

名声扫地是不容易恢复的。2012 年，鲍勃·戴蒙德被赶出巴克莱银行首席执行官办公室，而银行的新任董事长因其智慧和正直在伦敦金融城受到普遍的尊重。但是，区区几个好人是不足以改变整个文化的。给英国新金融服务监管局的“保持金融服务业信心”这一首要目标，是一个巨大的误区。在一个曾经可能合理但现已不合理的领域建立信心，将破坏而不是提升消费者的权益。创造一个值得信任的行业才是适当的目标。信任是实现目标的结果，而不是目标本身。然而，在金融领域，英国至少还有一个具有良好意图的消费者保护机构。在美国，金融业利益的力量意味着，在全球金融危机之后创建这样一个机构的尝试都停止了。

在某些行业，如制药业，产品验收或者产品设计必须遵循的参数规格，是保护消费者权益的一种机制。随着监管机构更详细地出台明确规定，如贷款价值比率和收费等，政策开始朝着这个方向发展。但是，这存在一个危险，即规避风险的监管机构只是利用这些权力拖延并抑制产品创新，并且这种危险的现实性从其他行业可见一斑。成熟企业完全有可能利用这样的监管政策来抵御进入市场。监管俘获是一种持续性的危险。

保护消费者权益最有效的方法是，解决产业结构问题，解决导致消费者滥用行为的不合理激励机制问题。这将是第十章的主题。

英国面临的两难困境

作为伦敦金融城新黄金时代的开端，这是一个历史将铭记的时代，我要感谢你们所取得的一切。我相信，我们从金融城的成功所学到的东西远远超过了金融城本身：我们之所以处于领先地位，恰恰因为我们率先应用了全球成功所需的整套质量体系。

——戈登·布朗，2007 年 6 月 20 日在伦敦官邸晚宴上的讲话

（1 周后，他接替托尼·布莱尔担任英国首相；6 周后，全球金融危机爆发）

至于威尼斯和它的人民，注定经历繁荣和没落，

他们在此土地种下果实，收获的是欢笑和愚蠢，

待到亲吻不得不停下时，灵魂还剩下什么？

——罗伯特·勃朗宁，《加卢皮的托卡塔曲》（1855）

怀疑主义者有充分的理由质疑金融业大部分活动的经济价值。但是，得益于历史成就、英语语言和便捷时区的英国在金融领域具有很大的竞争优势。创造了私人利润却没能给公众带来利益，是金融领域普遍存在的一个政策性问题，更是英国面临的一个特别严重的困境。

在英国，大约有110万人受雇于金融业和保险业，占全部劳动力的3.7%，这个比例低于美国（4.7%）但高于法国（3.1%）和德国（2.8%）。这些数字来自经济合作与发展组织进行的国际比较。国际劳工组织提供的估计数据略高一些，但国际格局是相同的。

然而，大部分在金融服务业工作的员工都在各银行分支机构、电话客服中心和保险公司办公室承担着日常的文书工作。有40万人在伦敦金融城工作，围绕英格兰银行发展起来的这片地区是大部分英国金融机构的总部所在地。在这些人中，有15万人是在金融机构工作。至于在金融机构工作的清洁工、保安和厨师是否包括在机构员工范围内，取决于他们为其服务的机构是否将这些工作岗位外包（大部分机构都采纳了外包模式）。

在金融城之外，大约有20万人在伦敦金融部门工作，大部分人服务于金丝雀码头的卫星区或梅菲尔的对冲基金中心。还有25万人在伦敦东南区工作。爱丁堡是英国第二大金融中心，苏格兰有8.5万人从事金融业工作。

由于共同法基础的灵活性、英语语言和公认的英国法庭公平性，英国法律在金融合同，甚至那些与英国无关的交易中得到了广泛的应用。还有三明治酒吧雇员以及伦敦的交通职员，正是他们使市民得以正常工作。一个合理的猜测是，英国有10万至15万人是在批发市场（通常指“金融城”）工作的金融专业人士，而为他们提供支撑的人数是他们的两三倍。

第二次世界大战前后，一批经济学家，特别是西蒙·库兹涅茨、詹姆斯·米德和理查德·斯通，制定了国民收入账户原则，这些原则现在也是衡量一个商业活动所做出经济贡献的标准手段。我们通过净增值评估汽车工业，即汽车的销售价格与所耗费的钢铁、橡胶和其他材料成本之间的差价。这些净增值是汽车制造者收入和企业营业利润（扣除融资成本之前）的总和。我们通过人们累计支付的购票额衡量一部戏剧的价值。这些程序可能不精确，且是图利的，但它们提供了一个相对客观的答案，一个可以在跨行业和跨国别之间进行比较的答案。

这些方法不适合金融业。几乎没有人会用购买汽车或剧院门票的直接方式支付金融服务。金融企业的利润基本上来自各种交易。这些企业是通过买卖证券或者借贷款利率之间的差价赚取利润。银行付出的主要成本是利息，国民经济核算使用的营业利润计算没有扣除这部分费用。保险公司通过在支付索赔前收取数月或数年的保费盈利，也可能因投资获得整体盈利的同时，却在承保上赔钱。金融业的利润中，有一部分属于风险回报。（就财务报表的风险核算而言）为了反映真实和公允所做的必要调整是复杂的，且无法令人满意。这些累积的难题意味着，把国民经济核算的标准程序简单地应用于金融业，必然产生毫无意义的结果。

在一开始实施国民经济核算时，就有人意识到金融服务业产生的一个特殊问题。不同的方法会得出完全不同的答案。几十年来，国民经济核算统计专家就合适的处理方法进行了广泛的讨论。现在，各国就一个共同的方法达成了一致意见，该方法基于一套概念基础之上，称为间接测算的金融中介服务（FISIM）。这是一个不幸的巧合：英国同意实施的时间是 2008 年，刚好是全球金融危机爆发的时候，而这场危机摧毁了作为间接测算的金融中介服务基础的某些假设。在一次针对金融服务产出测算问题的调查中，英格兰银行的安德鲁·霍尔丹和他的同事注意到：报告中金融服务在国内生产总值所占的比重在 2008 年第四季度和 2009 年达到了最高水平——大约在 9%，而当时的银行业已处于崩溃状态，并且各种金融问题使英国经济陷入了严重的衰退状态。因此，对于报告所说的金融业对国民收入所做贡献的相关数字，不可全信。

要判断金融业对国内经济的价值，其最佳途径是从本书所考虑的定性问题开始：通过促进支付、管理个人财务、配置资本和控制风险，金融业正在为居民和各企业做什么？然而，要将这种定性评估转化为金融产出与汽车产出进行比较所需的数字，是非常困难的。

一个更失实的数字是出口贡献，也是一个经不起检查的数字。2013年，英国给其他国家提供金融服务的净销售额是380亿英镑，超过其国内生产总值2%，相当于超过英国制造业产品出口总额10%。如果我们知道外国人愿意为某项活动付费，或许就没有必要进一步询问其价值了。但不能一概而论。无论是出于道德原因，还是可能对企业长期生存能力的担忧，许多人在是否要成为某个世界领先蛇油制造商的股东时都会犹豫不决。罗伯特·赖克提出的著名短语提出一个世界性问题：“我们是谁？”

英国是一个国际化金融中心，吸引着来自世界各地的顶尖公司和人才。在伦敦完成的大部分金融业务都是由非英国居民经营的公司，或者其母公司不是由英国居民经营的。在国民经济核算中，这些公司的活动被视为在英国开展的生产活动，并被纳入国民生产总值和国内生产总值，或者如果这些活动能够精确衡量，就会这样处理，出于前面所解释的原因，它们不会得到精确测算。

然而，外资企业的利润都没有纳入国民总收入，因此，国民总收入可能是衡量生产活动创造福利的一个更理想的指标。国民总收入报告的是英国居民的收入，而不是在英国产生的收入，正是后者决定了国内生产总值。因此，国民总收入认识到，高盛集团或德意志银行在伦敦赚取的利润不会给英国带来任何利益，因为这些利润会回流到这些公司的母国（或者，更可能的是，回流到某个具有良性税收和监管制度的司法管辖区）。

这些外国公司，像英国同类公司一样，必须缴纳英国企业增值税，但是它们缴纳的数额不多。全英国所有的银行（包括国内的和国外的）

支付的企业增值税总额在 2006—2007 年度达到最高峰，为 73 亿英镑。由于利润下降和全球金融危机期间的累计亏损，这一数字在 2013—2014 年度下降到 16 亿英镑。公众对银行的愤怒，再加上这一税收数字如此之小，促成了针对银行业具体财政措施的出台。银行曾利用以前的企业增值税损失冲抵未来收益应缴纳的税收，2014 年宣布的措施限制了银行的这种能力。2011 年推出了“银行税”，现在在英国经营的银行负债所占的比例为 0.21%。目前，“银行税”产生的收益是 22 亿英镑。所有这些数字都应该放在总数字超过 5500 亿英镑英国税收额的背景下看待。

金融对英国经济的贡献是支付而不是收益，这一观察所得出现在本书的此处应该不足为奇。金融业一些人获得了很高的报酬，还有少数人的薪酬堪称天文数字。尽管金融业从业人员在英国就业人员所占的比例不足 4%，其就业收入却超过英国就业总收入的 7%。在巴克莱银行，2013 年大约有 530 名“代码员工”（一个监管术语，指那些承担执行责任的人），他们的平均收入是每人 130 万英镑。他们很多人不太可能在其他活动赚到可与此媲美的收入，而这种来自高薪职员的“经济租金”对于任何金融经济意义的指标而言都是至关重要的。对他们的报酬支付的所得税和国民保险费也很可观。2013—2014 年度，仅银行业产生的所得税就高达 176 亿英镑，几乎占到英国所得税收入总额的 12%。对英国国库而言，至关重要的是对金融业员工收入征收的所得税，而不是对金融机构本身征收的税收。

但是，赖克提出的“我们是谁”这一问题也出现在这里。在伦敦金融城工作的人中很多都不是英国公民。他们的纳税情况相当复杂，显示了居住地、通常居住地和永久居住地允许的所有可能的组合状态。一些人缴纳全额英国税，其他人不缴纳全额英国税。一些人回到巴黎或纽约的家中去过周末；其他人在公园野餐，或者去听音乐会，或者去剧院。许多受过高等教育的外国人的存在，帮助伦敦成为 2014 年世界上最充满活力的国际化都市，或者也是有史以来最充满活力的国际化都市。然而，在公园或礼堂的英国公民，或者在星期五晚上跨大西洋飞机或欧洲之星列车上的英国公民，肯定会想知道“我们是谁”。如果有可能的话，英国应该如何对外国公司以及来自世界各地临时居住在伦敦的人在英国的收入进行估价？

值得再次强调的是，大多数在银行业和整个金融服务工作的员工都承担着相对普通的文书工作，他们没有得到很高的薪酬。（2013 年）巴克莱银行有 1443 名员工的年度收入超过 50 万英镑，但是一大半员工的年收入不足 25 万英镑。巴克莱银行 15 万员工收入最高的 3000 人很有可能获得了员工总薪酬一半以上的薪酬。虽然巴克莱银行（在鲍勃 · 戴蒙德被解雇之前）重视提高其最高级员工利益的程度有些极端，整个金融业员工之间的收入差距却非常大。

不平衡的薪酬结构引发了更加广泛的政策问题。30 年来，英国很大一部分能力最强的大学毕业生被惊人的薪水吸引到了对企业或社会几乎没有价值的活动中。除了在最狭隘的领域之外，这些活动对于发展他们的技能、知识或智力能力几乎一无是处。假如没有发生金融化，他们的生活以及英国的经济和社会可能会有怎样的不同呢？

许多在金融服务公司担任高级职务的人说白了就是欣赏自己扮演的角色，他们因为自己所从事的工作而兴奋不已，即使获得的薪酬更低一些他们也愿意继续从事这样的工作。对于沃伦 · 巴菲特来说，幸福就是“每天跳着踢踏舞去上班”，因而在 84 岁高龄时，他仍然在这么做。不过，巴菲特毕竟是个例外。“我们是华尔街”压根没有表达说话者享受自己所做工作的意思。弗兰克 · 帕特诺伊生动地描述了这样一幕：摩根士丹利的一群交易员展开了一场讨论，但没能找出什么样的工作比他们所从事的工作（汤姆 · 沃尔夫所谓的“年轻人在债券市场为了钱而大呼小叫”）更加令人不愉快。

如果你跟那些拿着很高薪酬的律师、医生、演员或足球运动员交谈，你会发现，他们基本上和巴菲特一样：都热爱自己的工作，并且清晰地认识到一个理想的工作和一份巨大的财务回报所带来的双重好运。但金融业的情况远非如此。这里的许多人几乎不能从工作中获得内在满足感，他们之所以从事这些工作，无非就是出于金钱的原因，并且期待着积累了足够的财富之后就从金融城退休。许多人发现，他们认为自己能够舒服退休所需要的财富数量与他们积累的财富数量一样在迅速增长。如果没有人向这些人提供获得巨大回报的前景，他们可能会做什么？创办企业吗？做出科学发现吗？写诗吗？

酒吧里那些最随意的谈话揭示了社会上普遍存在着对银行家高薪酬的不满情绪，这种情绪不会针对韦恩·鲁尼或比尔·盖茨等人所获得的收入。这一点都不令人惊讶，因为鲁尼和盖茨显然都是特殊人才，他们为社会做出的贡献是显而易见的。人们之所以对金融业从业人员的收入怀有不满情绪，是有充分理由的，引发这种情绪的因素有两个：一是他们对金融业大部分活动的效用持怀疑的态度；二是他们从全球金融危机中认识到金融业有许多人（在他们自己的参照框架内）不是很擅长自己从事的工作。

所有的不平等都具有某种程度的社会腐蚀性，但那些似乎与应得无关的不平等尤其具有腐蚀性。伦敦金融城所有来自世界各地的公司和个人都获得了成功，这一点造成的最令人不安的不利之处在于其对整个社会造成的腐败性影响，即大幅度、普遍性的道德与价值观的沦丧。与金融业相关的某些部门的伦理标准非常糟糕。看看那些对利率发表欺骗性看法的往来邮件，或者看看那些针对劳埃德银行为了从政府救市计划中争取更多资金篡改回报率的员工所作所为的评论。这些人都在想什么呢？

突然发现自己拥有太多财富的年轻人纵欲、酗酒、吸毒，寡头政治家和外国腐败官员被吸引到伦敦，用他们从国内老百姓身上偷窃来的钱在这里购买豪宅。所有这一切都不是英国社会可以引以为傲的东西。然而，在谈及古希腊和罗马或佛罗伦萨和威尼斯的文艺复兴时，人们一直津津乐道许多多这样的事情。处于全世界的核心地位是需要付出代价的，或许是高昂的代价。

第十章

金融改革

改革原则

道之以政，齐之以刑，民免而无耻；道之以德，齐之以礼，有耻且格。

——孔子

自从全球金融危机爆发以来，“加强监管”的呼声反复出现并且广为传播。几乎无一例外，“加强监管”的提倡者心中所想的仍然是制定针对金融日常行为更加详细的规则，《巴塞尔协议》不断增加的厚度就是一个典型的例子。

这一行动注定会失败的。规则已经太多，而不是太少。在产业结构和金融组织、在金融企业的激励政策和企业文化中，都可以找到那些备受公众关注的问题根源。如果没有措施可以解决更根本性的问题，为了“加强监管”而采取的行动对行业行为几乎不会产生什么影响：19 世纪时，理查德·奥尔尼向铁路大亨描述的喧哗与骚动几乎没有起到任何作用。

自从全球金融危机爆发以来，决策者的首要目标是确保金融体系的稳定性。这一目标转而被诠释为确保现有金融机构的稳定性。实现这一目标的手段是要求金融机构具有更大的资本储备和流动性储备。监管机构确定了“具有系统重要性的金融机构”，这些机构是接受特别监督和（隐性或显性的）政府支持的对象。

带着赤裸裸的虚伪，政治领导人在公众面前明确地摆出了一副坚决反对在未来对银行实施救助的面孔，但他们的实际行动却让市场放心不已：他们的真实意图并不是他们所说的那样。奥巴马总统可以断言，多德—弗兰克监管体制的通过意味着“不再有税收资助的纾困计划”，而他的财政部部长不仅维护了“盖特纳主义”——不允许任何重大的金融机构倒闭，而且在其回忆录中为这一立场提供了大量的辩护理由。无论是在实质还是表面，欧洲各国所持的立场在本质上与美国相同。在美国宣布纾困计划时代结束之后，葡萄牙圣灵银行的纾困计划却接踵而至。

确保现有金融机构稳定性的确是应对全球金融危机正确的短期策略，却是错误的长期策略。全球金融危机的根源在于金融行业的结构。稳定这种结构（实际上是使之僵化）不是规避未来危机的手段，而是一种使危机变得更加不可避免的方法。

金融体系的系统性不稳定基本上是由于只与自身打交道的行业固有的相互依存关系造成的。投入金融中介资源规模的增长，在很大程度上（或者在大部分情况下），都不是因为中介服务机构用户的需求发生改变。金融活动的增长来自于现有资产的组合、再组合和交易的巨大扩张。今天的金融业做了许多原本不需要做的事情，而很多原本需要做的事情却没有做。

满足实体经济需要的金融中介不应该是一场专业金融中介机构之间为了智胜对方而进行的相互竞争的博弈。金融机构之间进行的竞争是有价值的，也是必要的，但是，如同其他行业的竞争一样，要想在竞争中获得成功，就必须有效地满足客户的需求。获得奖励的基础应该是成功地满足了用户的需求，而且奖励的额度应与所提供服务的价值成正比。

在今天金融业的某些领域——“我们是华尔街”——让我们见识了合法行业最低的道德标准。如果伦敦的赌场被指控存在伦敦各银行已经承认的弊端——虚假报告、误导客户、未经授权的交易，那么相关责任人将被禁止进入该行业，相关机构的营业许可证也会在数小时内被撤销。

金融业实际上历经了大规模的犯罪行为：从欺诈性贷款到伦敦银行同业拆借固定利率等。金融业内的顶尖公司将高达数百亿美元的罚款和赔偿支付视为一种惯例。金融业领域发展了这样一种文化：只要某项活动对参与活动的个人而言是有利可图的，那么，无论该行动多么接近法律底线，都是可以接受的。金融行业的主要功能是为企业和家庭的金融未来提供保障，在这个行业居然发现了这样一份如此令人沮丧的记录，这是对我们的金融体系和监管制度提起的全面起诉。

法律和监管规定的指导目的应该是，个人和机构在管理别人的钱财时务必尽到忠诚与谨慎两方面的责任，这种责任是法律法规强行规定的，具有强制性特征。依靠监管条例和管理法令的强制性约束只能在有限的程度上改变金融行业的现行文化；只有适用于处理别人钱财的价值观被市场参与者内化为他们的价值观时，真正有效的变化才会发生。

伦理行为原则的内化在某种意义上是一种自我调节，但这种自我调节不是允许市场中介“管理”利益冲突并自我决定怎样“处理好客户”，因为这种方法显然已经失败了。在一个公开、自由和民主的社会中，当大部分必须遵守法律法规的人拥护其所提倡的价值观时，这些法律法规就会产生应有的效果，也只有在这样的情况下才能产生效果。我们在采取行动时之所以会避免做谋杀和入室抢劫等事情，不是因为我们害怕惩罚，只是因为谋杀和盗窃不在我们考虑的行动方案中。只有伦理行为原则内化为自己的价值观时，相关部门才有可能获得足够的资源，公众也将进行合作，从而发现并惩治那些违反禁令的少数人。速度限制和酒后驾驶禁令之所以是可实行的，这是因为大多数人都知道这些规则是有意义的。

我经常听到金融从业人员反对监管规则和监管机构的言论，但这些言论都极其无聊，不仅因为他们反复说，而且几乎从来没有解释过以下问题：究竟如何解决公众真正关心的关于加强金融监管的问题。如果这些抱怨来自真正关注公众利益的聪明人，他们展示了对监管规则和监管机构缺少尊重，因为当前的监管方式不太可能发挥作用。

由于用合规性取代价值观，基于具体法规基础之上的监管破坏而不是增强了人们的道德标准。有关证券交易“管道”如何运行的异常详细的规定与实体企业和普通家庭日常需求之间差距如此悬殊，充分说明了这样的规定与经济现实之间的脱节程度。政府在金融业的干预太多了，而非太少了。政府与金融之间适得其反的相互作用，是错误理念和市场参与者自身过度影响的产物。

金融需要一个完全不同的产业结构，并且需要改变个人和企业的激励机制。只有这样，客户至上原则才能够催生长远的个人奖励和企业盈利机制；也只有这样，就业和客户关系持续的时间跨度才足以满足企业长远运行对时间的要求。“我会离开，你也会离开”的现象将成为历史。

交易文化的兴起不仅导致道德标准的下降，而且导致金融的不稳定性，并强化了“贵在行动”，从而增加了金融中介的成本。恰当的目标是将交易量减少到服务非金融经济真实需求的适度水平。有人提出了一项得到广泛讨论的改革建议，那就是针对所有金融交易的价值进行征税。因为征收的税率不高，这样的征税对长期投资盈利能力的影响微乎其微，但会大大减弱依靠极速套利和价格微小变化的高频交易的吸引力。这个理念通常被称为“托宾税”，由美国经济学家詹姆士 · 托宾于 1972 年提出并以他的名字命名，且已在欧盟获得广泛支持。

如果能在其地理区域对托宾税进行统一管理，并不带歧视地将之应用于所有形式的金融工具，托宾税将具有相当大的吸引力。但是，似乎不可避免，如果一些金融管辖区不征收托宾税——就目前情况来看，美国就没有这样做的可能性；并且，似乎同样不可避免，如果没有一种切实可行的方法，在不带歧视的基础上对相关标的证券衍生品交易或者其他复杂的金融工具和交易征收托宾税，托宾税产生的不良副作用可能就会超过它所带来的好处。这种不完善的税收可能是刺激监管套利的一个新的因素，也为交易商提供了又一个获取利润的来源，其代价则由那些真正承受这一税收冲击力的长期投资者承担。这其实就是印花税完全令人不满意的经历。印花税是英国现行征收的股权交易税，实际上承担这一税收的只有长期投资者。

一项更可取的策略是“饿死巨兽”：采用措施进行金融业结构性改革，即减少支持交易活动的可用资本数量并取消对这些活动的交叉性补贴。这里所提出的是一种从根本上改变的监管方法。我们需要的不是更多的监管而是更好的监管，这虽是老生常谈，却是客观事实。这样做需要的是不同的监管理念，而不是更好的监管机构。如下的建议是毫无意义的：解决监管问题的方法在于任命的监管人除了具有约伯的耐心和犀牛的厚皮之外，还应具有诺查丹玛斯的远见、夏洛克·福尔摩斯的侦探技能及马基雅维利的政治洞察力。实际上，如果监管结构本身有效率，现实世界能被招募到监管机构工作的各种人员完全能够实现这种有效性。

以下原则应该是奠定金融改革的基础：

★ 中介链应该是短的、简单的和线性的。市场参与者之间的联系太多，而储户与资本用户之间的联系又太少、太脆弱。中介机构与最终用户交易的优先次序导致金融中介的过度成本和金融体系的不稳定性，不能生成实现公司治理的正当性和资本配置效率所需要的信息。通过提供更多的资金来支持成熟金融机构的交易活动显然不能够解决这些问题。

★ 应恢复有针对性的专业机构，借助与金融服务机构用户的直接联系，并依靠它们确定和满足用户需求的技能来获得竞争优势。强化结构性改革的一些监管行动是必需的，但是下面讲述的更多提议作为市场力量鼓励另外的结构重建。

★ 任何处理别人钱财的人或者建议别人如何处理钱财的人都应该在与客户打交道过程中展示出他们的行为符合忠诚与谨慎标准并规避利益冲突。

- ★ 管理别人钱财这些高标准行为的责任应通过刑事和民事处罚强制执行，执行的对象主要针对个人而不是机构。虽然企业文化至关重要，但文化是个人行为（尤其领导责任人的个人行为）的产物。
- ★ 政府应该把金融服务当作与其他行业一样的行业来对待。监管应针对具体问题，如存款保护、消费者滥用和欺诈预防。应撤销公共补贴、国家担保和其他政府支持机制，包括越来越不明确却被广泛依赖的“最后贷款人”概念。
- ★ 金融业不应被用作经济政策的工具，而金融界人士对经济政策的意见应与其他商界人士的政治意见受到一视同仁（不高人一等）的对待。

鲁棒系统与复杂结构

古代幼发拉底河目前的大部分洪泛区，如今都不能耕作，成为荒芜之地……然而，这里曾是世界上最古老都市和文字文明的核心和中心地带。

——罗伯特·麦克·亚当斯，1981 年，约瑟夫·泰恩特 1988 年引用

（古代幼发拉底河洪泛区位于现代伊拉克和叙利亚境内）

是什么原因导致管理层对机械设备梦幻般的信仰？……此中一个原因或许是试图使政府确信美国国家航空航天局的完善与成功，从而确保资金供应。另一个原因可能是他们真诚地相信这是真的，这说明他们与为他们工作的工程师之间极其缺乏沟通……对于成功的技术而言，现实必须比公共关系更优先，因为大自然是不可欺骗的。

——理查德·费曼，

《总统委员会关于“挑战者”号航天飞机事故附录 F：个人意见》（1986）

设计和管理现代金融的复杂性主要是为了给金融中介机构带来好处，

而不是为了金融服务机构用户的利益。艾伦·格林斯潘、蒂莫西·盖特纳及其他人声称：新型工具的创新性运用使得金融体系更具鲁棒性。这种说法是错误的。金融机构之间的相互依存关系已提高到了这样一种程度：系统整体显示出源自复杂性的脆弱性。

“大到不能倒”在全球金融危机中广泛使用，用于描述决策者在解决具有系统重要性的金融机构事务时所面临的两难困境。这句话激发了合理的反驳，即“大到不能倒太大了”。不过，“大到不能倒”遗漏了一个关键点。金融化导致了金融机构规模的增长，但其核心问题不是规模而是复杂性。银行业的规模可以增强其稳定性，至少在某种程度上是这样的。英国在20世纪之所以避免了重大的银行倒闭，就是因为英国的银行规模都很大。与此形成鲜明对比的是，支离破碎的美国银行业在1933年崩溃。2008年，英国的银行业崩溃了，而且是毁灭性的崩溃，这不是因为该行业变得更加集中化，而是因为变得更复杂了。

从“大到不能倒”说法的任何普通意义来讲，雷曼兄弟银行都不是一家具有经济重要性的企业。如果说它是“系统性”重要的金融机构，它也绝不是“重要的”金融机构。该公司没有为实体经济提供任何其无法从别的地方得到的服务，而且基本上就没有为实体经济提供任何服务。这家公司的经营情况非常糟糕，而且其经营目的主要是为公司的员工，尤其是高管牟取利益。但是，雷曼兄弟与其他金融机构有着广泛的相互依存关系。在其倒闭时，该公司在全世界拥有200多家子公司，近100万项未清算的交易，所有这些未清算的交易几乎都涉及其他金融机构。从狭义后果来说，清理该公司错综复杂的结构将花费律师和会计师10年时间；从广义后果来说，与雷曼兄弟有过接触的金融机构无法确定他们索赔的价值。

因为与雷曼兄弟打过交道的金融机构太多，所以这种不确定性是有传染性的。甚至与这家倒闭银行少有直接接触的公司都不确定那些与其有直接接触的机构被索赔的价值。信心的崩溃蔓延了整个金融体系，这对非金融经济产生了不利影响，这种影响一直持续到现在。可见，雷曼兄弟不是大到不能倒，而是复杂到不能倒。

历史学家约瑟夫·泰恩特研究过各种各样文明的崩溃，许多曾经十分繁荣的复杂社会如今已不复存在。底格里斯河和幼发拉底河在美索不达米亚的洪泛区是城市文明和现代农业发展的发源地。古罗马人最终在家门口屈服于野蛮人。北美洲玛雅和查科文明都曾经是高度复杂的社会，但我们知道它们现在只是考古遗址而已。社会和经济互动复杂性的增长是文明的鲜明标志，但复杂性和随之而来的不平等性和专业化，必然带来收入的递减。最终，管理复杂社会和政治成本变得异常巨大，并且引发内部瓦解。

乍看之下，金融化的发展与罗马帝国的衰亡类比似乎很牵强。然而，有很多经验教训可鉴。罗马帝国的衰亡是因其复杂性发展最终造成的适得其反的结果、无法管理复杂性发展所引发的组织问题的规模、日益重视与外部世界相脱节的仪式、不能有效进行实质性的自我批评和自我修复。所有这些问题我们都可以在现代金融体系中看到。

教训就是，一方面，避免不必要的复杂性；另一方面，密切注意对不可避免的复杂性的管理。第六章对比了金融服务网络的非计划性演变与其他公用事业网络（如电力行业）的有意识设计。必须维护系统的稳定性，这一压倒一切的需求深深扎根于从事电力供应的每个人的思维方式中。如果有人认为电力供应的复杂性低于金融系统复杂性，那么，他几乎对维持电网稳定的复杂性一无所知。第九章描述了企图将电力供应金融化所造成的混乱性后果。以系统性的方式思考金融体系问题还不常见，而这种方式对于其他行业的运营商而言却是自然而然的。虽然最近经历了一些系统失效产生的后果，用系统性方法思考金融问题还是不常见。

组织社会学家查尔斯·佩罗研究过不同背景下工程系统的鲁棒性和弹性，如核电站和海上事故。鲁棒性和弹性要求系统的每一个组成部分都必须按高标准设计。为了加强各组成部分机构，需要更高层次的资本和流动性。但是，从第六章风险敞口的规模可以看出，相对于保护金融机构免遭恐慌（如全球金融危机）所需的资源规模而言，对于资本和流动性水平的设想是不够的，这种不够甚至达到了可笑的程度。更重要的是，对于实现系统的稳定性而言，个体组成部分的弹性并非总是必要的，而且从来不充分。复杂系统出现故障是不可避免的，没有人能够有信心预测到所有可能涉及的各种相互作用。

负责交互性复杂系统的工程师了解到，稳定性和弹性需要有意识的、系统性的简单化和模块化，以遏制故障的发生；同时还需要冗余度，以绕过出故障的元素。在 2008 年发展时，所有这些特性，包括简单化、模块化和冗余度，都没有成为金融体系的特征。相反，金融化极大地增加了复杂性、交互性和相互依存关系。冗余度在每个地方都被视为低效而不是优势的指标，例如，持有超过监管最低限度以上的资本。

根据佩罗的分析，如果一个系统既具交互复杂性（每一个元素都依赖于其他元素），又具紧密耦合性（对差错容忍度低），那么，该系统就缺乏鲁棒性。核电站的交互复杂性和紧密耦合性是当时技术所造成的不可避免的结果。可事与愿违的是，通过合并多重安全条例提高系统弹性的尝试反而因为提高了系统复杂性而降低了鲁棒性。一条装配线是复杂的，但不是交互式复杂，因为它依靠的是生产流程的线性序列，其中每一个步骤都是有条理地紧随前一个步骤。这一过程既可能是紧密耦合，也可能是松散耦合。传统汽车生产车间装配线的传送带展示了紧密耦合，而通常情况下一本书从手稿到出版的从容生产过程是松散耦合。即使作者延误交稿，或者生产过程出了差错，没有人会对此感到惊讶。

鲁棒系统是典型线性的。我不时地通过 UPS 给法国的家里寄送包裹。通过该公司的跟踪系统，我可以随时查询包裹的运送情况。包裹于星期二下午揽收并于当日夜间经英吉利海峡船运至巴黎。星期三，包裹送往里昂，于当日清晨用卡车送往尼斯。星期四一早，包裹抵达尼斯。一位 UPS 态度友好的快递员将在早上 8 点左右电话联系，告知午餐时间抵达我家。

UPS 的配送系统虽然复杂，但其复杂性是线性的而不是交互的，而且是松散耦合。如果包裹没有送达，很容易快捷地确定货品已经离开巴黎但没有抵达尼斯，然后发现法国中部的暴雪阻断了阳光高速公路。一旦障碍物和受困车辆全部清除，包裹两天后抵达里昂，快递员采用了延迟交货的方式。配送系统的线性特征可以快速确认并隔离问题，而松散耦合性允许快速恢复。在一个类似的线性金融系统中，中介机构与终端用户打交道，而不是与其他中介机构打交道。基本原则应该是，资本配置的中介机构通常应该十分熟悉借款方或贷款方或者借贷双方的需求。

2000 年的新经济泡沫破灭所造成的后果远没有 2008 年全球经济危机造成的那么严重和持久。在股市错误定价阶段的资本盗用（先创造然后破坏的假想财富）规模并不一定大于后来信用违约市场错误定价时期的规模。但是，科技股的兴衰并未涉及标志信贷繁荣的金融机构之间复杂的相互依存性：实际上，这里几乎没有交互复杂性，而且其耦合性是相当松散的。

另一方面，令日本银行业受到很大牵连的日本股市和房地产泡沫给日本经济造成了持续性的破坏，因为资产价格的上涨和随后的下跌对金融业其他部门和产业公司的资产负债表产生了多重后果。由于高频交易和交易所交易基金（可以像其他证券一样进行买卖的上市证券包）的发展所产生的复杂性交互作用，没人能肯定人们是否还能采取 2000 年那样的平静心态去面对今日的股市崩盘。

交互复杂性和更紧密耦合性的增长正是杰克逊霍尔座谈会与会人员为之庆祝的创新举措。公司本身变得交互复杂。2008 年倒闭的大多数集团企业都是被相对于其主要业务来说更次要的活动击垮的。雷曼兄弟的倒闭不是全球金融危机的原因，导致全球金融危机的真实原因要比雷曼兄弟倒闭根深蒂固得多。但是，相对于其倒闭所造成的损失，雷曼兄弟并没有为实体经济做出相应的贡献。其交互复杂性耗费的公共成本远远超过了其创造的公共利益。雷曼兄弟对隔夜融资的依赖是一种典型的紧密耦合，而正是隔夜融资的消失引发了雷曼兄弟的突然崩溃。

现代金融体系的许多元素都是为了给人们造成异常紧迫的印象设置的，例如没完没了的“新闻”素材、交易员不断变化的屏幕、一直亮到深夜的办公室灯光、发现自己需要连续工作30小时的年轻分析师等。在这些金融业领域发生的事中，几乎没有什么事情真的需要这种持续性的表面兴奋和活动。只有支付系统这个最无聊部门的持续运作是现代经济所依靠的必不可少的实用工具。如果股市闭市一周（正如9·11事件之后所发生的那样）或更长时间，或者某个合并项目或大型投资项目推迟几周，或者如果某只股票推迟到下个月而不是这个月首次公开募股，都不会导致什么可怕的后果。除了荒唐的计算机交易世界之外，纽约和芝加哥之间数据传输几毫秒的增速是没有任何意义的。

紧密耦合是完全没有必要的。交易员所玩游戏的“信息”部分的永恒流动没有广泛的相关性；许多员工之所以加班加点地工作，只是为了展示他们的阿尔法素质以获得高额的奖金。在午餐上花费许多时间或者在高尔夫球场度过整个下午的传统银行经理文化或许比彭博社资讯终端获得更加有用的信息。

雷曼兄弟（提供无用产品的经营不善的券商）恰好代表了运行良好的市场经济中应该倒闭的那一类企业。持美国政府允许雷曼兄弟倒闭是个错误这一观点的人，并不是那些怀念雷曼兄弟服务的人，而是那些为其倒闭所带来的结果感到遗憾的人。我们应该从这件事情中吸取的教训是，不是决策者应该尽量规避此类倒闭事件，而是公共流程应该确保能够更加容易地抑制类似倒闭事件的发生。

如何管理别人的钱

参议员卡尔·莱文（民主党，密歇根）：当你看到你的员工在电子邮件中看着这些交易说，“上帝，真是差劲的交易”“上帝，真是垃圾”，当你听到你自己的员工这样说或者看到这样的电子邮件时，你有什么感觉？

戴维·维尼亚先生（高盛首席财务官）：我觉得在邮件中看到这些

是非常不幸的。

——美国参议院常设调查委员会，2010 年 4 月 27 日

在金融体系流通的所有钱，都是别人的钱。嗯，或者说几乎所有的钱都是别人的钱。在一个现代金融机构中，如德意志银行，只有大约 3% 的风险资本是属于银行的，其余 97% 都属于储户和贷款人。典型的保险公司杠杆率更低，因为它们通常将股东的基金与投保人的基金放在一起进行投资。（沃伦 · 巴菲特的伯克希尔 · 哈撒韦公司是一家同时经营保险业务和投资基金的跨界公司。）资产管理公司或者养老基金有效利用的都只是别人的钱。

即使银行系统那些少量股权所代表的也是别人的钱。股权是由股东提供的。高级管理层为他们所控制的基金承担个人金融责任的合伙人时代一去不复返了。一些责任人，如巴菲特和许多对冲基金经理，与他们的投资人一起进行重要投资，但他们的这些做法只是例外，而不是规则。

管理别人的钱曾被认为是一项繁重的责任。客户的存款被有选择性地借给当地的借款人，或者投入政府股票及类似的安全资产。养老基金和人寿保险公司是进行个人长期储蓄的主要工具，这些中介机构都非常敏锐地意识到了在管理别人钱财过程中必须履行忠诚与谨慎的义务。这是麦卡迪法官严厉统治下的世界。

然而，“合格对手方”的概念侵蚀了对别人钱财的责任感。作为零售客户，你在购买金融产品时拥有一定程度的保护，不过对于中介机构而言，通常在某些方面缺乏忠诚与谨慎责任。相对于“客户至上”，“公平对待客户”这一英国标准更加模糊不清，且要求更低。一旦你的资金到了中介机构手中，甚至这样的保护也没有了。你的代理人肯定是拥有较少权力的“专业投资人”，也可能是一个“合格对手方”，“出门概不负责”差不多是其规则。高盛集团的客户基本上都是“合格对手方”。

在国会所作的证词中，高盛集团的斯巴克斯先生和维尼亚先生很少表现出对其客户的关心，相反，他们依据从不与普通大众做交易和监管

条款做辩解。公司的客户可能是“提线木偶”（格雷格·史密斯从高盛集团辞职当天用在《纽约时报》上的一个词语，这一说法被经常引用），但他们都是金融专业人士，必须得为自己的愚蠢负责。

这忽略了一个关键点。中介机构所处理的钱是普通大众的，尽管有一个或数个储户会撤出。管理别人钱财时必须履行忠诚与谨慎的责任，中介机构应该继续履行这种责任。使用储户资金的公司、政府或其他机构也必须履行这种责任。这样，忠诚与谨慎就成了公司、政府或任何相关代理机构责任人应尽的责任。

当多诺休夫人在她的姜汁啤酒中发现一只蜗牛时，即使该公司与多诺休夫人之间没有直接的契约关系，上议院议员认为制造商应对她的疾病负责。让人无法理解的是，为什么金融中介机构应该比姜汁啤酒制造商承担更少的责任，而且是少得相当多的责任。在日常生活中，我们都会非常认真地对别人的钱负责，连对孩子们，我们都期望他们能够意识到自己的钱与别人的钱之间存在明显的差异。我们不应该期望以金钱管理为职业的人降低他们的行为标准。金融业的许多员工，尤其是零售银行和资产管理公司的员工，都会赞成这样的观点。他们对利益冲突感到的不适，并不像维尼亚那样，单单是看到邮件记录的道德困惑时所感到的不适。他们应对持有他们所管理的钱的客户承诺，他们应该承担忠诚与谨慎的责任，并将之付诸实践。

利益冲突是现代金融集团固有的特性。这些冲突显然与别人钱财的正确管理不一致。高盛集团的斯巴克斯先生和维尼亚先生在描述“神奇的法布”所创设的算盘交易时，完全没有展示出这种责任感。确实，斯巴克斯和维尼亚并不知道，也不可能知道，那些钱是谁的。处于算盘押注一端的是那些直接或间接投资于约翰·保尔森对冲基金的人，处于另一端的则是那些持有保险单或者将存款放在金融机构的人，而那些金融机构却傻傻地受到具有不同等级抵押证券所创造的高评级债券的吸引。一些个人或养老基金完全可能同时处于算盘押注的两端。这些不幸的投资者绝对不会知道这一点，其他任何人也不可能知道。

“客户至上”始于确认谁是客户。在“神奇的法布”交易中，高盛集团可能代表的是保尔森，而保尔森想要押注的是次级抵押贷款的大范围违约。公司可能代表的是基于这些抵押的证券购买人。高盛集团的交易也可能代表的是其股东的利益。无论这三方谁是高盛集团的客户，公司都可能对其负有适当的忠诚与谨慎责任，但不可能同时适当地代表三方的利益。可以预见，这种道德困惑带来的结果就是，在实际行动中，“神奇的法布”真正代表的不是三方任何一方的利益，而是“神奇的法布”的利益。

在麦卡迪法官所处的时代，那些管理别人钱财的人必须规避利益冲突，现代监管结构却欢迎金融机构“管理”利益冲突。麦卡迪正确地意识到，如果代理人发现他处在一个能够利用冲突来为自己牟取利益的位置，那么他很可能因为受到引诱而充分利用这种冲突。

随着利益冲突而来的是文化冲突。零售银行业应该以顾客为中心，但有必要具有官僚性和保守性。要成功地把这三者结合在一起很难，但这种结合将与投资银行的激进销售导向和冒险精神格格不入。贸易精神（金融服务小部分从业人员从事的活动）已污染了整个金融业。

匿名交易文化脱离经济环境，贬低或消除了个人关系的价值，培养了自吹自擂的自我意识。且不说其造成的广泛社会影响，这种风气不利于提供有效的金融服务。各种功能变得混乱无章，破坏了在处理别人钱财时对忠诚与谨慎的要求。如果不能清晰地认识这些责任，那些谈论在金融业领域恢复信任的人都是在白费口舌。

金融结构改革

如果你要去为自由和真理而战，千万别穿你最好的裤子。

——亨利克·易卜生，《人民公敌》（1882）

事后来看，20 世纪最后 20 年，英、美两国逐步放宽对综合性金融机构形成的限制是一个重大的决策错误。对顾客而言，一站式商店具有很多优势，顾客可以在同一个屋檐下买到他们需要的所有商品和服务。但是，相对于全球金融危机加诸在世界经济，并继而加诸在金融系统之外的居民和企业身上的成本（这些金融集团内部和它们之间交互复杂性的直接后果）而言，这种优势就毫无意义了。

在全球金融危机中，稳定市场的应急措施的影响进一步扩大了金融集团的范围和规模。就承销银行的流动性和偿付能力的应急措施而言，正确的短期对策刚好与正确的长期对策相背离。对于一个有弹性并满足金融服务用户需求的金融体系而言，关键在于恢复其以专业机构为特征的结构。

金融业结构改革最优先目标是减少复杂性、降低成本、提高稳定性、促进储户和借款人之间的信息流动。这些结果应该通过监管行动和市场力量的合力来实现。监管应侧重于结构性补救措施，实施这些只需要有限使用判断力——通过方框打钩追踪的规则。取消各种活动间的交叉补贴、政府补贴及政府担保，可以使市场推动进一步的改革。

实体经济中的家庭和企业与当下主导金融的各金融集团在很大程度上是没有区别的。一个寻找地方存款或寻找长期投资场所的储蓄者、一家建立银行业务关系的公司、一个正在寻找资金的个人或企业借款人，都很难确认摩根大通、汇丰银行和德意志银行之间的区别，或者很难找到一个为什么选择这一家银行而不是另一家银行的令人信服的理由。造成业务模型相似性的部分原因在于过于广泛的监管，它必然实施“一刀切”框架。但是，特威德尔德姆和特威德鲁蒂之间的恶性竞争（这种竞争对于特威德尔德姆和特威德鲁蒂至关重要，但对其客户则不然）主要是金融业太过关注自身的结果。目标是为了超过竞争对手而不是为用户需求提供服务。

银行恰当的经济作用是经营存款渠道，即把储户的短期余额引向借款人（主要是业主），并且管理流动性以协调存款安全性与资本用户的长期需求。政策目标应该是恢复存款人和借款人之间中介的线性框架。对于实现存款人安全、维持经济和金融稳定、有效控制中介成本、做出资本配置好决策所需的信息传递而言，这种简化是极其重要的。

实施结构改革的第一步是为存款渠道建立一道防火墙，以确保支付系统的运行不会因金融集团的倒闭而受到威胁。针对存款基础可用性促发的交易活动的抵押补贴应该取消；如果不能完全取消，对纳税人日常存款保障的可能性将会受到限制。

在此期间，就像英国银行独立委员会和欧盟委托的《利卡宁报告》设想的那样，金融集团可能成为金融控股公司。但是，这样一个过渡结构也有其缺点。存款吸纳和其他金融交易之间的防火墙需要仔细的监管。同时，文化间的交叉污染问题仍然存在。

不过，只要防火墙有效，作为控股公司的集团即使在交易中有任何金融优势，其优势也微乎其微。由于投资业务和零售业务结合的管理问题致使成本强加在机构自身，从而使有效的防火墙引导它们自愿选择剥离其存款吸纳活动成为可能。

这道防火墙应该是剥离过程的第一步。如果不允许当下的大型金融机构利用它们的零售存款基础，并取消政府资助、补贴或担保，它们将无法维持其目前的交易量。它们内在的杠杆作用将明显加强，以至于其他交易者会担心与它们交易。将交易量降低到更合理的水平是下一个核心目标。

坚持明确区分机构和交易指明了深化结构改革的方向。通过监管管理冲突的尝试已经失败，因为它催生了复杂的规则却没能实现其基本目标。那些处理别人钱财的人或者对如何处理别人钱财提供建议的人，是钱财所有者的代理人。金融中介机构可以作为别人钱财的管理人，或者可以用自己的钱进行交易，但是，绝对不可以同时做这两件事。有效应用“对客户负有忠诚与谨慎责任”这一原则，坚持规避利益冲突，会结束投资银行目前依靠活动多样性提供“优势”的商业模式。

一些读者可能会认为，高盛集团（高盛集团和摩根士丹利是目前仅剩的两家独立投资银行）是本书特别针对的一个“目标”。本书之所以如此频繁地提到高盛集团，并不是因为其高管或交易员特别唯利是图，或许刚好相反；而是因为该公司的成功和由此引起的公共监督。虽然公司今天的声誉远不如其曾经的盛况，但是，在一片荒凉的风景中，高盛集团的地位仍然高于许多其他公司。如果我们发现许多高盛人身处要职，那主要是因为该银行吸引了这些特别有才干的人。许多人，包括加拿大银行前行长和英格兰银行现任行长马克·卡尼以及美国商品期货交易委员会改革派主席加里·金斯勒等，都能够很好地为公众谋取利益，即使当这些利益与其前雇主的利益发生冲突时依然如此。

目前的投资银行模式，无论是应用在一个独立的机构，如高盛集团，还是应用在一个经营业务广泛的金融集团，如德意志银行，都是金融业对实体经济所带来的各种问题中最重要的一个问题。今天的投资银行从事证券发行、企业咨询和资产管理；它们在股票和固定收益、外汇和大宗商品交易中做市，在这些市场用自己的账户进行交易。只需列举一下这些功能我们就会明白，其中每一项活动都与其他所有活动相互冲突。每一项活动都应该由不同机构来承担。如果能够减少银行间的交易量，降低公共股票市场的作用，增加资产管理者的直接投资，应该就能大大地减少这些活动的规模。

在今天金融业所担任的所有角色中，只有资产管理者因为闲散而得到了奖励。通常来说，他们赚取的费用是按其所管理资金的百分比进行计算的。同样地，独立存款银行的利润主要取决于其存款基础的规模，其次取决于其优良贷款方面的成功。相较于以贸易和交易为核心的活动而言，资本配置的专用渠道具有更为合适的激励结构。

只要有风险，就会有赌徒。金融改革目标不应该是消除投机性的短期交易活动。很难看到一个人将来会是什么样子；禁止赌博几乎在所有尝试过的地方都失败了，而且通常在关注犯罪行为方面产生了不良的副作用。即使消除短期交易的目标是可以实现的，实现这一目标也是不可取的。交易商可提供资本，以满足投资者偶尔对流动性的真正需求——这是在其他投资者之前意识到投资所需现金的能力，并帮助稳定价格波动。金融改革的目标应该是将交易量减少到为非金融经济真正需要提供服务的适度水平。

进行这种交易的合适工具是对冲基金。然而，就像用他人钱财赌博的情况一样，对冲基金也有危险。应该要求进行短期交易的人只能用自己的钱（基本上是自己的钱），或者专门为此目的而募集的资金进行交易。在后一种情况下，交易者应该对提供这些资金的人承担忠诚与谨慎责任。

认为对冲基金具有建设性作用的建议震惊很多人，对他们而言，对冲基金就是金融化的恶棍。许多人（我当然也是其中之一）看到，2003—2007 年的信贷扩张在泪水中收场，但却认为对冲基金处于这场风暴的中心。可我们都错了。许多对冲基金消失了，但这无关紧要。这场崩溃之所以演变成全球金融危机，因为众多大型金融集团深陷暴风雨之中。

或许，对全球金融危机最奇怪的应对策略是欧盟委员会贯彻并实施了《另类投资基金经理指令》，意在打击对冲基金和私募股权经理人。一位匿名评论员将这一提案描述为“利用酒吧里的一场打斗狠揍那个你一直不喜欢的坐在角落里的小家伙”。但是，这样的活动只适合一种人，即那些与投资决策者以及很清楚如何玩转他们钱财的人有着密切联系的人。在任何情况下，都应该将这种活动与银行分行吸纳存款的活动完全隔离。

主导存款渠道的零售银行往往是相当乏味的机构，但贝里、班克斯和梅因沃林却感到悠闲自得。好吧，或许我有点夸张了，但也没有太过。对储户存款最好的利用是政府借款和高质量的房屋贷款。要想恢复储蓄银行的互助结构和一度主导住房金融的房屋互助协会是不可能的。这些机构在几十年积累起来的资金已被挥霍一空，全部用来当作意外之财付给储户或者投入不明智的多元化经营。现在，它们已经没有资源提供大型互助机构储备金所需规模的足够资金了。新的住房机构不得不向投资者募集股权资本，而且需要足够数量的资本。但恢复侧重于地方的针对住宅房地产的恰当贷款应该是可能的。这类机构应该既要了解当地的房地产市场，又要具备自动资信评分特征方面的判断力，同时还要管理包括分期付款在内的全部贷款。

尽管应该将吸纳存款机构的资产选择限定在政府债券和住房抵押贷款之内，但我们没有理由不让其他金融机构购买政府债券和进行住房贷款。确实，对政府资金需求的规模和抵押贷款更高的贷款价值比率都需要这样的资金。

犹如银行在存款渠道中享有核心位置一样，资金管理公司应该在投资渠道中占据同样的核心位置。它们的目标是相似的：给存款人创造良好而稳定的收益率、维护经济和金融的稳定、控制成本、传递和管理与实物资产和无形资产相关的信息，这将提升经济效益，从而为存款人、消费者、员工和纳税人带来利益。

不需要每天估价和赎回的资产管理人托管中介，有可能为资产管理人及其客户提供更大的灵活性和更多的机遇，从而帮助他们躲过股票市场的桎梏和高频交易员的捕猎。资产管理人通过管理风格以及进行资本配置的专业技能，而不是通过跟踪主动管理型指数误差来取得竞争优势。这就需要为顾客信贷、小型企业或非住宅房地产提供资本的专业化中介机构。

用户需求应该包含更高程度的专业化。这一要求在小型企业领域或许是最为紧迫的。正如第五章所描述的，小型企业的需求已经发生了变化。由于企业对资产的依赖程度越来越低，而对知识的依赖程度却越来越高，资本变得不再那么重要而且更加可替代了，所以，中小企业的资金需求更多的是为了给早期发展中的经营亏损提供资金，而不是针对有形资产保障的借贷。约翰·皮尔庞特·摩根曾告诉国会“道德品行”是社会借贷中最重要的因素。此后100年来，现代企业性质的变化使得企业的品行更为重要，而企业资产提供的保障则不再那么重要了。但是，信用评级方法取代了面对面的交谈。

甚至在金融化之前，消费者就遭受了实际上身为推销员的所谓“金融顾问”的戕害。因为这些人在各银行分支机构员工中占据主导地位，消费者现在遭受的戕害可能更多了。佣金造就贵在行动。即使在佣金大多遭到禁止时，如同英国现在的情况，要想说服人们为好建议付出一大笔钱也是很难的。监管政策依然坚持这样一种错觉，即认为不可能向大众市场提供量身打造的金融建议。这种水平的个人服务在几十年前就从大部分零售领域消失了：高质量的个性化建议太昂贵了，只有市场最顶端才能提供。相对于金融顾问，计算机具有两大潜在优势：其一是计算机像它的编程者一样诚实；其二是计算机的过程与结果可以追踪和检验。

创建一个由零售银行引导的储蓄渠道，并创建一个由可信赖的资产管理人主导的资产管理部门，这些资产管理人可以作为托管中介并具有长远的投资眼光——这就是我们重建一个旨在满足实体经济需求的金融业的方式。

个人责任是金融改革的关键

雷诺局长：我非常震惊，这里居然有赌场！

（一个赌台管理员递给雷诺一堆钱。）

管理员：先生，这是您赢的钱。

雷诺局长：（压低声音）哦，非常感谢。

（提高声调）

雷诺局长：所有人马上出去！

——《卡萨布兰卡》，1942 年华纳兄弟公司出品

昨天，听到这些指控时，我们都感到震惊和震撼，我必须告诉大家，我对指控发生的事件感到恶心。不仅因为我当年是《世界新闻报》的主编。

——丽贝卡·布鲁克斯，国际新闻集团首席执行官，
2011 年 7 月 8 日给员工的备忘录

1721 年，“南海泡沫”破灭之后，英国财政大臣约翰·艾思拉比，被起诉犯下“最声名狼藉、危险和罪大恶极的贪污罪”，并被关进了监狱。全球金融危机爆发之前，英国发生的最后一件重大银行倒闭事件是 1878

年格拉斯哥城市银行的倒闭。在随后的3个月，银行所有主管全部入狱。纽约证券交易所主席理查德·惠特尼，在纽约令人闻风丧胆的最高安全级别的新新监狱度过了3年多的时光。在20世纪90年代早期，美国储蓄银行撤销管制中最臭名昭著的骗子查尔斯·基廷以及垃圾证券创始人迈克尔·米尔肯，也都锒铛入狱了。

新经济泡沫的替罪羊则没有受到如此严厉的对待。证券交易委员会几乎没有投入精力和资源去判决不法行为，揭露这些案例的是现在名誉扫地的前纽约州总检察长艾略特·斯皮策，他为此进行了顽强的调查。瑞士信贷投资银行家弗兰克·奎特隆，原本期望朋友和客户会青睐他的热门股配置，结果遭到了起诉，不过对他的指控通过上诉被撤销了。其他遭到起诉的人包括美林的分析师亨利·布罗吉特，他向客户推荐一堆垃圾股票；杰克·格鲁伯曼，他曾用股票推荐的方式为他的孩子换取进入广受欢迎的92街Y幼儿园的名额。（格鲁伯曼对美国电话电报公司的升级取悦了该公司首席执行官迈克尔·阿姆斯特朗，后者在花旗银行董事会的投票对于桑迪·威尔开除花旗集团联合首席执行官约翰·里德至关重要。花旗银行向该校捐赠了100万美元，校方欣然接受了格鲁伯曼的申请。）

应对全球金融危机的各项措施意味着，倒闭的金融巨头遭受惩罚的时代最终结束了。在2007—2008年全球危机中，三个最应该受到谴责的人物是雷曼兄弟首席执行官迪克·富尔德、乔·卡萨诺（他的金融产品部导致美国国际集团的倒闭），以及安吉罗·莫兹罗（他的美国国家金融服务公司领导了次级抵押贷款的出售）。人们现在仍然相信，他们每个人都还拥有超过1亿美元的财富。正如第五章所指出的那样，安吉罗·莫兹罗为了解决与美国证券交易委员会之间的诉讼案曾支付了6750万美元。另外两人都没有面对过任何形式的诉讼。

美国金融危机中只有一些无足轻重的小人物面临着对其行为的刑事指控。伯纳德·麦道夫被判处150年监禁。“神奇的法布”图尔被罚款82.5万美元。2007—2008年金融危机中，因其行为被判入狱的最高级别的金融执行官是李·法卡斯——TBW 公司总裁，TBW 是一家总部设在佛罗里达州的抵押贷款经纪公司。

在英国、法国和德国，根本没有出现过任何涉及这场危机的起诉。苏格兰皇家银行的弗雷德·古德温，虽然的确似乎陶醉在他所认为的适当的高职位津贴中，但从不寻求也未达到过美国金融领导人司空见惯的个人致富盛况。他周围聚集了一群体育明星，这些人都曾在他的银行里领取薪水。古德温最后遭到了公开的羞辱，被剥夺了爵士资格，并被迫接受从银行领取缩水的养老金。虽然如此，他每年仍能获得 34.25 万英镑。

小国家就没那么宽容了。在爱尔兰，盎格鲁爱尔兰银行的肖恩·菲茨帕特里克也许是金融机构最胆大妄为的首席执行官（这可是一场激烈的竞争），最终被弄得破产了，并遭到了起诉（败诉）。虽然有一些对他同僚的定罪记录，但法官认为将他们都送入监狱是“非常不公正的”。不过，冰岛法院确实对倒闭的考普森银行董事长兼首席执行官判处了长期监禁。

从美国和英国当局最近一直在追究对金融领域不法行为的指控程度来看，这些国家针对的目标一直是公司而不是个人。“神奇的法布”是高盛集团牺牲的替罪羊。图尔留下的电子邮件追踪太过恶劣，因此对他的起诉点燃了公众的愤怒。高盛集团支付了 5.5 亿美元（不承认有责任）罚款来解决证券交易委员会对公司提起的有关算盘交易的指控。与此同时，美国证券交易委员会同意不追究对公司的其他各种指控。

多年来一直担任包括华尔街在内的纽约南方区联邦法官的杰德·拉可夫，以高盛集团案件的解决方式为例，对美国证券交易委员会就罚款事宜与各公司进行谈判的政策进行了猛烈且有理有据的抨击：

> 仅仅追查这家公司，在技术和道德方面是值得怀疑的。技术层面的可疑在于，根据法律，你不应该起诉或威胁起诉一个公司，除非你能在排除合理怀疑的基础上证明该公司的某个管理代理人犯了你所指控的罪行；如果你能够证明这点，为什么

不起诉这名管理人？从道德角度来看，由于一些没有被起诉的个人犯罪行为而惩罚一家公司及其众多的无辜员工和股东，似乎背离了道德责任的基本概念。

据《华尔街日报》估计，2012年和2013年，摩根大通支付了250亿美元解决对自己的指控，通常都不承认有责任。摩根大通的高管们都愿意支付巨额罚款来赎过去的错误，因为他们用别人的钱支付。公布的罚款规模给人一种情况严重的表象。事实并非如此。这说明，作为曾经并且现在仍然是最受尊重的金融服务公司，摩根大通的声誉因250亿美元赔偿只受到了轻微的损伤。拉可夫主张："成功起诉个人产生的未来威慑价值远远大于实施内部合规措施所带来的预防性好处，合规措施通常只不过是装饰门面而已。"

监管机构选择遵循几乎无效的程序对公司实施商定的罚款，因为他们认为，无论是对公司还是对个人定罪都太难了。执法应该针对责任人，而不应该针对公司，并且定罪应该更容易。英国议会银行标准委员会正确地认识到，个人责任是核心问题，因而推出了一些措施（包括"胆大妄为的银行"象征性刑事罪行）。目标是实行"在我的管辖内"海军原则的严格责任制，即个人对其管辖范围内和管辖时间内发生的事情负责。

严格责任意味着，只要证明某件事情发生就够了，没有必要证明是不是负责人造成的。没有必要进一步探究动机、追究责任或确定相关个人对此事究竟了解多少。严格责任制结束了负责人对下属行为的无知和恐惧的辩护。令丽贝卡·布鲁克斯"震惊和震撼"的最严重的指控是，在布鲁克斯任《世界新闻报》编辑时，该报员工曾黑入一名被谋杀女学生的语音信箱。得知在设置伦敦银行同业拆借利率时员工篡改了提交的利率后，鲍勃·戴蒙德感到"全身都不舒服了"。"震惊和震撼"的辩护将不作为与不负责任联系在一起，就像高级官员不知道其下属具体在做些什么一样。适当的原则应该是："如果你接受了报酬，就要承担责任。"

因为收纳员将手伸进了钱柜，银行首席执行官就要进监狱，这似乎过于苛刻，也是不可取的。当下属员工在代表金融机构履行职责时，严格责任制应该适用于他们的行为。名义代理权原则对银行盗窃职员和将自认为会失败的产品卖给顾客的交易员加以了区分。当篡改利率提交或支付保证保险的不当销售成为公司惯例，而不是个别的流氓行为时，相关负责人就应该自动承担罪责。

可能会有人争辩说，这样的措施会阻止人们接受责任人的职位。这正是目的所在：确保只有那些理解并愿意接受处理他人钱财必须承担繁重责任的人，才能担任金融机构的高级职位。个人负责制建立了强有力的激励机制：它鼓励责任人设置旨在对行为实施有效控制而不是装门面的过程和程序；它减少了制定政策宣言的诱惑，那样的宣言虽然动听但几乎不会或完全不会对实施者产生什么样的影响。

个人责任是改革的关键。这不应该误导人认为，从桶里剔除烂苹果是唯一的或首要的问题。无论是通过诋毁个人，还是通过对“银行家”的全体谴责，都太容易将不好的结果归咎于坏人。就像各行各业的情况一样，在金融领域，有人具有很高的道德标准，而有人根本没有道德标准；有人坚持做自己认为正确的事情，也有人觉得顺应现行规范更容易或更为有益。

但我们是社会动物，我们倾向于在自己所处的环境里用别人期待的方式做事。领导力，无论好坏，都会影响这些期望，但只是轻微的影响。在与金融界的交谈中，我很震惊，他们很多人想把工作做得更好，但是他们又深感挫折，原因在于他们工作的系统、雇主的价值观和企业责任、客户不切实际的和不恰当的要求以及加诸在他们身上的监管框架等。只有解决了所有这些问题，我们才能重新建立一个旨在满足实体经济需求的金融系统。

第十一章

金融的未来

我不能宽恕他，更不能喜欢他。但我看到，他所做的事情，对他而言，是完全合理的。一切都粗心大意、混乱不堪。汤姆和黛西，他们都是粗心大意的人，他们毁掉了一切东西和生命，然后又回到他们的金钱世界，或者麻木不仁的状态，或者不管什么使他们在一起的东西里，让别人去收拾他们的烂摊子。

——尼克·卡罗威，司各特·菲茨杰拉德

《了不起的盖茨比》（1925）中的债券推销员

经济学家和政治哲学家的思想，无论正确还是错误，比世俗之人理解的更有力量。事实上世界是被一小部分人统治的。那些自信不受智力影响的务实的人，往往只是一些已故经济学家的奴隶。

——约翰·梅纳德·凯恩斯，《就业、利息和货币通论》（1936）第 383 页

现代西方经济体的金融业实在太庞大了。它吸收了绝大部分最能干的大学毕业生。当时，金融业的发展并没有相应地完善为非金融经济提供的服务，包括服务于个人和家庭的支付系统、资金配置、风险缓解和长期的经济保障等。金融化进程创造了一个以紧密耦合性和交互复杂性为特征的产业结构，而由此产生的不稳定性对非金融经济造成了破坏性影响。

金融市场的交易量已经达到荒谬的水平，这种水平妨碍而不是促进金融中介质量的改善，增加而不是缓解全球经济面临的风险。目前还没有协调交易量与经济稳定性所需要的资本资源，以后也不会有。如果没有零售存款和纳税人提供的隐性和显性支持，现代投资银行的交易员所开展的大规模活动将难以维持下去。

金融业的现有结构需要更多资本，远不止《巴塞尔协议Ⅲ》所要求的那一点点增加的资金。股权投资者不会为金融集团提供所需规模的新资本。投资者不再相信银行或银行经营者的财务报表。他们对这些机构的长期盈利能力几乎没有信心，反而担心：如果银行的确能够创造利润，监管机构和银行的高管将比股东拥有更加优先的分配权。

替代的解决方案就是，央行以低利率向金融集团借贷大量的资金，希望它们能从交易中赚取足够的利润，从而重建集团的资产负债表。但要求纳税人以这样的方式补贴银行是不合理的，特别是大部分利润被挤占用于奖励相关交易员和表面上监督金融集团的管理人，因为这将导致他们获得的薪酬水平超出普通人的梦想。与此同时，银行家及其游说者声称，为银行提供充足的股本资本会将报表中的股本回报率降低到缺乏投资吸引力的水平，并将抑制银行发挥为实体经济提供适当贷款的功能。

如果经营活动不能筹集到足够的股权以确保其有充足的资本，或者如果有充足的资本却不能为这些资本赚取令人满意的回报率，那么，市场经济的教训就显而易见了：这样的活动根本不应该开展，或至少开展的规模应该大幅降低。这就是我们应该持有的看待现有银行系统的方式。

我们需要一个金融业部门管理我们的支付、为我们的住房存量提供资金、改建我们的基础设施、为我们的退休生活提供资金、支持新型企业。但是，如今的金融产业几乎没有多少专业技能真正涉及推进支付便利、提供住房、管理大型建设项目、满足老年人的需求或者帮助小型企业发展。金融中介在发挥作用的过程中已经把自己毁灭了。

对其他金融中介机构活动的了解是最被看重的中介专业技能。这种专门技能并不是要创造新的资产，而是要重新安排现存的资产。高薪酬和红利不是发给那些非常了解金融服务用户需求的人，而是发给那些智胜市场竞争对手的人。在一个已经失去目标的行业中，最极端的表现是，一些拥有这个星球上最优秀的数学和科学头脑的人正在成为利用其他电脑交易算法的弱点来设计自己的电脑证券交易算法工具。

金融并不像前财政部部长拉里·萨默斯所暗示的那样是一道数学难题。金融是为家庭和企业服务存在的。从事金融的个人和公司，至少应了解金融系统用户的具体需求。我们需要专注化的金融企业，它们必须具有明确的生产目的和适合于这一目的的管理体制、治理制度和资本结构。我们应致力于恢复和发展 20 世纪 80 年代以前金融业存在的丰富多样的机构和组织形式。

对这一建议最常见的批评是，这将意味着“把时钟往回拨”。如果时钟显示的时间是错误的，你就应该把时钟往回拨。在这件事情上，情况就是这样的。想以我们重建一座历史性建筑的方式去恢复某种特定的现状，即使我们想这么做，也是不可能办到的。但在一个旧的产业结构和已经发展几十年的监管过程中是有某种智慧存在的，而且这种智慧在政治客意识形态的狂热和金融家及交易者个人野心的共同作用下被遗弃了。

对于世界将会大不一样的想法，许多人感到很纠结。和我交谈过的金融人觉得很难想象这样一个未来的金融体系：在回购市场上，大公司不再主动；资产支持证券不再与住房金融息息相关；没有期货合约或股票市场指数。然而，曾经有一段时间，这些东西的确都不存在，这样的时代很可能再次出现。我们需要花旗银行和高盛集团所做的一些事情，但我们并不需要花旗银行和高盛集团来做这些事情。它们所做的很多事情其实根本就不需做。

2008 年，知名的金融机构陷入了崩溃的边缘。世界上大部分主要金融机构都是依靠政府的支持才得以继续生存，而且这些机构现在很大程度上依然如此。在全球金融危机期间，各国政府完全能够向金融业施加任何它们想要施加的条件，但几乎没有这么做。

在美国财政部部长亨利·保尔森解释如何分配国会用于拯救美国银行系统的7000亿美元的会议上，美林首席执行官约翰·塞恩（因在美林倒闭时花100万美元重新装修自己的办公室而臭名远扬）开门见山地问道："你们用补偿政策中的零钱能给我们提供什么样的保护？"他的新老板、来自美国银行的零售银行家肯·刘易斯大声喝止了塞恩。不久后，因为美国银行的愚蠢并购，刘易斯和塞恩都失业了。但在某个重要方面，塞恩取得了胜利。2009年初，美林的员工得到了36亿美元的红利。

即使在全球金融危机结束之后，过度自我依然在金融业大肆盛行。此后不久，劳埃德·布兰克费恩把他从事的工作描述为"上帝的工作"，而鲍勃·戴蒙德声称"懊悔的时代结束了"。即使撇开"我们是华尔街"这一庸俗的废话，到2010年，2008年时弥漫在金融行业中的恐惧感已然不见了，取而代之的是极度的自鸣得意和沾沾自喜。

危机还远未结束。新"流氓交易员"被安保人员从办公桌前带走了。各种各样利率操纵丑闻表明：事实上，危机的起源深深植根于金融业的文化中。货币政策抬高了资产价格，奖励那些在累积财富中享受生活的人，付出代价的就是依靠就业获得收入的人。欧元区依然在混乱中得过且过。

2008年，全球金融危机来袭时，所有政党的政客和官员基本上都茫然不知所措。"绝不要浪费一场危机带来的机遇。"奥巴马总统幕僚长拉姆·伊曼纽尔如是说。但这场危机确实白白浪费了。伊曼纽尔愤世嫉俗的评论说明了现代政治生活中务实的现实主义特征；正如在这种情况下一样，缺乏分析或知识含量的实用主义者允许的不过是做一些毫无益处的修补，因此，"现实主义"往往不会产生什么作用。解释性叙事的缺失导致不合逻辑的应对。就政治左派而言，那些花了一世纪等待资本主义在其自身内部矛盾重压之下崩溃的政党，看到这种情况真的有可能发生时，却陷入了恐慌中。欧洲左派知识分子的自信已经被耗尽。

就右派政党而言，一些事件的发生掩盖了市场具有自我平衡性这一观念。新自由主义学说显然不足以解释那个时代的经济学或政治学。右派还需要一段时间才能成功说服自己（或许还有极少数其他人）相信造成这场危机的根本原因在于市场的政府干预。

金融化的失败几乎没有减少新自由主义学说的影响。认为活动的盈利能力是衡量其社会合法性的信念，不仅在金融领域扎下根，而且毒害了整个商界。冷静想想，“我们是华尔街”这种喧嚣之词与犯罪团伙的宣言之间几乎没有什么区别。在区分利润生成和财富创造或者看出资源占用与资源创造区别方面具有极大的失误，而且还有一种意愿去放纵那些处于欺诈边缘或者越过欺诈界限的活动。

市场体系的支持者和批评者都没有意识到投资银行的交易大厅并不是市场经济的缩影，而是其产生的一颗毒瘤。左、右两翼的观察家都错误地认为，西方经济体的金融化进程是它们在与东欧高度集中的计划经济制度进行的竞争中所获得的成功之一。

利润体现价值这一荒谬命题给出的证据恰好佐证其对立面的正确性，即利润在本质上是不道德的。当然，这样的命题同样荒谬。如果我们以活动推动者从中赚取多少钱财为标准衡量某项活动的社会贡献，那么，金融界和商界之外的人们形成这样的观点就不足为奇了：不应该允许这样的价值观靠近我们的学校和医院，或者就这一点而言，靠近我们的制药行业、我们的基础设施和我们的超市。蔑视银行家。

棒球卡交易可能促进繁荣这一想法背后的知识错误与一个经济模型有关，该模型误解了市场在使复杂的现代经济体管理信息中所发挥的（重要）作用。价格是一个信号，价格机制是进行资源配置的一个重要指南，这并不意味着在彭博终端屏幕上不断变化的价格是完整而全面的历史积聚智慧的升华。无论我们谈论的是莎士比亚的戏剧还是某个商业组织，除了价格之外，还有许多其他的价值指南。虽然这些经济模型充其量代表一种高度简化，最坏不过是模仿自由市场在现实中的运作，但其影响是强大的，而且非常方便。

意识形态的影响并不完全依赖于其思想的力量。金融业是当今最为强大的行业游说团体。国际货币基金组织前首席经济学家西蒙·约翰逊，非常有洞见地将华尔街与历史上在大多数国家占主导地位的寡头进行了比较。他发现，在自我强化过程中，经济实力被用于为政治权力提供保障；而政治权力被用于增强经济实力。

在前现代欧洲社会中，建立寡头的基础有两个：一是土地所有权；二是招募大批人为国王服务或者为争夺土地而战斗的能力。宗教寡头各自为政。在如今的俄罗斯以及许多新兴经济体中，寡头都集中于基础设施和自然资源的控制领域。在美国，对资本强盗的攻击是为了阻止寡头的出现而进行的尝试，并且获得了部分成功。

只要有政府存在，寡头的影响就存在。在美国，对于金融的威力来说，没有什么比金钱更重要。政客竞选资金的重要性以及金融业随时做出反应的准备工作确保了华尔街关注的问题在国会听证会上得到同情。金钱在欧洲的政治生活中发挥了一定作用，但金钱的规模要小得多，其影响力也缺乏颠覆性。

英国的情况比较复杂。少有照顾性的腐败交易。但政客会保护伦敦处于全球金融舞台中心获得的成功，也会保护他们获知的金融所产生的税收和其他经济利益。他们遭受了英国金融服务管理局前主席阿代尔·特纳所描述的“心智俘获”之苦。伦敦金融城到处都是能言善辩、聪明而富裕的人。政客给人们留下的印象是，他们或许更加能言善辩，但通常不怎么聪明，而且肯定不太富裕。如果你想找人解释一下什么是债务抵押债券，能找到的人少之又少，而且很少有人对这一创新举措持批判态度。

法国和德国是金融业规模很大的国家，也是反市场言论最强烈的国家。但它们也是全球金融危机以来最少实施实质性金融改革的国家。其主要原因在于两国天生的社团主义，社团主义将金融服务的国家利益等同于大型国有金融服务公司的利益。如此一来，德意志银行的意见就是德国政府的意见，不只是在德国国内政策方面如此，而且（尤其是）在国际金融谈判中德国采纳的立场更是如此。德国的政策立场受到许多地方和社区银行结成的地方政治联系（有积极的，也有许多消极的因素）的影响。在法国，在董事会会议室和内阁会议室之间穿梭自如的精英团体强化了这种意识：国家就是国家民族工业的捍卫者。由于法国和德国是两个最有影响力的欧盟成员国，因此它们的企业影响力延伸到了布鲁塞尔的会议室。

除非减少金钱对政治的影响，否则，金融改革取得的进展微乎其微。美国的局势似乎无法修复。现在花在竞选上的金钱额度有些过度。2010年，在美国联合公民案中，最高法院判决对企业政治捐赠的限制违反了《宪法第一修正案》的言论自由权利，由此开启了企业支出的闸门。欧洲一般都设有关于竞选经费的法律和实际限制，结果是，规模小得令人惊讶的资金也能产生巨大的影响。民众收费后支持的观点表达的不是言论自由，而是相反。政党的国家资助，加之对其他金钱来源的严格限制，似乎是支付给（更加）诚实政治的低廉支持。

然而，这扇把资深政治家和官员推到私人部门获得丰厚回报位置上的“旋转门”一直在转动。公共部门和私营部门之间的知识和经验交流会给社区带来真正的好处。退休的政客应该是政界元老，而不应该是千万富翁的助手；离职公务员的专业知识应服务于公共利益，而不是私人利益。为那些占据公共部门岗位的人提供远远低于私营部门标准的薪酬水平，期望他们以后会弥补这其中的差距，对政策造成的破坏程度与其节省的那点公共资金不成比例。

应该给决策者提供其他替代性建议，决策者也应该采纳这样的建议。我在第二章和第八章解释过，学术界——也许是向权力表达真理的最天然的渠道——如何以及为何在很大程度上没能在金融业发挥公正的作用。占主导地位的知识范式与准备推动其发展并资助其追随者的行业气味相投。新闻记者必须依赖其消息来源，并不可避免地受到他们日常交谈对象意见的影响，因此，他们很容易被俘获。如果他们不接受俘获，他们很可能发现自己不可能获得任何信息，这将使他们陷入消息不灵通的境地。

监管机构有许多人在真正地努力谋求公共利益，但只要监管政策关注的是指令性规则而不是结构与激励机制，他们取得的进步就微乎其微。在监管专业会议上待几分钟，就会产生一种迫切感：急需能够看见事物本质的人。对于监管行业而言，全球金融危机可能是一次倒退，但实际上它意味着一次巨大的促进。对“加强监管”的呼吁普遍存在，要想跟上用来描述各类新机构、委员会和监督机构多如牛毛的首字母缩略词几乎不可能。无论说得多么动听，这类活动中没有一项旨在进行根本性的改革，而是为了更好或至少是更广泛地使用监管人员和他们的同僚已有的技能和专业知识。

然而，有许多在或曾经在金融领域工作的人一方面非常了解传统智慧，另一方面对之持批判态度。他们有的从事资产管理方面的工作，其他人则是梦想破灭的前投资银行职员。没有任何组织收集这些意见。我相信，金融业内外许多人对他们感觉到的国际投资银行的普遍性权力和影响力感到害怕（尽管他们在公开场合会保持沉默——他们很少参与公开辩论）。

这种权力和影响力意味着，要在短期内完成金融业基本的结构改革是不现实的。然而，寡头的数量极少，这是寡头政治固有的特性。这一点在“占领华尔街”运动口号“我们是99%”得到了生动的体现。确定这99%的抗议者反对什么比确定他们支持什么要容易得多。我走过圣·保罗墓地（它很不协调地位于伦敦金融城的中心，也是英国示威者有意选取的地方）时，看到一句标语，上面写着“禁止高频交易”。但是，我找不到这个标语的作者，也找不到哪个消息灵通人士愿意充当批判者的角色。我确实找到了彼此毫不相关却混在一起的左派、环保主义者和无政府主义者，这种组合真的令人好奇。

这种不相关性是全球金融危机之后的分散性公众愤怒膨胀的典型特征，包括对金融业的愤怒，或对没有预见到危机或者没有对危机做出有效反应的政治失败的愤怒。大多数国家都赶走了在危机期间执政的政府。这种做法没有对金融业的公共政策产生实质性的影响。除了呼吁“更多监管”之外，在没有任何知识框架的情况下，这样的政策怎么可能产生实质性的影响呢？

我们这个时代最重要的政治发展也许是心怀不满者的民粹主义愤怒。他们不再相信他们生活的国家具有和他们一致的价值观，还有一些人觉得他们在国家的全面繁荣中远远没有得到他们应该得到的好处。在针对脱离普通民众需求的民主政治抵触情绪中，各发达国家的边缘政党（美国茶党、英国独立党、法国国民阵线、意大利贝佩·格里洛的五星运动党、希腊激进左翼联盟党及金色黎明党等），吸引了“留守”群体的选票。除了认为“他们”（执政党）没能理解或认同抗议者的需求和价值观之外，这些政党毫无共同之处。

全球金融危机结束后，即使在政治中心，也有民粹主义者呼吁猛烈打击银行家，政治领域的竞选者因为沉迷其中而获得了赞扬。憎恨银行家的选民人数远远超过了银行家的人数，甚至超过了受雇来“为自己做市的冒险家”人数。不过，大部分选民还有别的方面要考虑，而支持金融产业的职业游说者则没有什么顾虑。游说者一直都在现场。当涉及法律或法规的细节时，他们的影响不可避免地发挥着重要作用。投资银行家经常昂首阔步于财政部的走廊中。蒂莫西·盖纳特在他的回忆录里抱怨道，他经常被误认为银行家，甚或是高盛集团的人，而事实上，他的职业生涯是在公共服务中度过的。但似乎他并没有停下来问问自己，为什么会经常出现这种错误。

我们有可能建立一个更小、更简单的金融服务系统。它能更好地满足非金融经济的需要，即实现有效的支付系统、有效的资本配置、更加稳定的经济，为规划和管理我们个人财务提供保障，让我们有理由信任给我们提供建议的人。我们不可能在明天或明年一醒来就看到这样的愿望变成了现实。因此，阐述这样的愿景没有意义吗？我不这样认为。我在公共政策、商界和学术界的经历使我相信，我在本章开头引用凯恩斯的那些话语中蕴含的真理——思想的长期力量。“听信传言的当政狂人，其狂妄荒诞的想法，不过是从若干年前三流学者剽窃而来的。”今天，感谢上帝，我们很少有“当政狂人”。体面但平庸的官员，如盖特纳，更具典型性但依然需要（也许是更容易接受）从周围环境吸纳的理念。

成功对公共政策产生影响的衡量标准是，你昨天的观点在今天被反馈为别人的新观点，在明天又被重复为时代的传统观点。在我的一生中，政治可能性的界限改变得如此频繁，且如此之大，如英国的煤矿关闭了、铁路私有化了、同性恋伴侣可以结婚了、美国选出了一位黑人总统，因此，对什么是“政治可能性”感到压抑就是想象力的失败。在民主社会，对权力滥用最有效的反击方法是发挥教育在创造明达的舆论中的作用，而本书的目的就是为实现这一目标做出一点微薄的贡献。

本书提及的诸多建议旨在为即将面临下一次金融危机的民主政客提供一个指南。还会出现下一次重大金融危机，因为金融化的周期性危机背后的决定性因素没有改变，而且本书尝试解释了脆弱性是如何及为什么在持续发展。金融危机的日益严重性是当前政策轨迹的特征之一。这并不一定意味着每一次危机都比之前的一次更为严重，只不过其发展趋势是越来越严重。监管措施，虽然不是非常有效，已用于解决上一次危机，而不是下一次危机。

本书概述的金融业重组是给为下一次危机做准备的有思想的决策者提供一份临时性蓝图。他们原本可以利用在上次危机之后获得的对金融业的控制来调整产业结构。但他们没有这样做，因此，他们肯定会有另一个机会——也许再犯类似的错误。

大萧条使世界陷入了经济灾难，同样陷入了政治灾难。但当时手腕高超的政治领导层做出了国内外的妥协，从而保护了民主和市场经济的未来——虽然幅度不是很大。赌注很高，但金融不是一场博弈。该是回去工作的时候了——严肃、认真、负责地管理他人的钱财。

后　记

皇帝侍卫的新装

从前，有一位伟大的皇帝，他统治的领土幅员辽阔。帝国的宝藏都保存在一个金库里，由穿着条纹西装、戴着礼帽的侍卫把守着。他们都很诚实，但很迟钝。他们代表王室支付王室所有的花费，并得到了皇帝臣民的尊敬。

一天，一个新侍卫出现了，他穿的不是传统的条纹套装，而是用金线和最好的丝绸做成的衣服。皇帝对华丽的服装一直心存疑虑，因为几年前，他受到两个假冒裁缝的管理顾问的欺骗。骗子曾做出承诺，却没能交付一套华丽服装。所以他仔细地做了检查。毫无疑问的是，这件衣服的确出自谢尔曼·麦考伊之手。

新侍卫的衣服越来越华丽，并在皇宫中以“黄金人”著称。他赢得了一大批追随者，是从帝国各个遥远角落招募的最优秀的数学家，他们都善于解决微分方程。追随者里还有兑换员。黄金人的随从都不甘心把闲置的宝物放在金库里。每天，兑换员都在他们自己之间传递宝物，快捷且灵巧，几乎不可能注意到沿途蹭掉的金子。很快，黄金人和他的随从就成了帝国最富裕的人。

黄金人的声誉很快传到了四面八方，全国各地的商人都不远万里前来咨询他的意见。难道黄金人的精美服饰没有见证他非凡的技巧和智慧？他个人不断增加的黄金量难道不是衡量他的创新措施给这个国家带来的繁荣指标？皇帝很重视黄金人的建议，不只是与帝国金库管理相关的建议，还包括关于全国所有问题的建议。很快，在皇帝所有顾问中，黄金人成了最有权势的人。

有一天，发生了一件丑闻。兑换员之一的雷·曼突然病倒。他倒下时，他的钱箱猛地打开了，里面竟然空空如也。很多人对此进行了真挚的自我反省，皇帝委托专家对帝国金库的东西进行审计。

结果发现，所有用以支付黄金人的漂亮衣服、兑换员的红利以及解微分方程的数学家的工资都是从帝国金库取出的。此外，黄金人来到宫廷之后明显的繁荣增长完全是一个错觉。黄金人和他的兑换员都被扒光了衣服，拖到大街上游街示众，到处都是民众的大叫声："脱光了衣服，他们也不过是普通人！"他们被关进深深的地牢里，此前曾用假冒衣服如此残酷地欺骗皇帝的管理顾问仍然在里面忍受着煎熬。解微分方程的数学家被放了出来，他们接受了设计火箭的新任务，以帮助伟大的帝国进一步扩大疆域。

致 谢

20 多年来，我非常幸运能够将学术和公共政策背景与金融工作的高层次经验结合在一起。我十分感谢那些使这次机会（这在英国是不寻常的）成为可能的人，尤其是马克 · 康沃尔 – 琼斯、乔恩 · 福尔兹和已故的艾伦 · 麦克林托克。马克、乔恩和艾伦充分体现了伦敦金融城最优秀的传统：与管理他人钱财相匹配的高智商、绝对的诚实和强烈的责任感。

金融业仍然有许多像他们这样的人，尽管可能比过去少很多。这本书得益于与他们许多人进行的讨论，特别是在 2012—2013 年受英国政府委托，我承担的股权市场评述期间的讨论。我十分感谢主管商务、创新和技能的国务大臣温斯 · 凯博，感谢他邀请我参加这一项目，同时感谢来自他部门的对我工作提供支持的团队。

伊丽莎白 · 贝茨是一个具有奉献精神的研究助理，她从一开始就参加了项目的工作。我很感谢她的帮助。我也感谢继她之后直到完稿时一直给我提供帮助的罗伯特 · 梅斯。斯科特 · 埃德蒙兹和凯伦 · 习提供了额外的支持。菲利普 · 奥格、阿玛尔 · 毕海德、戴维 · 博达尼斯、尼克 · 亨格福德、罗伯特 · 詹金斯、默文 · 金、布朗温 · 马多克斯和弗兰克 · 帕特诺伊都对手稿做了非常有帮助的评价，感谢 Profile 出版社的苏珊娜 · 汉密尔顿和安德鲁 · 富兰克林。感谢米卡 · 奥尔德姆自始至终对本项目的支持，他是一个细心的编辑。最后，我要特别感谢乔 · 查林顿——我 17 年的个人助理，没有她，我将永远无法把我的生活和工作结合在一起。

参考文献

Abrahamson, M., Jenkinson, T., and Jones, H., 2011, 'Why Don't U.S. Issuers Demand European Fees for IPOs?', *Journal of Finance*, 66 (6), December, pp. 2055–82.

Adams, J., 1995, *Risk: The Policy Implications of Risk Compensation and Plural Rationalities*, London, Routledge.

Adams, R.McC., 1981, *Heartland of Cities*, Chicago, University of Chicago Press.

Admati, A.R., and Hellwig, M.F., 2013, *The Bankers' New Clothes: What's Wrong with Banking and What to Do about It*, Princeton and Oxford, Princeton University Press.

Akerlof, G.A., 1970, 'The Market for "Lemons": Quality Uncertainty and the Market Mechanism', *Quarterly Journal of Economics*, 84 (3), pp. 488–500.

Albert, M., 1993, *Capitalisme contre capitalisme*, Paris, Seuil; trans. P. Haviland as *Capitalism vs Capitalism*, London, Whurr Publishers.

Americans for Financial Reform, 2014, 11 December, http://ourfinancialsecurity.org/#.

Andrews, S., 2010, 'Larry Fink's $12 Trillion Shadow', *Vanity Fair*, April.

ARCADIS, 2014, Global Built Asset Performance Index 2014.

Arlidge, J., 2009, '"I'm Doing God's Work": Meet Mr. Goldman Sachs', *The Sunday Times*, 8 November.

Armstrong *v.* Jackson, 1917, 2 KB 822.

Arner, D.W., 2009, 'The Competition of International Financial Centres and the Role of Law', *Economic Law as an Economic Good: Its Rule Function and Its Tool Function in the Competition of Systems*, ed. Meessen, K., Munich, Sellier, Chapter 16.

'As Goldman and Morgan Stanley Shift, a Wall St. Era Ends', 2008, *The Wall Street Journal DealBook*, 21 September.

Atkinson, A.B., and Morelli, S., 2014, *Chartbook of Economic Inequality*, ECINEQ Working Paper.

Augar, P., 2006, *The Greed Merchants: How the Investment Banks Played the Free Market Game*, London, Penguin.

Bagehot, W., 1873, *Lombard Street: A Description of the Money Market*, New York, Scribner, Armstrong & Co.

Bakija, J., Cole, A., and Heim, B.T., 2012, *Jobs and Income Growth of Top Earners and the Laws of Changing Income Inequality: Evidence from US Tax Return Data, Office of Tax Analysis.*

Bank of England, Annual Reports 2007–14, financial statements.

Basel Committee on Banking Supervision (BCBS), 2010, 'An Assessment of the Long-Term Economic Impact of Stronger Capital and Liquidity Requirements', Basel, Bank for International Settlements.

Berle, A., and Means, G., 1932, *The Modern Corporation and Private Property*, New York, Macmillan.

Bernanke, B.S., 2004, 'The Great Moderation', remarks by Governor Ben S. Bernanke at the meeting of the Eastern Economic Association, Washington, DC, 20 February.

Bernanke, B.S., 2006, 'Modern Risk Management and Banking Supervision', remarks at the Stonier Graduate School of Banking, Washington, DC, 12 June.

Bhidé, A., 2011, *A Call for Judgment*, New York, Oxford University Press.

BIS, 2013, *Triennial Central Bank Survey: Foreign Exchange Turnover in April 2013: Preliminary Global Results*, Basel, Bank for International Settlements.

Black, F., and Scholes, M., 1973, 'The Pricing of Options and Corporate Liabilities', *Journal of Political Economy*, 81 (3), May–June, pp. 637–54.

Bloomberg Billionaires, 2012, http://www.bloomberg.com/billionaires/2014-07-18/cya.

Bloomberg Businessweek, 20 February.

Bogle, J.C., 1999, *Common Sense on Mutual Funds: New Imperatives for the Intelligent Investor*, New York and Chichester, John Wiley.

Brandeis, L., 1914, *Other People's Money*, New York, F.A. Stokes.

Brittan, S., 1973, *Is There an Economic Consensus?* London, Macmillan.

Brokaw, T., 1998, *The Greatest Generation*, New York, Random House.

Brumbaugh, R.D., and Carron, A.S., 1987, 'Thrift Industry Crisis: Causes and Solutions', *Brookings Papers on Economic Activity*, 18 (2), 1987, pp. 349–88.

Bryan, L.L., 1988, *Breaking Up the Bank: Rethinking an Industry under Siege*, Homewood, IL, Dow Jones-Irwin.

Buffett, W., 1988, Chairman's Letter to the Shareholders of Berkshire Hathaway Inc.

Buffett, W., 1989, Chairman's Letter to the Shareholders of Berkshire Hathaway Inc.

Buffett, W., 2002, Chairman's Letter to the Shareholders of Berkshire Hathaway Inc.

Bureau of Investigative Journalism, 2012, 9 July, http://www.thebureauinvestigates.com/.

Burrough, B., and Helyar, J., 1990, *Barbarians at the Gate: The Fall of RJR Nabisco*, London, Arrow.

Burroughs, W.S., 1957, *Letter from a Master Addict to Dangerous Drugs*, first published in *The British Journal of Addiction*, 52 (2) (January 1957), p. 1, and later used as footnotes in *The Naked Lunch*.

Cannacord Genuity, 2014, Annual investment trust handbook.

Carlill *v.* Carbolic Smoke Ball Company, 1892, 2QB 489.

Carlson, M.A., 2006, 'A Brief History of the 1987 Stock Market Crash with a Discussion of the Federal Reserve Response', *Finance and Economics Discussion Series 2007–13*, Divisions of Research and Statistics and Monetary Affairs Federal Reserve Board, p. 10.

Cassidy, J., 2002, *Dot.con: How America Lost Its Mind and Money in the Internet Era*, New York, HarperCollins.

Ceresney, A., 2013, 'Statement on the Tourre Verdict', US Securities and Exchange Commission Public Statement, 1 August.

Chan, S., and Story, L., 2010, 'Goldman Pays $550 Million to Settle Fraud Case', *The New York Times*, 15 July.

Chernow, R., 2010, *The House of Morgan: An American Banking Dynasty and the Rise of Modern Finance*, New York, Grove Press.

Chrisafis, A., 2012, 'Nicolas Sarkozy's Worst Election Fear Realized with Loss of AAA Rating', *The Guardian*, 13 January.

Citizens United *v.* Federal Election Commission, 2010, 558 U.S. No. 08–205.

CNNMoney, 1999, 'End of an Era for Goldman', 3 May.

Coates, J.M., and Herbert, J., 2008, 'Endogenous Steroids and Financial Risk Taking on a London Trading Floor', *Proceedings of the National Academy of Sciences*, 105 (16), pp. 6167–72.

Cohan, W.D., 2011, *Money and Power: How Goldman Sachs Came to Rule the World*, New York, Random House.

Congressional Oversight Panel, June Oversight Report, 2010, 'The AIG Rescue, Its Impact on Markets, and the Government's Exit Strategy', 10 June.

Conrad, J., 1902, *Typhoon*, New York, Putnam.

Cookson, R., 2012, 'Here Be Dragons: Anthony Bolton', *Financial Times*, 12 May.

Crisafulli, P., 2011, *The House of Dimon: How J.P. Morgan's Jamie Dimon Rose to the Top of the Financial World*, Hoboken, NJ, John Wiley and Sons.

Dekker, S., 2012, *Just Culture*, Aldershot, Ashgate.

Dilnot, A., 2011, *The Commission on Funding of Care and Support*, July, http://webarchive.nationalarchives.gov.uk/20130221130239/http://dilnotcommission.dh.gov.uk/.

Dodd-Frank Wall Street Reform and Consumer Protection Act, Ch. 17, 12 U.S.C., § 1851.

Donne, J., 1987, *Devotions upon Emergent Occasions* (originally published 1624), ed. Raspa, A., New York, Oxford University Press.

Draghi, M., 2012, 'Speech by Mario Draghi President of the European Central Bank', remarks at Global Investment Conference, London, 26 July.

Duguid, A., 2014, *On the Brink: How a Crisis Transformed Lloyd's of London*, Basingstoke, Palgrave Macmillan.

Edwards, J.S.S., Kay, J.A., and Mayer, C.P., 1987, *The Economic Analysis of Accounting Profitability*, Oxford, Oxford University Press.

El Paso Corporation, Shareholder Litigation, 2012, Del. Ch 41 A.3d 432.

Epstein, G.A. (ed.), 2005, *Financialisation and the World Economy*, Cheltenham, Edward Elgar, 2005.

Farrell, M., 2014, 'J.P. Morgan Adds $2.6 Billion to Its $25 Billion Plus Tally of Recent Settlements', *The Wall Street Journal MoneyBeat*, 7 January.

Ferguson, C. (prod. and dir.), and Marrs, A. (prod.), 2010, *Inside Job*, United States, Sony Pictures Classics.

Final Report: Oral and Written Evidence, 2011, HC 680 2011–12, Ev 62, 23 November. House of Commons Treasury Committee, Independent Commission on Banking.

Financial Times, 2009, 'Government's Response Like That of a Rowdy Drinker in a Bar Brawl', 5 July.

Fitzgerald, F.S., 1925, *The Great Gatsby*, New York, Charles Scribner's Sons.

Flyvberg, B., 2003, *Megaprojects and Risk*, Cambridge, Cambridge University Press.

Fox, J., 2009, *The Myth of the Rational Market*, New York, Harper Business.

Francis, J., 1850, 'Chronicles and Characters of the Stock Exchange', *The Church of England Quarterly Review*, 27 (6), pp. 128–55.

Friedman, M., and Friedman, R.D., 1980, *Free to Choose*, San Diego, CA, Harcourt.

Galbraith, J.K., 1954, *The Great Crash*, Boston, MA, Houghton Mifflin.

Galton, F., 1907, 'Vox Populi (The Wisdom of Crowds)', *Nature*, 1949 (75), pp. 450–51.

Geithner, T., 2006, 'Risk Management Challenges in the U.S. Financial System', remarks at the Global Association of Risk Professionals 7th Annual Risk Management Convention and Exhibition, New York City, 28 February.

Geithner, T., 2014, *Stress Test*, New York, Crown.

Gilbert, R.A., 1986, 'Requiem for Regulation Q: What It Did and Why It Passed Away', *Federal Reserve Bank of St. Louis Review*, February, 68 (2), pp. 22–37.

Goff, S., and Parker, G., 2011, 'Diamond Says Time for Remorse Is Over', *Financial Times*, 11 January.

Goldman Sachs Code of Business Conduct and Ethics, 2014. Last accessed: 31 July 2014, http://www.goldmansachs.com/investor-relations/corporate-governance/corporate-governance-documents/revise-code-of-conduct.pdf.

Goodman, A., 2013, 'Top 40 Buffett-isms: Inspiration to Become a Better Investor', *Forbes*, 25 September.

Greenspan, A., 1999, 'Financial Derivatives', speech to the Futures Industry Association, Boca Raton, FL, 19 March.

Greenspan, A., 2008, Statement to the House, Committee on Oversight and Government Reform, Hearing, 23 October (Serial 110–209).

Guerrera, F., 2009, 'Welch Condemns Share Price Focus', *Financial Times*, 12 March.

Hair, P.E.H., 1971, 'Deaths from Violence in Britain: A Tentative Survey', *Population Studies*, 25 (1), pp. 5–24.

Haldane, A.G., 2010, 'The $100 Billion Question', remarks at the Institute of Regulation and Risk, Hong Kong, 30 March.

Haldane, A.G., 2010, 'Patience and Finance', Oxford China Business Forum, Beijing, 2 September.

Haldane, A., Brennan, S., and Madouras, V., 2010, 'What is the Contribution of the Financial Sector?', in *The Future of Finance*, ed. Turner, A., et al., London, London School of Economics.

Harris, R., 2012, *The Fear Index*, London, Arrow Books.

Hayek, F.A., 1944, *The Road to Serfdom*, London, Routledge & Kegan Paul.

Henderson, P.D., 1977, 'Two British Errors: Their Probable Size and Some Possible Lessons', *Oxford Economic Papers*, 29 (2), July, pp. 159–205.

Herndon, T., Ash, M., and Pollin, R., 2013, 'Does High Public Debt Consistently Stifle Economic Growth? A Critique of Reinhart and Rogoff', University of Amherst, Political Economic Research Institute Working Paper 322.

Hoshi, T., 2001, 'What Happened to Japanese Banks?' *Monetary and Economic Studies*, 19 (1), February.

House of Commons Treasury Committee, 2011, The Future of Cheques, 24 August, HC 1147, pp. 2010–12.

House of Commons Treasury Committee, 2012, *Fixing LIBOR: Some Preliminary Findings*, Vol. 2: *Oral and Written Evidence*, 4 July, HC 481-II 2012–13, Ev 10.

Institute for Fiscal Studies, 2011, 'Why Did Britain's Households Get Richer?', London.

International Labour Organization, 2012, 'Employee Distribution by Economic Activity and Occupation', Geneva.

International Monetary Fund, 2014, Global Financial Stability Report, https://www.imf.org/external/pubs/ft/gfsr/2014/02/pdf/text.pdf.

Isaacson, W., 2013, *Steve Jobs: The Exclusive Biography*, New York, Little Brown.

Janeway, W.H., 2012, *Doing Capitalism in the Innovation Economy*, Cambridge, Cambridge University Press.

Jensen, M.C., and Meckling, W.H., 1976, 'Theory of the Firm: Governance, Residual Claims and Organizational Forms', *Journal of Financial Economics (JFE)*, 3 (4).

Johnson, S., and Kwak, J., 2010, *13 Bankers: The Wall Street Takeover and the Next Financial Meltdown*, New York, Random House.

Josephson, M., 1934, *The Robber Barons: The Great American Capitalists, 1861–1901*, New York, Harcourt, Brace & Co.

Kahneman, D., 2002, 'Mapping Bounded Rationality: A Perspective on Intuitive Judgment and Choice', Nobel Lecture, Stockholm, Sweden, 8 December.

Kahneman, D., 2011, *Thinking Fast and Slow*, New York, Farrar, Straus and Giroux.

Kamstra, M.J., and Shiller, R.J., 2010, 'Trills Instead of T-Bills: It's Time to Replace Part of Government Debt with Shares in GDP', *The Economists' Voice*, 7 (3), September.

Kay, J., 2003, *The Truth about Markets*, London, Allen Lane.

Kay, J., 2009, *The Long and the Short of It: A Guide to Finance and Investment for Normally Intelligent People Who Aren't in the Industry*, London, The Erasmus Press.

Kay, J., 2010, *Obliquity*, London, Profile Books.

Kay, J., 2012, 'The Kay Review of UK Equity Markets and Long-Term Decision Making', Final Report, https://www.gov.uk/government/uploads/system/uploads/attachment_data/file/253454/bis-12-917-kay-review-of-equity-markets-final-report.pdf.

Kay, J.A., and King, M.A., 1979, 5th edn 1992, *The British Tax System*, Oxford, Clarendon Press.

Keeler, M.R., 2006, *Nothing to Hide*, Lincoln, NE, iUniverse, Inc.

Keynes, J.M., 1936, *The General Theory of Employment, Interest and Money*, London, Macmillan.

Kindleberger, C.P., 1978, *Manias, Panics, and Crashes: A History of Financial Crises*, London, Macmillan.

King, A., and Crewe, I., 2013, *The Blunders of Our Governments*, London, Oneworld.

Kohn, D.L., 2005, 'Commentary: Has Financial Development Made the World Riskier?', *Proceedings*, Federal Reserve Bank of Kansas City, August, pp. 371–9.

Kotlikoff, L.J., 1992, *Generational Accounting: Knowing Who Pays, and When, for What We Spend*, New York, Free Press.

Kynaston, D., 2011, *City of London: The History: 1815–2000*, London, Chatto and Windus.

Lack, S., 2012, *The Hedge Fund Mirage: The Illusion of Big Money and Why It's Too Good to Be True*, Hoboken, NJ, Wiley.

Langley, M., 2003, *Tearing Down the Walls*, New York, Simon & Schuster.

Lenzner, R., 2009, '"Bid 'Em Up Bruce": A Winner, Hands Down', *Forbes*, 14 October.

Levine, R., 2005, 'Finance and Growth: Theory and Evidence', in *Handbook of Economic Growth*, ed. Aghion, P., and Durlauf, S.N., Amsterdam, Elsevier, pp. 865–934.

Lewis, M.M., 1989, *Liar's Poker: Two Cities, True Greed*, London, Hodder and Stoughton.

Lewis, M.M., 2004, *Moneyball: The Art of Winning an Unfair Game*, New York and London, W.W. Norton.

Lewis, M.M., 2010, *The Big Short: Inside the Doomsday Machine*, London, Allen Lane.

Lewis, M.M., 2011, *Boomerang: The Meltdown Tour*, London, Allen Lane.

Liikanen, E. (chair), 2012, *Report of the European Commission's High-Level Expert Group on Bank Structural Reform*, EU Commission, October.

Litan, R.E., 1988, 'The Future of Banking: Are "Narrow" Banks the Answer?', *Proceedings*, Federal Reserve Bank of Chicago, pp. 639–45.

Loewenstein, G., 1987, 'Anticipation and the Value of Delayed Consumption', *Economic Journal*, 97 (387), September.

Lucas Jr, R.E., 2003, 'Macroeconomic Priorities', *The American Economic Review*, 93 (1), March, pp. 1–14.

Macmillan, H., 1957, 'Leader's Speech', remarks at Conservative Party rally, Bedford, 20 July.

Malkiel, B.G., 2012, *A Random Walk down Wall Street*, 10th edn, New York and London, W.W. Norton.

Manne, H.G., 1965, 'Mergers and the Market for Corporate Control', *The Journal of Political Economy*, 73 (2), April, pp. 110–20.

Markopolos, H., 2010, *No One Would Listen: A True Financial Thriller*, Hoboken, NJ, Wiley.

Martin, F., 2013, *Money: The Unauthorised Biography*, London, Bodley Head.

McArdle, M., 2009, 'Why Goldman Always Wins', *The Atlantic*, 1 October.

McCardie, J., 1917, Armstrong *v.* Jackson, 2KB 822.

McCullough, D., 1992, *Truman*, New York, Simon & Schuster.

McLean, B., and Elkind, P., 2003, *The Smartest Guys in the Room: The Amazing Rise and Scandalous Fall of Enron*, New York, Penguin.

Meeker, M., 1995, *The Internet Report*, New York, Morgan Stanley.

Megginson, W.L., and Netter, J.M., 2001, 'From State to Market: A Survey of Empirical Studies on Privatization', *Journal of Economic Literature*, 39 (2), June, pp. 321–89.

Mian, A., and Sufi, A., 2014, *House of Debt: How They (and You) Caused the Great Recession, and How We Can Prevent It from Happening Again*, Chicago and London, The University of Chicago Press.

Miles, D.K., Yang, J., and Marcheggiano, G., 2013, 'Optimal Bank Capital', *The Economic Journal*, 123 (567), pp. 1–37.

Mirrlees, J.A., et al., 2011, *Tax by Design*, Oxford, Oxford University Press.

Modigliani, F., and Miller, M.H., 1958, 'The Cost of Capital, Corporation Finance and the Theory of Investment', *The American Economic Review*, 48 (3), June, pp. 261–97.

Morgenson, G., and Rosner, J., 2011, *Reckles$ Endangerment*, New York, Times Books, Henry Holt & Co.

Munger, C.T., 2000, 'Talk of Charles T. Munger to Breakfast Meeting of the Philanthropy Round Table', remarks at Philanthropy Round Table, Pasadena, CA, 10 November.

Murphy, A.E., 1978, 'Money in an Economy without Banks: The Case of Ireland', *The Manchester School*, 46 (1), March, pp. 41–50.

Murray, A., 2009, 'Paul Volcker: Think More Boldly', *The Wall Street Journal*, 14 December.

Nakamoto, M., and Wighton, D., 2007, 'Citigroup Chief Stays Bullish on Buy-Outs', *Financial Times*, 9 July.

Neal, L., 1990, *The Rise of Financial Capitalism: International Capital Markets in the Age of Reason*, New York, Cambridge University Press.

OECD, 2011, Life Expectancy and Healthy Life Expectancy at Age 65, http://www.oecd-ilibrary.org/.

ONS, 2013, Business Register and Employment Survey, http://www.ons.gov.uk/ons/rel/bus-register/business-register-employment-survey/2013-provisional/index.html.

Parliamentary Commission on Banking Standards, 2013, *Changing Banking for Good*, First Report of Session 2013–14, 12 June.

Partnoy, F., 2009, *FIASCO: Blood In the Water on Wall Street*, London, Profile Books.

Partnoy, F., 2009, *The Match King*, London, Profile Books.

Pecora, F., 1939, *Wall Street under Oath: The Story of Our Modern Money-Changers*, New York, Simon and Schuster.

Perrow, C.B., 1984, *Normal Accidents: Living with High-Risk Technologies*, New York, Basic Books.

Philippon, T., and Reshef, A., 2012, 'Wages and Human Capital in the US Financial Industry, 1909–2006', *Quarterly Journal of Economics*, 127 (4): 1551–1609.

Philips, C.B., Kinniry Jr, F.M., Schlanger, T., and Hirt, J.M., 2014, 'The Case for Index-Fund Investing', Vanguard Research, April, https://advisors.vanguard.com/VGApp/iip/site/advisor/researchcommentary/article/IWE_InvComCase4Index.

Piketty, T., 2014, *Capital in the Twenty-First Century*, Cambridge, MA, The Belknap Press of Harvard University Press.

Porter, G.E., and Trifts, J.W., 2014, 'The Career Paths of Mutual Fund Managers: The Role of Merit', *Financial Analysts Journal*, 70 (4), July/August, pp. 55–71.

Potts QC, R., Erskine Chambers, 24 June 1997, para. 5, citing Wilson *v.* Jones (1867) 2 Exch. Div. 150; cited in Kimball-Stanley, A., 2008, 'Insurance and Credit Default Swaps: Should Like Things Be Treated Alike?', *Connecticut Insurance Law Journal*, 15 (1), p. 247.

ProPublica, 2013. 10 October, http://www.propublica.org/article/ny-fed-fired-examiner-who-took-on-goldman.

Putnam, R.D, 2000, *Bowling Alone*, New York, Simon and Schuster.

Rajan, R.G., 2005, 'Has Financial Development Made the World Riskier?', *Proceedings*, Federal Reserve Bank of Kansas City, August, pp. 313–69.

Rakoff, J.S., 2014, 'The Financial Crisis: Why Have No High-Level Executives Been Prosecuted?', *The New York Review of Books*, 9 January.

Ramsey, F.P., 1926, 'Truth and Probability', in Ramsey, F.P., 1931, *The Foundations of Mathematics and Other Logical Essays*, ed. Braithwaite, R.B., London, Kegan, Paul, Trench, Trubner & Co.

Rappaport, A., 1986, *Creating Shareholder Value: The New Standard for Business Performance*, New York, Free Press.

Rawnsley, J.H., 1995, *Going for Broke: Nick Leeson and the Collapse of Barings Bank*, London, HarperCollins.

Reader, W.J., 1970–75, *Imperial Chemical Industries: A History*, London, Oxford University Press.

Reich, R.B., 1990, 'Who Is Us?', *Harvard Business Review*, January.

Reinhart, C.M., and Rogoff, K.S., 2010, 'Growth in a Time of Debt', *American Economic Review: Papers & Proceedings*, 100 (2), May, pp. 573–8.

Rieffel, A., 2003, *Restructuring Sovereign Debt: The Case for Ad Hoc Machinery*, Washington, DC, Brookings Institution Press, pp. 289–94.

Roosevelt, T., 1975, *The Autobiography, Condensed from the Original Edition, Supplemented by Letters, Speeches, and Other Writings*, ed. Andrews, W., New York, Charles Scribner's Sons.

Rubin, R., 2004, *In an Uncertain World*, New York, Random House.

Salmon, F., 2009, 'Recipe for Disaster', *Wired*, 22 March.

Salz, A., 2013, *Salz Review: An Independent Review of Barclays' Business Practices*, London, April.

Sedgwick, R., 1970, *The House of Commons 1715–1754*, New York, Oxford University Press.

Senor, D., and Singer, S., 2009, *Start-Up Nation: The Story of Israel's Economic Miracle*, London, Little, Brown.

Shaxson, N., 2011, *Treasure Islands*, New York, St Martin's Press.

Shiller, R.J., 1981, 'Do Stock Prices Move Too Much to Be Justified by Subsequent Changes in Dividends?', *The American Economic Review*, 71 (3), June, pp. 421–36.

Simon, H., 1996, *Hidden Champions*, Boston, MA, HBS Press.

Simon, H., 2009, *Hidden Champions of the 21st Century*, London and New York, Springer Verlag.

Sinclair, U., 1906, *The Jungle*, London, Werner Laurie.

Sinclair, U., 1994, *I, Candidate for Governor: And How I Got Licked*, orig. pub. 1935, London, University of California Press.

Smith, A., 1776, *An Inquiry into the Nature and Causes of the Wealth of Nations*, 5th edn, 1904, ed. Edwin Cannan, London, Methuen.

Smith, G., 2012, 'Why I Am Leaving Goldman Sachs', *The New York Times*, 14 March.

Soble, R.L., and Dallos, R.E., 1975, *The Impossible Dream: The Equity Funding Story, the Fraud of the Century*, New York, G.P. Putnam's Sons.

Sorkin, A.R., 2009, *Too Big to Fail: Inside the Battle to Save Wall Street*, London, Allen Lane.

Stafford, P., 2010, 'Spread Networks Unveils Managed Services', *Financial Times*, 22 November.

Stephens, P., 1996, *Politics and the Pound: The Conservatives' Struggle with Sterling*, London, Macmillan.

Stigler, G.J., 1971, 'The Theory of Economic Regulation', *The Bell Journal of Economics and Management Science*, 2 (1), Spring, pp. 3–21.

Storrs, F., 2006, 'The 50 Wealthiest Bostonians', *Boston Magazine*, March.

Summers, L.H., 1985, 'On Economics and Finance', *Journal of Finance*, 40 (3), July, pp. 633–5.

Summers, L.H., 2000, Remarks of Treasury Secretary Lawrence H. Summers to the Securities Industry Association, Office of Public Affairs, 9 November.

Summers, L.H., 2004, 'Fourth Annual Marshall J. Seidman Lecture on Health Policy', remarks at Harvard University, Boston, MA, 27 April.

Summers, L.H., 2005, 'General Discussion: Has Financial Development Made the World Riskier?', *Proceedings*, Federal Reserve Bank of Kansas City, August, pp. 387–97.

Sunlight Foundation, 1 December 2009, 25 March 2013, http://sunlightfoundation.com.

Surowiecki, J.M., 2005, *The Wisdom of Crowds: Why the Many Are Smarter Than the Few*, London, Abacus.

Taibbi, M., 2009, 'The Great American Bubble Machine', *Rolling Stone*, 9 July.

Tainter, J., 1988, *The Collapse of Complex Societies*, Cambridge, Cambridge University Press.

Taleb, N.N., 2001, *Fooled by Randomness: The Hidden Role of Chance in the Markets and in Life*, London and New York, Texere.

Taleb, N.N., 2007, *The Black Swan: The Impact of the Highly Improbable*, London, Penguin.

Taleb, N.N., 2012, *Antifragile: Things That Gain from Disorder*, New York, Random House.

Tarbell, I.M., 1904, *The History of the Standard Oil Company*, New York, McClure, Phillips & Co.

Taylor, M., 2014, 'Banks Have Failed to Exorcise Their Technical Gremlins', *Financial Times*, 30 January.

Tett, G., 2010. *Fool's Gold*, New York, Free Press.

Tett, G., 2013, 'An Interview with Alan Greenspan', *FT Magazine*, 25 October.

Tobin, J., 1978, 'A Proposal for International Monetary Reform', *Eastern Economic Journal*, 4 (3–4), pp. 153–9.

Tolstoy, L.N., 1886, *Anna Karenina*, trans. N. Haskell Dole, New York, Thomas Y. Crowell & Co.

Tonnies, F., 1887, *Gemeinschaft und Gesellschaft*, Leipzig, Fues; trans. M. Weber, 1978, as *Economy and Society*, Oakland, CA, University of California Press.

Tor, M., and Sarfraz, S., 2013, 'Largest 100 Banks in the World', *SNL Financial LC*, 23 December.

Tuckett, D., 2011, *Minding the Markets*, London, Palgrave Macmillan.

Turner, A., 2009, 'How to Tame Global Finance', *Prospect*, 27 August.

US Bureau of the Census, 2013, 'Income, Poverty and Health Insurance Coverage in the US', http://www.census.gov/prod/2013pubs/p60–245.pdf.

Van Agtmael, A., 2007, *The Emerging Markets Century: How a New Breed of World-Class Companies Is Overtaking the World*, London, Simon and Schuster.

Vickers, J.S., 2011, *Independent Commission on Banking Final Report: Recommendations*, London, HMSO.

Voigtländer, M., 2009, 'Why Is the German Homeownership Rate So Low?', *Housing Studies*, 24 (3), pp. 355–72.

Von Mises, L., 1927, *Liberalismus*, Jena, Gustav Fischer.

Wallison, P.J., 2011, Dissenting Statement, Financial Crisis Inquiry Commission, January.

Wasserstein, B., 1998, *Big Deal*, New York, Warner.

Whittard, D., 2012, 'The UK's External Balance Sheet: The International Investment Position (IIP)', Office for National Statistics, March, http://www.ons.gov.uk/ons/rel/bop/the-international-investment-position/2010/art-uk-s-iip.html.

Wolf, M., 2008, *Fixing Global Finance*, Baltimore, MD, The Johns Hopkins University Press.

Wolfe, H., 1930, *The Uncelestial City*, London, Gollancz.

Wolfe, T., 1987, *The Bonfire of the Vanities*, New York, Farrar, Straus and Giroux.

Woodward, R.U., 2001, *Maestro: Greenspan's Fed and the American Boom*, New York and London, Simon and Schuster.

Zeleny, J., 2008, 'Obama Weighs Quick Undoing of Bush Policy', *The New York Times*, 9 November.

Ziegler, P.S., 1988, *The Sixth Great Power: Barings, 1765–1929*, London, Collins, 1988.

Zuckerman, G., 2010, *The Greatest Trade Ever: How John Paulson Bet against the Markets and Made $20 Billion*, London, Viking.

Zweig, J., 2011, 'Keynes: He Didn't Say Half of What He Said. Or Did He?', *The Wall Street Journal MarketBeat*, 11 February.